JN097957

個別最適な学びと協働の学びを一体的に育む

「奈良の学習法」

The Elementary School Attached to
Nara Women's University

「令和の日本型学校教育」を体現する学校

奈良女子大学附属小学校　学習研究会 著

東洋館
出版社

刊行のことば

2022年6月2日に総合科学技術・イノベーション会議から「Society 5.0の実現に向けた教育・人材育成に関する政策パッケージ」が発表されたが、この中では旧態の社会構造を人々が縦に積み上がったピラミット型の組織として描き、それに対して目指すべき未来ではフラットに広がった人たちが、分野・業種を超えて連携して問題に取り組んでいる姿が描かれている。いま日本は大きな変化のときにあるようである。

一方、小・中学校と順次実施されてきた新学習指導要領が2022年4月に高校からも実施された。この指導要領の改訂に込められた思いを文部科学省は次のように述べている。

　　学校で学んだことが、子供たちの「生きる力」となって、明日に、そしてその先の人生につながってほしい。これからの社会が、どんなに変化して予測困難な時代になっても、自ら課題を見付け、自ら学び、自ら考え、判断して行動し、それぞれに思い描く幸せを実現してほしい。そして、明るい未来を、共に創っていきたい。

さらに、このような教育を子どもたちに育むべき資質・能力として「知識及び技能」「思考力・判断力・表現力など」「学びに向かう力、人間性など」三つの柱が示され、そこでは「（学びを人生や社会に生かそうとする）学びに向かう力・人間性等」を原動力として三つの資質・能力に正の循環を生み出して育むことが必要、とされている。

文部科学省が上記のような理想を掲げ、またその実現に向けての方向性を指し示していることについて、私は心からの畏敬の念を持つものであるが、これを実現するためには多くの乗り越えるべき壁がある。特に「学びに向かう力、人間性」の育成については、現場の先生は多く戸惑いを感じておられように見える。さて大正時代に木下竹次が提唱した「奈良の学習法」は、本校に脈々と受け継がれて現在に至っている。木下はその著書「学習原論」の序文の中で「学習は学習者が生活から出発して生活によって生活の向上を図るものである。学習は自己の発展それ自身を目的とする。」と述べているがこのような姿勢は日本が目指すSociety 5.0を支える人材の育成にとって本質的であるように思われる。とりわけ奈良の学習法の手法の一つである「独自学習と相互学習の往還」は「学びに向かう力、人間性」の涵養にとって有効なのではないだろうか、と考えて本校は文部科学省の研究開発学校事業に研究開発課題：『様々な社会的変化を乗り越え、豊かな人生を切り拓く子どもを育成するため、自らの生活を語り発表する「かがやく時間」を新設し、力強く自分の考えを伝えようとできる言語能力を育成する教育課程を研究開発する。』で申請、令和4年度に採択されている。

本書は、本校におけるこのような研究開発活動の記録である。これが現在大きく動きつつある日本の小学校教育に携わる皆様方の実践の手がかりとして少しでもお役立つことができるならば幸いである。

奈良女子大学附属小学校　校長　**小林　毅**

もくじ

刊行のことば ……………………………………………………………… 小林 毅　　1

特別寄稿

個別最適な学びの源流 …………………………………………… 奈須正裕　　8

「奈良の学習法」の「しごと」に学ぶ ………………………… 田村学　　10

奈良の学習法の実践研究 ………………………………… 宇佐見香代　　12

「奈良の学習法」の歴史的経緯に学ぶ ………………… 冨士原紀絵　　14

第1章

令和の日本型学校教育と「奈良の学習法」

「奈良の学習法」における　個別最適な学びと協働的な学び ……………… 阪本一英　　18

知・徳・体一体で子どもを育む「奈良の学習法」……………………………… 阪本一英　　28

コラム 「私が見た奈良女附小」 ………………………………… 服部泰久　　33

第2章

「令和の日本型学校教育」を体現する学校の姿

〈日記で自分を見つめる〉　日記を書き続けることで伸びて行く …………………… 三井栄治　　36

〈日記で自分を見つめる〉　充実した生活　充実した自己を創る …………………… 井平幸子　　38

〈日記で自分を見つめる〉 自分の生活を向き合う日記 〜自らの学びを俯瞰し、省察する〜
……………………………………………………………………………… 武澤実穂 40

〈奉仕的に働く場〉 子どもが自ら動く 実行委員 ……………………………… 中野直人 42

〈奉仕的に働く場〉 主体的に取り組む係や日直がつくる 子ども主体の学習生活
……………………………………………………………………………… 服部真也 44

〈教え伝える教育からの脱却〉 自分のためだけでなく、他者を意識し、その対象を
広げてゆく子ども ……………………………………………………… 長島雄介 46

〈教え伝える教育からの脱却〉 けいこ（算数）における生活と学習をつなげた単元づくり
……………………………………………………………………………… 三井栄治 48

〈教え伝える教育からの脱却〉 子どもが動くのを待つ ………………………… 中野直人 50

〈教え伝える教育からの脱却〉 自ら学びを創るために〜けいこ（国語）の独自学習を中心に〜
……………………………………………………………………………… 島袋光 52

〈多様な考えを受け入れ深める相互学習〉 相互学習の中の「なかよし」……… 河田慎太郎 54

〈多様な考えを受け入れ深める相互学習〉 相互学習の楽しみ ………………… 井平幸子 56

〈多様な考えを受け入れ深める相互学習〉 相互学習の中の「なかよし」……… 清水聖 58

〈みんなで問いを共有しながら深める学習〉 体験から問いが生まれ、問いで深まる「しごと」学習
……………………………………………………………………………… 清水聖 60

〈みんなで問いを共有しながら深める学習〉 ストロー追究の実践から ………… 武澤実穂 62

〈みんなで問いを共有しながら深める学習〉 みんなと解く学びを楽しむ ………… 阪本一英 64

〈子どもが生き生きと表現できる環境〉 教師の意識を変え、子どもが生き生きと
表現する力を伸ばす ……………………………………………… 西田淳 68

〈子どもが生き生きと表現できる環境〉 子どもが自ら主体的に表現したいと思える
環境づくり………………………………………………………………… 中村征司 72

〈子どもが生き生きと表現できる環境〉 本校におけるダンスの価値 ……………… 青木惠子 74

〈子どもたちの知・徳・体を一体で育む〉 ３人組で走る歩走納会 ……………… 武澤実穂 78

〈ＩＣＴを活用した個別最適な学び〉　ICT活用における教師の役割 ……………… 中村征司　80

〈ＩＣＴを活用した個別最適な学び〉楽しくて便利だから使う学級なかよしでの
　　タブレット端末の活用…………………………………………………… 中野直人　82

〈研究開発学校について〉「かがやく」の時間で、豊かな人生を切り拓く子どもを育てる
　　………………………………………………………………………………… 西田淳　84

コラム　「私が見た奈良女附小」………………………………………… 樫原貴博　93

第3章

個別最適な学びと協働的な学びを一体的に育む「奈良の学習法」

「しごと」の学び …………………………………………………………………… 96

「しごと」奈良にリニア（４〜６年）………………………………………… 清水聖　98

「しごと」　みんなが過ごしやすい「校内の設備」を考える　（５年）……… 服部真也　102

「しごと」　こんなもの　こんなこと　みつけたよ　〜いきものの　じじつから〜
　　（１年）………………………………………………………………… 長島雄介　106

「けいこ」の学び …………………………………………………………………… 110

「けいこ（国語）」　題名の意味を考えよう「一つの花」（４年）…………… 井平幸子　112

「けいこ（国語）」　つながりのある国語学習を目指して「やまなし」（６年）… 島袋光　116

「けいこ（算数）」　場合を順序良く整理して　〜並べ方〜（６年）……… 河田慎太郎　120

「けいこ（算数）」　主体的に学ぶ力を育む「生活算数」　〜くらしの中の対称な図形〜
　　（６年）………………………………………………………………… 三井栄治　124

「けいこ（理科）」　動物の生命を見つめよう　〜みんなで様々な動物を飼育しながら〜
　　（５年）………………………………………………………………… 長島雄介　128

「けいこ（理科）」 理科で学ぶ子ども（5年）……………………… 中野直人　**132**

「けいこ（音楽）」 よりよい表現を追究する音楽学習　～音楽会に向けた練習を通して～
　　　　　　……………………………………………… 中村征司　**136**

「けいこ（音楽）」 気づく力を育み、表現をひろげていく ………………… 天池美穂　**140**

「けいこ（造形）」 「子ども」から始める（5年）………………… 服部真也　**144**

「けいこ（体育）」 動きを高めよう！器械運動（5年）………………… 武澤実穂　**148**

「けいこ（国際）」 自律的な学びを支えるけいこ（国際）の「相互学習」とは（2年）
　　　　　　……………………………………………… 朝倉慶子　**152**

「けいこ（食）」 給食から自分の生活に繋げる学習を目指して ………… 太田原みどり　**156**

「なかよし」……………………………………………………………………………………………………　**160**

「なかよし」 給食を足場に子どもの生活につなぐ　～グループなかよし・日記から～
　　　　　　……………………………………………… 太田原みどり　**162**

「なかよし」 「健康な生活」を自ら開拓していく くらしグループの活動 …… 辻村琳　**164**

「なかよし」 「1・6ペア」の効果……………………………… 河田慎太郎　**166**

「なかよし」 入学したその日から受け継がれる「なかよし」～一人の日記に着目して～
　　　　　　……………………………………………… 長島雄介　**168**

「なかよし」 学級生活のなかよし　～つながる前に大切なこと～ ………… 島袋光　**170**

「なかよし」 子どもが進める秋の大運動会………………… 河田慎太郎　**172**

「なかよし」 表現することの楽しさや喜びを実感し、学校文化の継承が行われる
　　　　　「なかよし集会」……………………………………… 西田淳　**174**

コラム 「子どもの風景」………………………………………… 朝倉慶子　**177**

あとがき　　―自律的に学ぶ子どもを育む―……………………………… 阪本一英　**178**

特別寄稿

個別最適な学びの源流

上智大学　奈須 正裕

1　特設学習時間

　個別最適な学びの源流としては、ヘレン・パーカストがアメリカで創始したドルトン・プランが有名だが、彼女が来日した際、あまりの先進性と徹底ぶりに驚いたとの逸話を残しているのが、奈良女子高等師範附属小学校（現在の奈良女子大学附属小学校）の取り組みである。

　奈良女附小では、1920年から毎日第1校時を「特設学習時間」とし、子ども一人ひとりの興味・関心や必要感に基づく自由で個別的な学習を展開していた。特設学習時間の位置づけについて、主事の木下竹次は『学習原論』において「この時間は各学習者が純個人関係に立って独自学習を為すことを本体とする。分団学習を行なうことは変則としたい。学習者はこの時間は独自に材料と場所と用具と指導者とを選定して学習する」[1]と述べている。分団学習とは小集団学習のことであり、特設学習時間では、あくまでも個人での探究が強く要請されていた。

　また、そのような状況下ですべての子どもに価値ある学びが着実に生じるよう「全校の教師は各学科教室または運動場、学習園等に出て、自分の許に集合する各学年の生徒を個人的に指導する。時には分団的に指導することはあるがそれは変則だ。各学科教室が研究室と図書室を兼ねておればはなはだ便利が多い。時には生徒は教師の間接指導の下に教師を離れて学習する時もある」[2]とし、今日でいう全校ティーム・ティーチングによる手厚い指導体制の下、豊かに整えられた学習環境との相互作用の中で、一人ひとりの子どもが主体的、個性的に学びを創造していくことが目指されていた。

2　十人十色は日本の子育ての知恵

　このように、奈良女附小はすでに百年以上前から、個別最適な学びに取り組んでいた。パーカストが小学校を開校したのが1919年であるから、個別最適な学びの展開において、日本はけっして遅れてなどいなかったのである。

　ちなみに、学級を基盤とした一斉指導は日本の伝統的な教育ではない。一斉指導は、明治初期に当時最新の方法としてアメリカから直輸入された。明治政府には、富国強兵という国是の下、新たな時代が求める知識を国民全員に急ぎ身につけさせる必要があり、大勢の子どもに安価に教育が施せる一斉指導は好都合だったのである。そこでは、一人ひとりの個性や多様性などは、およそ斟酌されることはなかった。

　当然、このような動きを批判し、寺子屋など日本の伝統的な子育ての知恵に学ぶべきとの言説も多数残されている。例えば、1922年に熊本県立第一高等女学校長の吉田惟孝は「十人十色は、吾等の祖先が経験から帰納した結論である。此の結論に基づいて、寺子屋教育も私塾教育も施されていたように思う。然るに、明治維新は歴史的に発達して来た我が国の教育を全く破壊し、欧米の学校教育法を採用して学級教授を行った」[3]と書き記している。

3　「孤独の味」と「聞き合い」の学び

　「奈良の学習法」では、特設学習時間を典型とした個々人による自立的な学習を「独自学習」と呼ぶが、同時に協働的に学び合う「相互学習」も大切にしていて、独自学習→相互学習→独自学習という学習過程を理想としてきた。

したがって、まずは独自学習により一人ひとりがしっかりと学びを深める。もちろん、算数の授業などでよく見る「自立解決７分間」といったちゃちなものではなく、丸一時間、場合によっては数時間をかけて一人でじっくりと課題や教材と向かい合い、納得がいくまで考え抜いたり調べたりする学習になることが多い。

戦後、同校の主事を務めた重松鷹泰は「孤独の味」という言葉で、独自学習がもつ独特なたたずまいを表現している[4]。これは、個別最適な学びを考える上で、是非とも心に留めておきたい視点であろう。一人静かに沈思黙考して課題と正対し対話すること、また、その過程において必然的に生じるであろう自己との正対や対話は、その子の学び、そして成長にとって、決定的に重要な経験となるに違いない。

そのような深く真剣な独自学習により、自分としては一定の結論を得て、もうこれ以上は考えられないという地点にたどり着いたとき、子どもは同じく懸命に独自学習に取り組んでいる仲間の考えを聞きたくなる。この段階で相互学習を設定すれば、仲間の考えに耳を傾け、自身の学びとのすり合わせの中で生じた感想や疑問を率直に語り合う、すぐれて互恵性の高い学びが生じるであろう。それゆえ、奈良女附小では相互学習による授業を「話し合い」ではなく「聞き合い」の授業と呼び習わしてきた。

仲間の考えを聞き、自分の考えも聞いてもらい、それらについてのお尋ねや応答、そこで見えてきた問いを巡っての議論なども活発になされる中で、もちろん全員が納得し、決着のつく事柄も数多くあるだろう。しかし、むしろ大切なのは、先の独自学習では気づけていなかった点、あらためて調べたり考え直したりすべき事柄が明らかになってくることである。

さらに興味深いのは、残された課題や追加で検討すべき事項には、全員に共通するものも一定程度はあるが、多くは一人ひとりに固有なものであり、少なくとも重みや焦点が微妙に違っていることであろう。よく授業の終盤で見るような「今日の授業ではこのことがわかりました」といった平板で画一的なまとめで一件落着になる他人事の浅い学びとは正反対の地点に「奈良の学習法」は碇をおろしてきた。

だからこそ、相互学習が一段落すると、子どもたちは再度の独自学習へと向かっていく。仲間との「聞き合い」でわかったこと、考えたこと、疑問に思ったこと、課題として残ったことを各自で整理し、もう一度「孤独の味」の世界に没入して、なにより自分に対し誠実に、さらなる学びを深めていくのである。

個別的な独自学習と協働的な相互学習は、相補的で相互促進的な関係にある。相互学習が深まるには独自学習の充実が不可欠であり、相互学習を通すことによって、独自学習はいっそうその子らしいたしかなものになっていく。2021年１月26日の中教審答申が「『個別最適な学び』の成果を『協働的な学び』に生かし、更にその成果を『個別最適な学び』に還元するなど『個別最適な学び』と『協働的な学び』を一体的に充実し」（19頁）と述べているのは、まさに「奈良の学習法」が百年以上大切にしてきた、このような学びのあり方を示唆している。

引用文献
1）木下竹次『学習原論』明治図書、270頁、1972年。
2）同書、270〜271頁。
3）吉田惟孝『最も新しい自学の試み　ダルトン式教育の研究』厚生閣、2頁、1922年。
4）重松鷹泰『教育方法論Ⅱ　教育科学』明治図書、57〜59頁、1975年。

「奈良の学習法」の「しごと」に学ぶ

國學院大學　田村 学

1　答申はなぜ出されたのか

　令和三年一月二六日、中央教育審議会は、「『令和の日本型学校教育』の構築を目指して〜全ての子供たちの可能性を引き出す、個別最適な学びと、協働的な学びの実現〜（答申）」を出した。学習指導要領が改訂されたのは平成二九年である。小学校における全面実施が令和二年、中学校では令和三年になる。新しい学習指導要領が実施されていく最中の答申について、多くの方が「なぜ今？」と疑問に思われたのではないだろうか。教育課程の基準が改訂され、学習指導要領が告示され、各学校には「主体的・対話的で深い学び」の実現に向けての授業改善が期待されている中、「個別最適な学びと協働的な学び」といった新しい言葉が示されたことに、いくらかの驚きと違和感を抱いている方もいるのではないだろうか。

　このことについて、私たちはどのように理解すべきだろうか。一つは、それだけ激しい変化が起きていることと考えることができよう。新型コロナウイルス感染症の感染が拡大する中、オンラインを使った学びが求められ、加速度的に広がってきたように、学校教育を取り巻く状況が劇的に変化し始めていることを認識しなければならない。Society5.0時代と言われる社会は一気に目の前に現れてきている。過去における学校教育のよさを踏まえながらも、大きな変化は待ったなしで進めていかなければならない状況にあると理解することができる。その象徴的な施策にGIGAスクール構想やSTEAM教育の推進などが挙げられよう。

　もう一つは、本来期待していた豊かな学びは変わるものではなく、異なる文脈からの説明であると考えることができよう。つまり、「主体的・対話的で深い学び」は、能動的な学習、いわゆるアクティブ・ラーニングの文脈から示された期待する学びの姿である。一方、「個別最適な学びと協働的な学び」は、一人ひとりの個に応じた学び、いわゆるアダプティブ・ラーニングの文脈から示された期待する学びの姿である。期待する豊かな学びを、いくらか角度を変えて示していることであり、決して違うものを目指すようなことではない。これまでと同じ資質・能力の育成に向けて、授業改善を進めていくことと理解することができる。

　このように考えるならば、教育を取り巻く状況が大きく変わる中、令和の日本型学校教育の構築として「個別最適な学びと協働的な学び」が示されたことの意味を理解することができる。子供が自ら学びに向かうことを大切にするとともに、一人ひとりの子どもに応じた学びの充実に、今まで以上に意を配らなければならない。また、そうした学びの実現のための指導の在り方や学習環境などを見つめ直さなければならない。

2　答申で目指す「個別最適な学び」

　答申で着目すべきは、「3．2020年代を通じて実現すべき「令和の日本型学校教育」の姿」にある。ここでは、「一人一人の児童生徒が、自分のよさや可能性を認識するとともに、あらゆる他者を価値のある存在として尊重し、多様な人々と協働しながら様々な社会的変化を乗り越え、豊かな人生を切り拓き、持続可能な社会の創り手となることができるよう、その資質・

能力を育成することが求められている。」として
いる。この表現は、今回の学習指導要領にお
いて位置づけられた前文と同じであり、方向性
が変わるわけではないとしてきた先の記述と重
なるものである。

　答申の3．では、現在の学習指導要領と変わ
ることのない資質・能力の育成を目指している
ものの、より一人ひとりの子どもに応じた文脈
において、どのような学びをイメージすればよ
いのかが明らかにされている。冒頭では「我が
国ではこれまでも、学習指導要領において、子
供の興味・関心を生かした自主的、主体的な学
習が促されるよう工夫することを求めるなど、
『個に応じた指導』が重視されてきた。」とし、
「個に応じた指導」の重要性を再確認している。
一人ひとりの子どもに応じた学び、個に応じた
学びを充実させることを中心に「子どもの学
び」が論述されている。

3　一体的に求められる「協働的な学び」

　この一人ひとりに応じた「個別最適な学び」
が「孤立した学び」に陥らないよう、これまで
も多くの学校が取り組み、優れた実践を生み出
してきた「協働的な学び」の一体的な実現が期
待されている。

　「令和の日本型学校教育」においては、これ
まで以上に一人ひとりの子どもに応じた「個別
最適な学び」を重視することが大切にされる。
そのことは、一方で、これまで以上に「協働的
な学び」が欠かせないものであることをも想像
させる。つまり、「個別最適な学び」と「協働
的な学び」は相互に補完し合う関係にあり、両
者は支え合い、往還し合うことによって、子ど
も一人ひとりの学びは豊かさを増すと考えるこ
とが大切なのであろう。

　実際の授業で、学習者である子どもに聞いて

みると、このことの確かさが明らかになる。あ
る子供は、次のように語っている。

　「クラスみんなで話し合ったり、意見をもらっ
たりすると、自分の考えを広げていくことがで
きる。たくさんの発言を友だちに伝えていくこ
とができて自信にもなる。発言することで、自
分で考えることにもなるし、話し合いをする中
で、自分の考えがはっきりしてくる」

　このように個の学びは、集団の学びによって
一層磨きをかけられ、確かさを増すことになる
のであろう。両者は往還しながら、それぞれに
高まっていく。

4　「奈良の学習法」の「しごと」に学ぶ

　「個別最適な学び」と「協働的な学び」が一体
的に行われるとき、そこには期待される「主体
的・対話的で深い学び」が実現される。その具
体的な姿を「奈良の学習法」における「しご
と」に見ることができる。

　「しごと」は自らの暮らしの中の問題を取り上
げ、一人ひとりの子どもが真剣に本気で探究し
続けることを大切にしている。その姿は、「個
別最適な学び」における「学習の個性化」をリ
アルに実現した姿と受け止めてよいだろう。一
方、「しごと」の学びは個人の中で完結するわ
けではない。「おたずね」を子ども同士で繰り
返す中で、友だちの気がかりは自分自身の気が
かりと変容し、みんなの気がかりに高まってい
く。そのことは、一人ひとりの子どもの探究の
質を高めていく。

　個の学びが集団の学びを高めるとともに、集
団の学びが個の学びに深く影響をもたらす。こ
うして、子どもの学びは「深い学び」へと向か
っていく。令和の日本型学校教育の具体的な姿
を確認するためにも、私たちは、改めて「奈良
の学習法」に学ぶことが求められている。

奈良の学習法の実践研究

埼玉大学　宇佐見 香代

1 実践研究者としての教師集団の誕生

「私共教育実際家の任務は理論を研究すると共にその理論を実際化して児童の成績を向上させ、更にその実際から理論を帰納するにある。実際を離れて理論だけをやかましくいふのは、教育実際家の任務ではない」[1]

戦前の奈良女附小の教員集団の中心にいて、附小の実践研究をリードした清水甚吾は、自著でこう述べている。これを読んだときに、この学校において、大正期新教育運動の子ども中心の立場や個性の尊重の「理論」が、具体的な奈良の自律的学習法という「方法」として提示され、「子どもの学ぶ姿」としてその意義を示すことが、100年以上も可能となっていた理由の一端がわかったような気がした。実践の研究者という役割と自負を自覚した教師集団は、学習研究会の名の下に今日に至るまで、学習法の実践研究の成果を広く還元しており、本書の発行もそのひとつである。「理論と実践の往還」は、今や我が国の教師の専門職教育を支えるキーコンセプトである。「令和の日本型学校教育」が、理念的な投げかけ・かけ声に終わらないようにするためには、理論と実践の両方の研究が欠かせない。というより、清水が指摘したように、「帰納」即ち実践の過程で生まれた個々の事実から、さらなる理論の進展や再構築が導きだされてこその教育の発展であり、実践的研究と理論的研究の協働がこれまで以上に必要となってくる。

「理論的の研究も勿論大切であるが、其の理論的の研究が児童の教育上に好影響を与えなければ、其の研究は価値が少ない。理論を理論とし

て研究するのは学者の立場であって、私共実際家の使命は理論と実際、実際と理論との結合を図って、児童の成績を高め児童教育上に貢献するにある。単に理論の研究に終わって、実際に少しもあらわれない研究をしては、実に物足りないものである」[2]

木下竹次の『学習原論』をはじめとする学習法の理論研究は、奈良女附小の実践の拠りどころとなってきたことは言うまでもない。しかし、どんなすばらしい理論であっても、子どもに貢献していなければ価値がない、子どもに日々接する教師だからこその研究を進めなければならないという使命感が、100年の奈良の学習法の実践研究を支えていた。昨年、中央教育審議会が示した「令和の日本型学校教育」には、奈良の学習論に含まれている要素が多々あるが、奈良の学習論の強みは、長年の実践研究の蓄積に支えられている点である。「令和の日本型学校教育」の実現のためには、ここから学ぶことから始めるのがその近道となる。

2 職員室の環境構成

この学校で授業参観をお願いすると、授業後に職員室に置いてあるソファに座りコーヒーを頂きながら、あれこれと語り合うことがある。他の学校を訪ねても、校長室に応接セットが置いてあるところはあるが、職員室にある学校はあまり記憶がない。このソファは職員室内では大きくスペースを取っている。個人の事務机でお仕事をされる先生も多いが、ソファにゆったり座って学習材の準備をしたり、子どもの日記に目を通したりする姿もお見かけする。奈良女附小の子どもは、日記ノートを2冊持っていて、

毎日交互に提出するので、教師は放課後に子どもの日記を読むことができる。

　あるとき、ソファに座って談笑されていたある先生が、「あっ！」と声を上げて席を立たれた。先生の目線の先には、運動場にいる子どもの姿があった。ソファは運動場に面した場所にあるので、そこから外で活動している子どもを眺めることができる。何か気になる動きを子どもがしていたのだろう、そこから子どもについての語り合いが始まることもあった。

　奈良女附小に長期間滞在したことがあり、その間、このソファで主幹の先生、専科や非常勤の先生、養護の先生と給食をご一緒させて頂いた。話題はやはり、気になる子どもの様子や教室のできごとが多かった。もちろん、自分の教室から戻られた先生もそこに加わって語り合うことがあり、その内容は事務机に座っている先生の耳にも届く。職員室の環境構成は、自然に教師同士のつながりと共有ができるつくりになっている。もちろん、この学校にも会議はあるし、自分の教室で日記に目を通す先生もいる。放課後の教室での教師は、おそらく今日の子どもたちの学習を反芻しながら、明日どう働きかけようかと思いを巡らしている。その真剣な様子に声をかけるのをためらわれたものである。

　チーム学校、働き方改革が課題となる昨今、教師が自分のペースで仕事ができる場、時にゆったりとくつろぐ場、課題や悩みの共有を自然に可能にする場、そしてそこから協働の実践研究が始まるような場として、職員室の環境構成をすることの価値を学んだ。

3　実践研究の難しさ

　実践研究の難しさのひとつに、経験や事実の言語化があるだろう。僧籍にあった奈良女子大学の亡き恩師から、啐啄の機（そったくのき）

という禅の言葉を伺ったことがある。ひな鳥が卵からまさに今かえろうとするとき、母鳥が外から卵の殻をつついてやる、そのタイミングが合う瞬間を見抜くことをさしている。奈良の学習法では、子どもたちは自分の生活の文脈で自身の学習を進めようとするが、子どもが伸びようとする筋道と瞬間を見抜いて、子どもがよりよい学習をたどれるような最適な働きかけをしていくのが難しいところである。その個別の一人ひとりの学びの筋道をどう見取ったか、最適な働きかけの瞬間をどう見極めたのか、教師は教室でこれを瞬時に行っており、これらをつぶさに言語化可視化するのはなかなか難しい。教室で行われるこのような教師の実践的思考を「省察」というが、個々の文脈に即しているため一般化しづらく、しかし指導の個別化を支えるには必要な、高度な専門的思考である。

　また、奈良の学習法では、独自―相互―独自の学習経路をとる。この独自と相互、個別と協働との間で、どのようなタイミングでどのように移行するか、それぞれの教室における子どもたちの学習の見極めが前提となる実践的な判断であり、この見極めが適切でないと充実した学習が展開するのは難しい。

　奈良の学習法の実践研究では、このような難しさの解明と克服も視野に入れてほしい。奈良の学習法が令和の日本型学習法として広く行き渡るためには、不可欠なことである。そのためには、奈良の学習法の実践の事実について、やはり語り合いを続けていく必要がある。

引用文献
1) 清水甚吾『学習法実施と各学年の学級経営』1925東洋図書 p.4
2) 清水甚吾『実験実測作問中心算術の自発的学習指導法』1924目黒書店　p.10

「奈良の学習法」の歴史的経緯に学ぶ

1　「奈良の学習法」を歴史的に捉える視点

「令和の日本型学校教育」で示されている「個別最適な学びと協働的な学び」を戦前の新教育の意義とともに「奈良の学習法」の実践と結びつけて解釈する試みは、すでに奈須正裕氏（2021）により『個別最適な学びと協働的な学び』（東洋館出版社）の中でなされている。同著での奈須氏の検討に屋上屋を架すようではあるが、ここでは集団で学ぶ学級という組織で「個」を位置づけることに、附小では歴史的にいかに対峙してきたのかに着目してみたい。

「奈良の学習法」、とりわけ「独自学習」と「相互学習」による学習形態は1911年に附小が開校した当初から取り組んでいたわけではない。1919年に大正新教育の担い手として著名な木下竹次が主事として着任し、様々な教育改革に着手して後、彼によって1922年に「呼称」として定着させたという経緯がある（松本博史　神戸大学博士論文『奈良女子高等学校附属小学校における清水甚吾の算術教育』2004年、75頁）。

学級という集団で学習活動を行う日本では「個」に応じる教育をめぐっては、今日に至るまで常に問題であり続けてきた。「独自学習」という形で「個」を位置づける「奈良の学習法」の意味をあらためて解釈するのであれば、なぜその方法が生み出されたのか、その経緯を踏まえておく必要があるだろう。それは、現在のみならず、時代が変わっても通じる教育の本質を見極める視点を得ることに繋がるからである。

2　附小の教育における「個」の把握の推移

上述の通り、「独自学習」と「相互学習」という学習形態は木下竹次が1919年に着任した後に取り組んだ様々な教育改革の一端である。では木下の着任以前、附小ではどういった学習指導がなされていたのだろうか。

附小の個別の訓導の実践については既に多くの先行研究が存在する。研究対象として特に注目されてきたのは、1911年の開校時から1945年まで長年にわたり在職し「名訓導」と呼ばれた清水甚吾の実践である。ここでは吉村敏之氏（「３．「学習法」実践の展開」木村元研究代表科研報告書『戦前の初等教育の変容と中等学校入試改革に関する実証的研究』1999）、前掲松本博史氏の先行研究に依拠し、清水の取り組みについて見てゆきたい。

1911年に清水が附小に着任した当時、附小は学区制であった。よって公立小学校同様、教科の学習での児童の個人差は大きかった。清水は個人差を埋めるべく「分団式教授」の実践に熱心に取り組む。児童を能力別にグルーピングする分団式教授とは、今日の習熟度別指導である。

児童を能力別に分けて指導を行う分団式教育について、明石女子師範学校附属小学校主事の及川平治による『分団式動的教育法』（1911）が当時、教育書として異例のベストセラーになった事実が見過ごせない。このことは全国の教師が多人数の学級という集団で指導を行う上で、児童の能力差にいかに苦慮していたかを示している。附小の始期において、清水が注目した教育的に問題としての「個」とは、全国の教師の抱えていた問題と同様、子どもの能力差を意味するものであった。

そうした中で、1919年に木下が主事として着任し「自習法」、後に「独自学習」とされる研

究に着手するよう訓導たちに指示した。

松本氏の研究によれば、清水はそこで直ちに個人の能力差を無視した取り組みを行ってはいない。1921年頃まで優等・中等・劣等の能力別分団（教授）学習を残したままであった。

清水が木下の指示する「自習法」の研究に取り組む際に最初に直面した課題は「自発的な学習態度の形成」である。詳細な経緯は省くが、その取り組みの中で「子どもの個性を発見」してゆく（吉村1999：24-25頁）。彼は「自発教育」の実践研究を進める中で、「結果の優劣」として顕れる「能力の個人差」よりも、学習活動における子ども各自の学びの有り様の相違、すなわち「個性」に気づいてゆくのである（清水「自発教育の眼目」『学習研究』1922年の論文等）。

ここにおいて、教育の問題としての「個」は能力差以上に、「個性の違い」にいかに応じるかに変わってゆく。学び方の個性の違いに応じ、個性を伸ばす学習活動が、木下の主張した「独自学習→相互学習→独自学習」の形態であり、個性が違う子ども間で学び合う「優劣共進」だったのである（木下『学習原論』1923年、復刻版1972年：257-258頁）。清水の実践も、1922年になってから分団教授と明確に一線を画した、木下の主張である「優劣共進」の学習形態に変わる（松本2004：101-102頁）。

かといって、清水の中で問題としての個人の能力差が消滅したわけではない。特に劣等の子どもへの配慮への言及は欠かさなかった（同上清水：113）。能力差の存在は集団で学習する以上、不可避であり、むしろそれを前提として、子どもが「相互」に学び合うことで得られる成果を重視したということである。

附属小は1921年度に学区制を撤廃し、選抜制になった。子どもの能力差が狭まったことで個性に注目した実践が可能だったという知見もある。しかし、たとえ選抜された附属の子どもであっても、個人の能力差は確実に存在する。要は、教育において結果としての能力差を重視するのか、学びの個性を重視するのかにより取り組みに違いが生じたと見ることができる。

清水の辿った取り組みの経過は、今日、算数等（清水の中心研究教科は算術であった）一部の教科で習熟度別指導が定着しつつある状況下での「個別最適な学び」と「協働的な学び」の要請を考える上で示唆的ではないだろうか。

4 「優劣共進」をどう考えるか

手元にある『学習研究』501号（2022年1月号）には田中耕治氏による「子どもはつまづきの天才である」というタイトルの特別寄稿が掲載されている。田中氏はタイトルの言葉を発した戦後の生活綴方を代表する教師、東井義雄の実践を論じている。

田中氏の論考を読むと、現在の附小の教師と東井の「子ども」へのまなざし、学習に関する教師の指導の関わり方の根源に共通点が多いことに気づかされる。つまづく子どもですら「天才」として表現する東井は、そうした「天才」である子どもを、わざわざ「つまずかない子ども」と分けて別に学ばせる機会をつくることは想定しなかったであろう。

今日、子どもたちの間で学力が格差問題として拡大しつつある中で、習熟度別指導は成果を上げていると認識されている。子どもの学びの有り様の「個性」に応じて「優劣共進」する教育の実現が困難であるには違いない。ここでは「つまずく子ども」を、集団での学習において、いかなる存在と捉えるのかによって「個別最適な学び」と「協働的な学び」の実践の内実と両者の関係性が異なってくることを、歴史から学ぶ視点として、最後に指摘しておきたい。

第1章

令和の日本型学校教育と
「奈良の学習法」

「奈良の学習法」の根幹は、子どもたちを自律的に学ぶ存在に育むことにある。そのため、子どもの生活そのものを学習の場とし、子どもの全人格を一体的に発達・成長させることを重んじてきた。この伝統の中で、学習や生活を「やらされたり教えられたりするものではなく、存分に自分らしさを発揮して自分の考えを進めるもの」と、当たり前に捉えられる子どもに育むことを重視してきた。

日本型の学校教育のよさも、やはり、子どもの全人格を一体的に発達・成長させようとすることであろう。本章では、一人ひとりの子どもを学習者・生活者として発達・成長させようとする奈良の学習法の姿を、令和の日本型学校教育の理念に照らし合わせて考えていきたい。

「令和の日本型学校教育」と
「奈良の学習法」

　令和3年1月26日、中央教育審議会が「『令和の日本型学校教育』の構築を目指して〜全ての子供たちの可能性を引き出す、個別最適な学びと、協働的な学びの実現〜（答申）」をとりまとめた。この答申には、子どもたちの知・徳・体を一体で育む「日本型学校教育」が諸外国から高い評価を得ていることが示されている。そして、この日本型学校教育を令和の日本型学校教育として目指すために、個別最適な学びと協働的な学びを実現することを通して、全ての子どもたちの可能性を引き出すことに重点を置こうとしていることが読み取れる。

　ところで、私たちの奈良女子大学附属小学校は、100年以上の長きにわたり「奈良の学習法」の実践に取り組み続けてきている。その根本精神とでも言うべき「学習即生活」「生活即学習」の言葉に現れているとおり、子どもたちの生活そのものを学習の場とし、子どもの全人格を一体的に発達・成長させるべく、その教育の在り方を模索し続けてきた。また、令和の時代（社会の在り方が劇的に変わる「Society5.0時代」）に必要とされる「個別最適な学びと協働的な学び」を一体的に充実させることについても、「独自学習―相互学習―さらなる独自学習」という学習展開を掲げ、長きにわたり実践研究を積み上げてきている。つまり、私たちの学校は「令和の日本型学校教育」について、100年以上も前から研究し続けてきている学校なのだと言えるのである。

　本書では、私たちが長年積み重ねてきた「奈良の学習法」の実践研究を、「個別最適な学び」「協働的な学び」という視点から語り直し、「令和の日本型学校教育」はいかにすれば実現していくことができるのかを明らかにしていきたいと願っている。

「奈良の学習法」における個別最適な学びと協働的な学び

【個別最適な学び】

　私たちの奈良女子大学附属小学校は、「奈良の学習法」という教育理念をバイブルに、その理念を実現するために、それぞれの教師が自由に様々な実践を繰り広げてきた学校である。それぞれの教師が自由に実践を繰り広げていても、その実践が真摯に「学習法」の理念実現（このことの議論は常に続けているのだが）に向かう限り、学校としての歩みがバラバラになることはない。勿論、一人ひとりの教師は、個々の実践のよさを認め合い、時にそのよさに習い、独自の追究を加えて自分ならではの「学習法」をつくり上げようと励む。<u>自分らしさが尊重されるからこそ、私たちの学校の教師は「伸びて行く（本校が目指す子ども像）」ことへ向けて頑張れるのである。</u>つまり、<u>私たちの学校は、教師一人ひとりにも「個別最適な学び」が保証されている学校なのだと言える。</u>

　私たちの学校の「個別最適な学び」実現への取り組みは、それぞれの教師により幾つもの迫り方がある。その代表的な方法を紹介する。

◆「35人いれば35通りの学び」ができる学習

　体育科の器械運動の学習で考えてみる。

器械運動は克服的要素の強い学習であるから、例えば「開脚跳びができる」ことを目指すことを主眼とした学習になることが多い。教師は、学級にいる多様な子どもたちのことを考え、様々な段階の子どもに合わせたスモールステップやつまずきの乗り越え方を示した学習カードを準備して学習に臨む。しかし、「開脚跳びができる」という一通りの学びしかない学習の中では、「頑張らなくても直ぐに開脚跳びができた」子どもが優れていて、「頑張ったけれど開脚跳びができるまで時間がかかった」子どもは運動が苦手なのだ、という意識が固定されてしまいがちである。結果として、小学校の体育学習で「運動のセンスはないとわかったから、運動にかかわらないで生きていこうと思うようになった」という子どもを生み出してしまうことも多い。「頑張ってできた子どもよりも、頑張らないでできた子どもの方が優れている」という、努力と評価が逆向きの価値観を固定させてしまっているのである。いくら多様な子どもたちに最適な学びを準備したつもりでも、結果として個別最適な学びは進んでいないと言わざるを得ない。

　個別最適な学びを実現するためには、多様な子どもたちの一人ひとりに、「頑張ったらいい学習ができる」のだと、「頑張ること」と「いい学習ができる」ことが同じ方向に向く前向きな意欲を育てることが肝要である。ずっと頑張り続けている子どもを、「最後までできなかったから、あの子は運動が苦手だ」と見てしまうのではなく、一人ひとりの子どもの頑張りと成長がそれぞれに認められるような学習をつくりたいのである。だから、私たちの学校の取り組みの中には「35人いれば35通りの学び」ができることを目指すものが多い。器械運動で言えば、跳び箱だけでなくマットや平均台やろくぼく等

たくさんの器械器具を用いて、その子なりの動きをつくり出すような学習である。運動能力の高い子は高い子なりに自分にできる精一杯の動きを目指し、運動能力の高くない子もその子なりに精一杯の動きを目指す。ここで子どもたちに育みたい力は、「開脚跳びができる」というような個別の内容（コンテンツ）だけでなく、多様な資質・能力（コンピテンシー）を重視して見定める必要がある。「この子の学びは自分にとって最も追究し甲斐がある課題を見つけ出せているのがいい」、「この子の学びは、課題についての自分の現状と友だちの様子を見比べ、課題解決の方向を見つけ出せているところがいい」と、一人ひとりに合わせて個別最適に評価できるように、多様な価値観で学びを見とれる学習にすることを重視しているのである。そうしてこそ、「頑張ってもどうせ、みんなよりはうまくできないから…」という否定的な見方に囚われてしまうのではなく、「よし、自分らしさを発揮していい学習をつくるぞ」と、生き生きと自律的に学ぶ姿を導くことができると考え、実践研究を進めている。

◆一人ひとりの学びの文脈がつくれる学習

　個別最適な学びの実現を考えるとき、その学びの中で一人ひとりの学びの文脈が立ち上がっていくかどうかに着目することは重要である。そして、このことに応えるために、教科書の中に示された何処か架空の設定の問題ではなく、子どもの実生活に即した切実な問題で学びを進めるという取り組み方がある。

「しごと」学習の取り組み

　私たちの学校の取り組みの中で、最もこのことが現れるのは「しごと」（生活科や総合的な学習の時間にあたる）学習である。例えば、奈

良公園の鹿に着目した学習を進めるとする。奈良市内に在住する子どもたちであれば、奈良公園の周辺に鹿が住んでいることはよく知っている。市内を循環するバスに乗っていて、街中を鹿が歩いている光景を見ている子どもも多い。そこで、教科書の中だけの何処か架空のことの学習ではない、子どもたちにとって身近な題材として「奈良公園の鹿について調べよう」という学習を立ち上げる。

　このような設定なら、子どもたちはそれぞれに自分に合った文脈で学習に入っていくことができる。お家の人に鹿せんべいを買ってもらって、おそるおそる鹿にあげた経験から学習に入る子どももいれば、土産物屋の前にたくさん鹿の糞が落ちていてそこを歩くのが嫌だったことから学習に入ることもあるかもしれない。子どもたちがそれぞれに、自分の文脈の中で「奈良公園の鹿」に迫ろうと取り組むことができる。

　私たちはこのような<u>「奈良公園の鹿について調べよう」というような学習問題を、仮の学習問題として捉えている</u>。つまり、当面、子どもたちがそれぞれに自分の文脈で学習に入っていける学習問題ではあるが、まだ学級のみんなで追究していくに値する学習問題になったとは捉えていないのである。しかし、子どもたちはそれぞれに、自分の文脈の中で追究を進めることはできるので、子どもたちの中から様々な追究の結果が報告されるようになる。多くの観光客が鹿を見に集まってくること、土産物屋では鹿に関する土産物を多く販売していること、鹿の糞がそこら中に落ちていて不潔だと思われること、鹿が道を渡ったり寝転んだりして迷惑だと思われることなど、<u>「奈良公園の鹿」</u>の様々な事柄が、報告した子どもだけではない学級の子どもたちの中に<u>浸透していく</u>。そして、例えば「奈良公園の鹿は人間にとって必要なのか」と

いうような問題も浮かび上がってくる。学級のみんなで確認し合ったことの中で、「鹿が道路を横断するから、車はブレーキをかけて止まらなければならない」ことに着目した子どもは、「鹿はいない方がいいのではないか」と考えるかもしれない。逆に「鹿がいるからこそ、観光客が集まっている」と考えた子には、「鹿がいないと人間は困る」と考えを進めるかもしれない。<u>鹿についての様々な事柄を学級で共有し合う中で、どの子もが「自分はこう考えている」という文脈を伴う学習問題を設定していくのである</u>。私たちの取り組みの中に、<u>学級のみんなが共有できる「真の学習問題」を模索し続けることで、どの子もが切実に自分の学習だと思える学びの文脈が立ち上がるよう苦心を重ねている</u>実践は非常に多い。

「けいこ」学習の取り組み

　私たちの学校では、「しごと」学習として取り扱うだけでは抜け落ちてしまう、それぞれの領域ごとに系統的に取り扱うことが望ましい内容を、「けいこ」学習として位置づけている。この「けいこ」学習では、それぞれの領域に特有な見方・考え方を重視し、その領域の系統等も重視して学びを進めていく。いわゆる各教科にあたる学習である。

　「けいこ」学習においても、より子どもたちの実生活に近い、一人ひとりの子どもが自分の文脈で学習に入っていけることを重視して取り組みを進めることも多い。

　算数科の「単位量あたり」の学習で考えてみる。教科書の問題文は、「単位量あたり」を考えるために必要な数字などのみが提示された、算数科の学習に特有な文脈の問題文となっている。そこで、子どもたちの実生活に即した文脈を伴わせるため、「小学校にコインパーキング

"奈良女パーキング"をつくるなら、料金をいくらに設定すればよいか」という問題を設定した実践があった。

まず、子どもたちは、それぞれに学校周辺のコインパーキングの料金設定や、どのような車が停められているのかなどを調べて報告し合う。子どもたちが「単位量あたり」ということを学ぶためには、集められたたくさんの情報の中から必要な情報と必要でない情報を取捨選択しながら考えを進める必要が出てくる。一見「単位量あたり」を理解するためには効率が悪いようにも見えるが、子どもたち自らが必要な情報を取捨選択するからこそ、実生活の中で活用可能な学びとなっていく。算数という教科の中だけにとどまらない、実生活に転移できる力としての学びが期待できるのである。

さらに、"奈良女パーキング"の料金設定を考える学習では、一人ひとりの子どもが、個別に自分ならではの考えを紡ぎやすいということも見逃せない。ある子どもは「60分300円とした方が、もし60分を1分超えて駐車した人がいれば、600円の料金になるから儲けが出る」と考える。すると、「"附小パーキング"のお客さんには保護者が多いと思う。個別懇談とかなら30分から60分ぐらいで終わると思うから、30分150円にした方がいい」と、パーキングの利用者を想定して自分の考えをつくる子どもも出てくる。「私が調べたパーキングには、工事の車が多く停まっていた。工事の人たちは短時間では用事が終わらないから60分とかの料金の方がいいと思う」というように、ターゲットにする利用者が違えば、望ましい料金設定が変わってくることも議論されるようになる。「10分停めただけでも300円とられるのなら、僕なら20分100円のところに駐車する。その方がお客さんを集められると思う」と、1回の儲けの多寡よ

りも集客力の違いを考慮すべきだとの考えも出てくる。「単位量あたり」の視点から見れば、どれも同じと結論づけられる内容でも、実生活の豊かな文脈の中で進む学習では、子どもたち一人ひとりが個別に自分の考えを紡ぎ出すことができる。個別最適な学びは、多様な子どもたちのそれぞれに個別最適な学習材を準備するのではなく、多様な子どもたちがそれぞれに自分の文脈で迫ることのできる、具体的な文脈や状況を豊かに含んだ学習を模索することで実現することを大切にしたい。それは、自分の精一杯の考えを紡ぎ出して論じた「単位量あたり」の学びだからこそ、自ずと印象深く長期にわたって記憶される学びとなるだけでなく、他に転移できる学びとなっていくからである。

教科書の文脈に自分の文脈を見出す力

私たちの学校の取り組みの中で、子どもたちの生活に近い具体的な文脈や状況を豊かに含んだ学習をつくろうとする実践について述べてきた。その一方で、それぞれの領域ごとに系統的に取り扱う「けいこ」学習（各教科）なのだから、その領域特有の文脈の中でも自分なりの文脈をつくれる力を育もうとする方向の取り組み方もある。

算数科2年生の、「たし算とひき算のひっ算」を例に考えてみる。「たし算とひき算のひっ算」というと、私たち教師の頭には一番に、「全員にきちんと筆算ができるように教えなくては…」ということが浮かんでくる。当然である。ただ、それだけを念頭に学習を進めてしまうと、その学習の文脈の中に入っていけない子どもが出てきて、「いいからとにかく、筆算の順番を覚えなさい」などと、ただただ覚えさせるだけの学習にもなってしまいがちである。そうならないように、教師

はあれこれと工夫をしてわかりやすく教えよう と試行錯誤もするのだが、少し見方を変えて子 ども自身が自覚的に学べるための力を育むこと も考えていく必要がある。

「たし算とひき算のひっ算」では、毎時間、少 しずつ条件を変えながらも同じ内容で学びを積 み上げるようになっている。最初の時間に学ぶ べきことは、「10のかたまり○こと１が○こ」 で考えること、「位をそろえる」こと、「１の位 →10の位」の順に計算することであろうか。と すれば、この３つの事柄は子どもたちが自覚的 に学びを進めるための「道具」として強く意識 させていくことを大切にしたい。次の時間の学 習は、「一の位が繰り上がる」という条件が加 わるものの、基本的な学習内容は同様である。 子どもたちの中に、早速「今日の学習で、３つ の道具が使えるかどうか」という、新しい文脈 の中で学習に入っていくことのできる子どもが 出てくる。自分の解き方を発表するときに、 「十の位は、10のかたまりの４つと３つを足す ので……」と「10のかたまり○こ」を使う子も 出てくるであろうし、「ぼくは、計算を始める 前に、位がそろっているかどうか確かめた方が いいと思います」と、「位をそろえる」の道具 を使って意見を言う子も出てくるであろう。そ ういう学習をふりかえる「先生の話」の中で、 教師は前時に手に入れた「道具」を使って学べ た子どものよさを強調し、さらに多くの子ども の「道具」として位置づいていくように話す。 そして、「繰り上がりの書き方」「前の時間に学 んだことは、次の時間に使える」という新しい 「道具」も付け加えるようにしていく。

　さらに、その次の時間は、「十の位が繰り上 がる」と前時と違った条件を付け加え、同じ内 容の学びを繰り返す。子どもたちは、５つに増 えた「道具」が今日も使えるのかと学習に臨む。

すると、「今日は一の位が繰り上がっていな い」「繰り上がっているのは十の位だ」と、前 時との違いに気づいていくかもしれない。「こ れは凄い。自分たちで新しい『道具』を見つけ たね」と驚きを示しつつ、「前の時間との違い に気をつけろ！」と、そのことが子どもたちの 新しい「道具」と位置づくように言葉を整理して いく。

　こうして適宜、子どもたちの道具箱の中の 「道具」を増やしていきながら、たし算からひき算と学習を進めていく。そして、しばらくこ の学習から離れた後、また「たし算とひき算の ひっ算（２）」として、計算するケタ数を増や して同じ「道具」を使う学びを重ねていく。こ うした学習の中で子どもたちは、教科や領域等 に特有な見方・考え方を、自分たちが使える学 びの「道具」として手に入れて、自覚的に学ぶ 力を獲得していく。そのことが、例え教科書の 中の文脈であっても、自分の学びの文脈として 学びに向かう力へとつながっていくと考えてい るのである。

自分の学びの文脈を見つめる力

　子どもたちが自覚的に学びを進めようとする とき、教科領域等に特有な見方・考え方を明示 的に伝え、学びの「道具」とできるようにする ことの大切さを述べてきた。このことを進めて いくと同時に、子ども自身が、その学習に関す る自分自身の状況等を、分析的に見つめる力を 育んでいくことも重要だと考えている。

　例えば、先の「たし算とひき算のひっ算」の 学習では、子どもたち自身が「前の時間は一の 位が繰り上がっていた」「今日は十の位が繰り 上がっている」ということに気づくようになっ ていた。この事実を、子どもたち自身がどのよ うに捉えられているのかということが非常に重

要である。

　教師は、「これは凄い。自分たちで新しい『道具』を見つけたね」と、その良さを子どもたちに意識づけ、「前の時間との違いに気をつけろ！」と子どもたちに使いやすい「道具」にしようと試みている。しかし、これだけでは十分だとは言えない。子どもたち自身が「前の時間との違いに気をつける」ということの意味を、咀嚼できているとは限らないからである。このような子どもたちの意識や考えを明確にしていくために私たちの学校で重視しているのが、「めあて」や「ふりかえり」と「朝の会」や「日記」である。

私たちたちの学校の「めあて」「ふりかえり」

　一般的に「めあて」というと、その時間に子どもたちが学習すべき課題を指すことが多い。「十の位が繰り上がる、たし算のひっ算の仕方を考えよう」というような学習課題である。一方、私たちの学校の「めあて」は、一人ひとりの子どもが「自分はその時間どのように学習しようとするのか」を見定めていくことを指す。

　一人ひとりの子どもの「めあて」は、初期の段階では「ぼくは、今日の算数で間違えないように頑張りたいです」というようなものが多い。しかし、このような「めあて」では、その子がその時間何を学ぶべきかを意識できていないことがわかる。だから「いつでも使えるようなめあてでは困りますね」と、その時間に学ぶべきことを明瞭に意識できるように指導を重ねていく。教科等に特有の見方・考え方を生かして、その時間に学ぶべきことを明確に意識できるようにする方向の指導である。「今日は、2ケタ＋2ケタのひっ算のやり方を考えます。前の時間は一の位が繰り上がっていたけれど、今日は十の位が繰り上がるところが違うと思うので、

繰り上がりのやり方を確かめたいです」と、その時間に学ぶべきことを的確に捉える力をつけることを目指していく。

　一方で、「誰でも使えるめあてでは困りますね」という言い方で指導することも多い。「間違えないように頑張る」ということは、学級の誰にでも当てはまることであるから、自分にしか言えない「めあて」を考えることを求めていくのである。「今日も、足し算の筆算をします。前の時間、僕は繰り上がりの書き方がよくわかりませんでした。だから、今日は繰り上がりをどこに書けばいいのかを確かめたいです」と、これから学ぼうとすることについて、自分がどういう状況であるのかを見つめた上で、どう学びたいのかを考えられる力を育みたいのである。

　このように、一人ひとりの子どもに自分の「めあて」を具体的に見つめる力が育ってくると、自ずとその学びにその子なりの文脈が伴うようになっていく。学習の「ふりかえり」のときには、①その時間に学ぶべきことが何であったのか、②そのことについて自分の状況はどうだったのか、③だからどのように学ぼうとしていたのか、と「めあて」にしていたことを踏まえ、自分の学びがどうであったのかをふりかえる。毎時間の「ふりかえり」を重視することは、一人ひとりの子どもに自分の学びの文脈がどうであったのかを強く意識させることに他ならない。だから、教科書の文脈の学びにも、自分の文脈を意識して学ぼうとできる力が育っていく。

「朝の会」と「日記」で深める学習生活

　「めあて」と「ふりかえり」を充実させていくことが、それまで漠然としていた学びへの意識を、対象や方法を見極めて自律的に学ぼうとする意識へと変えていくことについて述べてきた。このような自律的に学ぶ姿は、「日記」や「朝

の会」の取り組みを通してさらに強化されていく。

　私たちの学校の子どもたちは、それぞれの時間毎に自分の「めあて」を意識して学習に臨む。そして、その都度自己の学習を「ふりかえり」自身の学びの文脈を見つめる。そうして1日の終わりに「日記」を綴るとき、自ずと強く印象に残った学びの文脈を想起する。友だちの考えがどうだったのか、そのことについて自分はどう思ったのかなど、短時間の「ふりかえり」ではできなかった思考も進んでいく。学級の学びを俯瞰したり、現在捉えている問題点を見つめ直したり、時には、これからの学びの方向性を思いついたりすることもあるに違いない。日記を綴る習慣の中で、これまでの学びの文脈を再構成し、メタ認知的視野も働かせ、その後の学びの方向性も見通すような力を育むことができると考えているのである。

　私たちの学校では、1日を始める「朝の会」の「元気調べ」として、子ども一人ひとりが自分のことを「ひとこと」話せる時間を設けることが多い。子どもたちは、常に自分の生活の中で「何かみんなに話せることがないか」と、自分の生活に目を向けて過ごしている。当然、前日に「日記」に綴りながら深めた考えを話すことも多い。「はい、僕は元気です。昨日、繰り上がりの書き忘れを防ぐ方法を思いつきました。今日の算数の時間に試してみたいです」などと、みんなの前で話すことでまた、自分ならではの学びの文脈への意識が強く印象づけられていく。私たちの学校では、「めあて」「ふりかえり」「日記」「朝の会」を習慣づけることを通して、子どもたち一人ひとりが自分の学びの文脈を意識できるように育もうとしている。そうすることで教科書に示された問題に向けても、一人ひとりの個別最適な文脈で学びに入っていける力

を育むことができると考えているのである。

【協働的な学びとの一体的充実】

　令和の日本型学校教育の構想では、「個別最適な学び」と「協働的な学び」を一体的に充実させることを重視している。一方、私たちの学校は「独自―相互―さらなる独自」による学習展開を大切にしてきた。ここでは、「独自―相互―さらなる独自」による学習展開が、どうして個別最適な学びと協働的な学びを一体的に充実させていると言えるのかを見ていく。

◆独自―相互―さらなる独自の学習展開
初めの独自学習の展開

　例えば、東日本大震災が起きた翌年の5年生「しごと」（生活科や総合的な学習の時間にあたる）学習の実践で考えてみる。

　この年の4月、学年が始まるや否や、春休みの自由研究「原子力発電は本当に必要なのか」を発表した子どもがいた。このことをきっかけに「原子力発電は本当に必要なのか」を学級の「しごと」学習として取り組んでいくこととなった。この学習問題が子どもたちの真の学習問題として位置づくように取り組んだ後、本格的に「独自学習」を進めることとした。

　子どもたちは、予めみんなで考え合っていた種々の観点の中から、自分が最も興味のある内容を選び取って独自学習を進めていく。それらの観点の幾つかを例示する。

・原子力発電の長所や短所
・原子力発電の事故や被害の実際
・原子力に代わり得る発電
・それぞれの発電の長所・短所
・発電のためにかかる費用　　　　　等々

　ある子どもは「これからは絶対、太陽光発電が必要になる」と独自学習を進めるし、別の子

は「原子力発電の事故のせいで、どれぐらい大きな被害が出たのかを確かめたい」と自分の追究を進める。それぞれの子どもが、その子なりのこだわりを持って自分の文脈を伴った独自の追究を進めることができるからこそ、個別最適な学びが充実していく。

「学習問題」に沿って進める相互学習

独自学習がある程度進んだ頃を見計らって、それぞれの追究をもとにした相互学習を始めた。この実践では内容が多岐にわたるため「原発のメリット、原発のデメリット、原発事故の被害…火力発電の長所と短所、太陽光発電の長所と短所…」と、時間ごとにテーマを決めて相互学習を進めている。

「原発のメリット」について考え合う相互学習では、太陽光発電についての独自学習を進めた子どもには、独自学習が生かされないようにも見える。しかし、常に「原子力発電は本当に必要なのか」に立ち返って考えを進めることを意識づけることで、それぞれの子どもが自分の独自学習の成果を生かすことができたと考えている。「原子力発電は、CO2を排出しないクリーンな発電だとわかってきたけれど、それなら太陽光発電もCO2を排出しない。だから、原子力発電を太陽光発電に変えても問題ないと思う」のように、相互学習の中で見えてきた「クリーンなエネルギー」という観点で自分の独自学習を見つめ直すことができるのである。個別最適に進めた独自の学びは、協働の学びをみんなで考え合うべきこと（学習問題など）でつなぐからこそ生きていくのだと考えている。

相互の追究を深める思考法

「原発のメリット」をテーマにした相互学習の中で、「原子力発電は、CO2を出さない発電だ」ということがわかった。このことが、「そのエネルギーがCO2を排出するかどうか」の考えを進めるための「道具」として位置づいていく。他のエネルギーを考えるときにも、「太陽光発電はCO2を出さない」「水力発電や風力発電もCO2は出さない」「でも、火力発電はCO2を多く排出してしまう」といった考えも出てくるのである。こういった協働の学びを深められるような思考の観点が見出せると、子どもたちの学びの勢いに力強さが加わっていく。そして、多くの子どもたちがその考え方に傾き出したときに、その考え方を覆す視点を生み出す子どもが出てくることも重要である。「水力発電そのものはCO2を出さないけれど、ダムをつくるためにたくさんのCO2を排出する。その上、CO2をO2に変えてくれる樹木を大量に切り倒してしまっている」と、「CO2排出」について違った角度から思考するような子どもである。

このように、「CO2を排出するかどうか」という観点で共通点や相違点に着目して思考したり、違った角度から見つめて思考したりするなど、協働の学びの中で「学習問題」を解決するための思考法を手に入れていくことがとても重要だと考えている。

子どもの「道具」を見極める「先生のお話」

ここに挙げてきたような「学習問題」を解決するための思考の観点は、相互学習を進める中で自然に子どもたちが着目するようになっていくことも多い。それと同時に、そういった思考方法が他のことにも使える「道具」となるように明確に意識づけることもとても重要である。

私たちの学校では、様々な学習や活動の最後に「次は、先生のお話です」と、司会の子どもが教師に話を求めることが習慣化されている。裏を返せば、全ての学習や活動において、教師

は「先生のお話」に「語るべき何か」を見つけておかなければならないということである。このことの意味はたいへん大きい。<u>私たちは、常に子どもたちの学習や活動を見つめ、その中にあるよさが何なのかを考え、そのことをどう伝えれば他の場面に転移して働く「道具」となるのかを見つめ続けることを余儀なくされる。</u>教科特有の見方・考え方に照らし合わせたり、全ての学びに共通する基盤として取り出したり、人として目指すべき生き方を指し示そうと試みたりしながら、そのことが子どもたちの中に息づいてくれることを願い言葉を紡ぐのである。「今日の学習では、『CO2を排出するエネルギーかどうか』が『原発が必要かどうか』を考える手がかりになることを、みんなが意識して考えていたことに感心しました。ところが、その考え方を打ち破る新しい視点を見つけた人がいたよね。そう、『発電するときにCO2を出すかどうかだけでなく、発電施設をつくることによるCO2のことまでも考える必要がある』というのです。同じ観点でも角度を変えると違った見方ができるのですよね。みんなが同じ見方をしているときに、違う角度から考えられるというのは、凄い力だなと感心しました」

半ば形骸化しているとも見られがちな「先生のお話」は、「今日はうまく伝えられた」「この時間は、何を伝えるべきか見極められなかった」と、常に教師としての力量を磨き続ける時間として働いているのだと考えている。

個別最適な学びと協働的な学び

相互学習の中で、子どもたちはこれまで持っていなかった「学習問題」を考えるための思考の「道具」を手に入れる。そのことは、同時に独自学習の新たな「道具」を手に入れたということも意味する。相互学習を繰り返す中で、

「このエネルギーは安全と言えるのか」「発電規模から考えて原発に代えられるのか」「発電のためのコストはどうか」「天候によって発電量が左右されるのか」など、子どもたちは次々と新しい思考の「道具」を手に入れていく。すると、早速、「自分が独自学習を進めてきたエネルギーはどうだろう」と、手に入れた新たな「道具」で自分の考えを吟味する独自学習が始まる。<u>相互学習の間に独自学習の時間を取らなくても、相互学習で考えを交流し合う中で、その都度スパイラルに独自に考えを更新していく</u>のである。つまり、<u>「独自―相互―さらなる独自」の学習展開は、個別最適な学びと協働的な学びを一体的に充実することができる学習展開</u>なのだと言えよう。

さらなる独自学習の展開

このように相互学習を進め、計画していた全てのテーマでの話し合いを終えても、子どもたちは全くこの学習が終わったと捉えることがなかった。それは、<u>それぞれの子どもが、「自分が独自に追究して生み出した考えが、相互の展開で得た新たな観点をもとに更新され、他の誰のものでもない新しい自分の考えを持っている」</u>ことを実感していたためであろう。

「CO2排出の観点から、火力発電は原発の代わりにはならないと言われたけれど、発電規模を考えれば太陽光発電とは比べ物にならないぐらいの発電量だ。それに、日本の新しい技術でCO2の排出量を抑える次世代型火力発電があることも調べている」「水力発電は、大規模に森林伐採するからだめと言われた。でも、小さな水路とかに設置する小水力の発電があるとわかった。この発電なら、森林を伐採しなくてもたくさん設置できる」など、それぞれの子どもが、これまでの相互学習でまだ披露していない自分

ならではの新しい考えを持っていた。子どもたちは、そうした考えを聞き合い学習を続けたいと切実に感じていることが伺えた。

　もう一巡、同じテーマの相互学習を繰り返すことも面白そうであったが、下手をすると永遠に続くスパイラルに突入してしまいそうでもある。そこで、「それなら、それぞれの思う『これからのエネルギー』について、内閣総理大臣への提言書をつくるというのはどうか」と提案してみた。驚いたことに、この提案に難色を示す子が一人もいなかった。それは「これからのエネルギー」について、全ての子どもが自分なりの考えをまとめられそうだという期待感を持っていただけでなく、総理大臣に伝えたいほどの自分なりの考えがあると感じていたと思われる。

　それまでの独自―相互を通じての自分の学びを、例えば論文や学級の劇などの各種の表現活動としてまとめることがとても重要だと考えている。そのような表現活動に向かうとき、まず子どもたちは、それまでの「独自―相互」のスパイラルの中で得られた学びを俯瞰して見つめ直すことに向かう。最初の独自の考えがどうであったのか、相互学習の中で誰のどのような角度からの考えが影響を与えたのか、その中で自分はどのことを重視しているのかなど、これまでの学びを俯瞰するのである。そして、これから自分は、どのような視点でどのことを重視し

て考えを綴るのか、そのために今使える論点やこれから深めなければならない論点は何か、どのような資料をどう使えば効果的に表現できそうかといった、これからの自分の作業全体への見通しも持ちながら学びを見通す必要もある。このような学びの姿を、子どもたちの意識の側から眺めると、その根底には「他の誰とも違う自分ならではの学びを表現したい」という期待・感情が大きく働くのだと考えている。そのため、自分ならではの独自の追究が不可欠であると同時に、その独自の追究は相互の学びで得られた思考の観点によって十分に吟味されていることも必要になってくる。つまり「さらなる独自」の学習展開は、個別最適な学びと協働的な学びが一体的に充実されてきたからこそ、有効に働く学習展開なのだと言える。

　私たちの学校で取り組み続けてきている、「独自―相互―さらなる独自」による学習展開の根本には、徹底して個の学びを充実させるという姿勢が貫かれている。「まずしっかりとした自分の考えを持つ―それらの考えを聞き合う中で、自分一人では持ちえなかった新たな視野に立つ―最終的に、得られた新たな視野に立ち自分の考えを更新していく」。私たちの学校の教師はそうした理念を共有しつつ、それぞれに個別最適な学びと協働の学びを一体化して充実させる実践に取り組み続けているのだと言える。

（阪本　一英）

知・徳・体一体で子どもを育む「奈良の学習法」

【令和の日本型学校教育】

先の中教審答申（令和3年1月）には、知・徳・体を一体で育む日本型学校教育が諸外国から高く評価されていることが示されている。それは、「徳育はキリスト教会等が請け負い、体育は地域社会が請け負い、学校教育は知育のみに特化して行われる」欧米諸国と比較して、知・徳・体一体で全人格的な成長を目指す日本型学校教育が評価されたとの捉えであろう。

一方で、学校現場からの視野で見れば、全人格的な成長を目指す教育に、多くの現場で苦慮し続けてきている実態も見える。増え続ける「教えるべき内容」と迫られる授業時数の確保や学校行事等の見直しの狭間で、多くの全人格的な成長を目指す教育の場が削り取られてきた経緯もある。徳育や体育の場は、教科としての「体育科」と「道徳」の中に閉じ込められ、特別活動や学校行事を真に重視する保護者や教員の割合は決して高いとは言えない状況でもある。相対的に、徳育や体育を担う場が確保できない現状が生まれているのだと言えよう。

このような状況は、私たちの学校とも無縁ではない。しかし、私たちは、子どもの生活そのものが学習なのだと捉え、「子どもたちを、人間として強い人間にそだてたい」と願い続けてきた。教科の中に閉じ込められた徳育や体育としてではなく、子どもの具体的な生活場面で全人格的な成長を目指すことに取り組み続けてきた学校だと言える。私たちの学校でどのように知・徳・体一体で子どもを育もうとしているのかを見ていきたい。

◆全人格的な成長を促す

子どもたちは小学校生活の中で、学級や学年や学校という社会と関わって生活している。この子どもたちの生活を、知・徳・体一体で全人格的な成長を促す場として働かせていくことがとても重要である。しかし、全職員がそういった意識を共有し、子どもの生活を実質的な成長の場としていくことは簡単ではない。子どもたち自身が、所属する社会の中で果たすべき役割を意識し、よりよい社会の担い手として育むための取り組みを見ていきたい。

「お伝え」の文化

私たちの学校の朝の会のメニューには、「委員会からのお伝え」というものがある。学級代表の委員が、毎朝開かれている「なかよし委員会」に出席し伝達事項を伝えるのである。なかよし委員会からの「お伝え」だけではなく、他にもいろいろな立場からの「お伝え」が出てくることを大切にしている。

例えば、「低学年集会の体操係からのお伝え」「音楽係からのお伝え」「日直からのお伝え」「後ろの棚を美しくする係からのお伝え」「みんなの『なかよし』をつくる係からのお伝え」など、子どもたちは本当に様々な「お伝え」をするようになる。

低学年集会の運営を任されている3年生が、集会を運営するために必要と思うことを低学年の各学級に伝える「お伝え」。学級の音楽係が、音楽担当の先生に聞いてきた持ち物等の「お伝え」。日直が、その1日学級のみんなと一緒に頑張りたいと思っていることの「お伝え」。「後ろの棚を美しくする係」や「みんなの『なかよ

し』をつくる係」が、自分たちの学級をよくするために考えたことの「お伝え」。

　それぞれの立場で子どもたちが、<u>自分の果たすべき役割を意識し、よりよい社会生活の実現へ向かうことの現れとして「お伝え」が働いていく</u>。やがて子どもたちは、朝の会の中だけではなく、給食の始めや昼休み後の始業前など、時間を見つけては「お伝え」するようになる。<u>自分たちの生活全体で、力強く生活改善を目指して働くことができる「人間として強い人間」を育みたいと考えている。「お伝え」の文化を全校で共有する中で、学校生活の中に全人格的な成長を促す場を保証し、全ての教員がそのよさを共有できるように努めているのである。</u>

◆「奉仕的に活動する」場

　私たちの学校では、所属する社会に積極的に寄与できる子どもに育むため、伝統的に「奉仕的な活動」の場面を重視してきている。

低学年集会のお世話係

　私たちの学校の低学年集会は、３年生の子どもたちが全ての運営を請け負って進めていく。例えば集会の司会進行を務める係は、体育館いっぱいに入った児童や保護者の前でマイクを持ち、堂々と司会進行を務めていく。もちろん、その日発表をするのはどの学級でどんな題名なのか、その学級発表にどんな言葉をかけるのが相応しいのか、集会プログラムのどこでどんな言葉を話すのかなど、入念に準備を重ね本番に臨むようにしている。しかし、決して始めから堂々とした進行ができたわけではない。緊張のため話すべき言葉を見失ったり、事前の想定不足で進行がストップしたりすることも多い。だから、集会後に学級で反省会を重ね、果たすべき役割や責任を持って働くことの意義を見つめ

るように取り組む。そして、成功と失敗を繰り返しながら粘り強く取り組みを進めるのである。子どもたちの原動力となるのは、やはり、自分の役割が上手く果たせたときの充実感であろうか。集会に集まった人たちの嬉しそうな表情を見て「その人たちの役に立てた」ことを実感し、<u>社会と積極的に関わりながらよりよく生きることへの思いを強くしていく</u>のである。

高学年による「グループなかよし」

　私たちの学校の４〜６年生は、クラブ活動と委員会活動の両方の性格を併せ持つ「グループなかよし」という縦割りの活動を行っている。私たちの学校で伝統的に重視している「個の追究」と「奉仕的な活動」を、そのグループの特性に合わせて進める生活場面である。

　例えば「運動場グループ」には、運動に関わる追究を進めたい子どもが集まる。個人やグループで取り組みたい運動への追究を進めていく一方で、水たまりができてしまう運動場に赤土をまく計画を立てたり、体育館に並べられている跳び箱やマットの整頓に取り組んだりもする。運動への追究を進める活動と「全校の子どもたちが気持ちよく運動に向かえるために、自分たちが働くのだ」という奉仕的な活動を両輪にして取り組みを進めるのである。ここでは特に、活動の中心を担う６年生を筆頭に、<u>自分たちが学校を支えているという自負心が育まれていく。自分たちの生活を見つめ、積極的によりよい生活をつくろうとする態度が培われていく</u>。

運動会の運営

　私たちの学校の運動会は、子どもが中心になって運営を進めていく。春の運動会は、６年生が、秋の運動会は５・６年生が、それぞれの係りに分かれて運動会の全てを運営していく。秋

の運動会では、春の運動会の運営を担った６年生が５年生を導きながら運営のノウハウを伝える。そして、その６年生の姿を思い描きながら、翌年の春の運動会を新６年生が運営する。6年生から5年生に伝えられるのは、運動会の運営のノウハウだけでなく、最高学年としてどのように奉仕的な活動に取り組もうとしたのかのその姿が伝えられていく。

◆複数学年による活動

　私たちの学校には、とてもたくさんの複数学年による活動がある。
・１〜３年生による低学年集会
・４〜６年生による高学年集会
・４〜６年生の縦割り「グループなかよし」
・幼５歳児と１・２年が共に活動する「なかよしひろば」
・学校生活の様々な場面で交流を深める１年生と６年生の児童のペア活動
・４・５年生が一緒につくる「スキー合宿」
・５・６年生が一緒につくる「臨海合宿」などである。

　そして、これらの活動の中にいつも「みんなから注目される奉仕的な活動の場」が準備されている。下の学年の子どもたちからすれば、その活動の様子は「いつか、自分もあのような役割を果たしたい」と願う、憧れの気持ちを彷彿させるものとなる。だからこそ、上の学年の子どもたちは、下の学年の子どもたちに見られても恥ずかしくない姿を思い描き、奉仕的に働くことの価値を見出していく。学校生活の様々な場面で、奉仕的に働くことに効力感を持つ経験を重ねる中で「様々な社会的変化を乗り越え、豊かな人生を切り拓き、持続可能な社会の作り手となる」力も育まれていくのだと考えている。

◆体育的な行事

　私たちの学校は、伝統的に体育的行事を重視して取り組む学校である。長きにわたり受け継がれる行事には、それなりの意味がある。

歩走練習

　大正時代から続く行事の中に、「歩走練習」というものがある。当時は「歩行練習」と呼ばれ、９日間若草山に登り、10日目の納会には40kmの道のりを歩き通すという行事であった。本校二代目主事木下竹次は、「腰を伸ばし、丹田に力を込め、ひたすら歩き続けることで、無心の境涯に進むことができるようになる」として、心身活動の鍛成により学習生活が発展できることを説いている。まさに知・徳・体一体で子どもを育むことへ向かう教育であると言えよう。

　面白いのは、戦後、私たちの先輩が「しごと」「けいこ」「なかよし」による奈良プランを打ち出した頃、この行事に「３人組で走る」という要素が加わったことである。この頃から「歩走練習」と名を変え今も続くこの行事は、今でも「３年生以上は３人組で走る」ことが伝統となっている。

　実は、この「３人組で走る」ということに悩みながら取り組み続ける本校の教師は、意外に多い。今では持久走的な意味合いが強まっているこの行事を、３人組で行うからである。どの３人も、全く同じペースで走れるわけはない。誰かが力を押さえたり、誰かが無理を重ねたりして走らざるを得ない。そのため、「せっかくの力を出し切っていない」と見えたり「１人が足を引っ張っている」ともめ事が起きたりする。毎日の練習後に、学級で３人組の様子を報告し合い、よりペースを合わせられる３人組への模索を続ける。組を変えただけでうまくいくわけではないので、「高め合う３人組」を目指して

考えも出し合う。

　こうした「歩走練習」の取り組みを続けていると、自分の全力で走り切りたい気持ちと、3人組として力を出し切ろうとする思いの間で揺れ動く、子どもたちの心が見えてくる。いつも足を引っ張ってしまう子どもがもがく姿や、その子を気遣い励まそうとする子の優しさも、学級のみんなで共有できるようになってくる。すると、これまで「せっかく速く走れるのに、手を抜いている」と見えていた子どもの姿が、「速く走りたい」と「友だちと高め合いたい」の間で葛藤する姿として見えるようになる。持久力をつけることだけを目指す学習では得られない、よりよく生きるためのかけがえのない学びをしている姿として見えてくるのである。

　「歩走練習」は、体育としての学びの場を全人格的な成長を促す場として捉える、私たちの学校の姿勢を感じる行事のひとつなのである。

体育的行事の中に生れる「子どもが目指す姿」

　私たちの学校の6年生は、臨海合宿の中で800mの遠泳に取り組む。秋の運動会では、6年生は400m走（5年…300m走、4年…200m走、3年…100m走）に挑戦する。私たちは、こうした伝統的に続けてきている体育行事に、大きな意義を感じている。

　子どもたちは、毎年の水泳学習に臨みながら、年を追うごとに800mを泳ぎ切る姿への思いを強くしていく。毎年の水泳学習の納めの会では、5年生や6年生が、隊列をつくって長い距離を一度も足を着かずにプールを泳ぎ続ける姿も見せてくれる。そうした姿にも触れながら、自分が800mを泳ぎ切ることへの思いを強くしていく。

　秋の運動会で6年生が見せる400m走も、なかなか見応えがある。400mという長い距離を走るのに、出だしから全速力で走り始める6年生。最後までそのスピードで走り切る子もいれば、途中で力を使い果たし倒れ込むようにゴールする子もいる。足の速い子もそうでない子も、それぞれの作戦や思いをのせたその走りに感動を覚えると同時に、子どもたちの胸には「自分は6年生になったらどのように走るのか」の姿が思い描かれていく。

　800mの遠泳も運動会の400m走も、どの子もが得意、できる種目ではない。それでも、それぞれの子どもの立場で「どのような自分でありたいのか」を思い描き、少しずつ歩みを進めていく。得意な子どもだけがもてはやされるのではなく、得意でなくても真摯に向き合う姿を認め合う学びを創り上げていく。

　私たちの学校では、子どもたちが本気で向き合うことができる伝統の学校行事を重んじ、そこで繰り広げられる真摯な子どもの生活を見守り励まし続けることを大切にしている。そのような全人格的な成長を促す場としての学校行事に意味を見出し長く受け継ぐことで、全教員が意識を共有しているのである。

◆身体表現を重視する伝統

　体育の学習の一環として週1回、1〜3年生が専科担当によってダンスを学ぶ。身体表現を子どもたちの育ちを支える「色々な表現活動の基盤」(1)(2)として位置づけ、「これを育てることによって、子どもの学習は広がり深まる」2)と、長年にわたりその重要性を認めており、対象学年の変遷はあるものの、開校以来授業の継続を止めたことは一度もない。

　「ダンス」の学習に出会ったばかりの1年生は、幼児期によく使う身振り手振りの延長で容易く取り組めることが多い。どう動けばよいのか戸惑う子もいるが、この学習を続けるにつれて、

やがて実にのびやかに体を動かすことのできる子どもが増えていく。2年、3年と学年を重ねるにつれ、流れる曲や自分たちのイメージに自分の感情をのせて、自らの身体で表現する全を獲得するようになる。決まった位置、決まった振り付けで踊ることを習得するだけでは味わうことのできない、湧き出てくる「自分」を自由に放出する心地よさを味わうようになる。

言語表現や芸術的表現などの各種の表現活動に共通するのだが、とりわけ身体表現の活動が子どもたちに与える影響は大きい。「ダンス」の時間に存分に自分の身体表現に取り組んだ子どもたちは、満足感に満ち溢れ、実にすっきりとした表情になる。「ダンス」の学習を通して、子どもたちがまさに健やかに成長していくことを私たちは実感しているのである。

「ダンス」は、個の身体表現力を育むだけの学習ではない。学年が進むにつれ、やがて、子どもたちは自己中心的な考え方から脱却し、物事を客観的に捉えるようになる発達過程と重なり、ダンスの中での友だちとの関わり方が、変化していく。一人の表現だけではなく、他者とひびき合ってつくり上げる表現を重視する学びがつくられていく。自分のイメージした表現を友だちが受け止めてくれたり、その友だちが自分のイメージをのせて返してくれたり、自身も友だちの動きを受け止め返す。さらにはグループや学級全体で、一枚の絵のような表現がつくられるようにもなる。そういった他者とその豊かな喜びを分かち合う心地よさも経験しながら、「ダンス」の学習は進んでいく。ここで学習していることは、人の初歩的な理解の仕方の一つである、身体を通した他者理解と考えられる。身体感覚として身についた他者理解は、子どもの心を豊かにし、幅広く高い感受性や知識を収納する基盤になっていくのではないだろうか。

以前から、私たちの学校の運動会は、表現運動が重要な役割を果たしてきた。

運動会では、低学年の子どもたちの自由でのびやかな演技内容に対して、4年生以上はマスゲームや組み立て体操の要素での演技構成とすることが多かった。しかし、これらの要素の中にも、必ず身体表現の要素を取り入れ、その身体表現の部分でも観衆の拍手を浴びる演技となっていた。10人ピラミッドや10人タワーを成功させて拍手喝采をあびる演技内容に負けない見せ場が、表現運動の中にあると子どもたち自身が価値づけ、そこに向けた追究を楽しむようになったのである。

近年、組み立て体操の危険性が叫ばれその実施が難しくなったとき、私たちの学校では、自然と、高学年でも身体表現を中心に据えた運動会の演技を選択するようになっていった。高学年の団体演技の内容は、教師が決めるのではなく、子どもたちの実行委員を中心にして相談して決めていくことが多い。それぞれの学級や学年で共有した目標を見定め、その目標を達成するための個の働きどころをそれぞれに感じ取り、自分たちの演技を構成していく。低学年でのダンス学習で育んだ、柔らかい心と身体を持ち、本質的に自己をみがき友だちと呼応し相互理解する力が、4年生からも他教科で反映され、継続して大きく育つ。それは、運動会ダンスでも発揮され、身体能力の発達とも相まって、観衆をうならせる表現運動をつくり上げていく。そうした力が「ダンス」の学習を通して培われ、知・徳・体一体で全人的な成長を促すことに役立っていると感じているのである。

（1）重松鷹泰，ダンスの価値，学習研究42号，奈良女子大学附属小学校学習研究会，pp2-7（1952）.
（2）土谷正規，1年生の身体表現，学習研究227号，奈良女子大学附属小学校学習研究会，pp40-45（1973）.

（阪本　一英）

私が見た奈良女附小

今年、大運動場の片隅に2棟の竪穴式住居ができ上がり、別の隅には田んぼでの稲作も行われた。これらは子どもたちが実際に目の前にある課題に対して、考えながら、学級の仲間や先生と協力し、楽しく学びながらつくり上げてきたものだ。子どもたちは学習や生活の中で考えたことを友だちと共有して、また新たな考えを出すことが日常的にできている。

子どもがつくる学習

子どもたちは、前時までの自分や友だちの発見から探究したいことを自分でみつけ、めあてをもって学習に取り組む。

3年生の理科学習では、卵からカイコガを育てた。卵が届く前から「何を食べるのかな？」、「どのぐらいの大きさなのかな？」、「交尾させてみたいな」など興味津々だった。この時から学習がはじまっており、自分で学びたいことを見つけていた。実際に卵がきてからは、育てていく中で、「思ったより小さいな」、「幼虫は卵の色と違って白いんだな」、「体は冷たいんだな」という発見をしていた。

カイコガの観察学習時のめあて発表では、「よう虫のときにあった点が、成虫になったらどうなるか見ていきたい」、「前と比べてどれくらい毛が生えているか知りたい」などといった前時と比較した考えもみられた。

子どもたちは、友だちのめあてや、発表を聞いて、「そんな体のつくりがあるのか。僕も見てみよう」「私は他のところも見てみたい」とまた新たに考え続ける。なかには体の特定の部分の観察や動きなど、一貫した観察の視点で追究し続ける子や、友だちの意見を聞いて自分の考えを変化させながら学びを創る子どももいる。気づいたことや不思議に思ったことは、全体の場で共有され、次の観察時に子どもたちのそれぞれのめあてになる。

4年生「水のゆくえ」の単元では、子どもたちは、校庭、砂場、砂利、ゴムチップと色々なところに水を垂らしては何秒でしみ込むか確かめていた。結果を表やグラフにまとめるときには、友だちの発表を聞きながらデータを付け足す子もみられた。自分にとって必要な情報は何か考えながら学んでいた姿である。

ペットボトルの実験器具を使ってしみ込み方を確認する中で「水のしみこみ方」を「ぽたぽた」や「スゥー」といった擬音語でまとめている子がいた。自分が考えていることをどのようにしたら表現できるか、的確に相手に伝えるためにはどうすればよいのか考えるところにも学びがある。

自ら学び、協働して学ぶ子どもの姿を理科の学習を通してみることができた。

係の仕事

理科の学習では、観察・実験の準備が必要である。私は、その準備を理科係の子どもと共に行ってきた。理科の授業がある日の朝や、前日に係の子が打ち合わせに来るので、一緒に準備をする。子どもたちは実験・活動にスムーズに入れるよう、グループの机に実験道具を設置したり、学級のみんなに伝えるため、器具の使い方を事前に正確に学ぼうとしたりする。また実験器具を持ち運ぶときに気をつけることや観察の視点も確認する。そうして、学級の代表として学習をつくっていく。6年生「ものの燃え方」の学習では、安全な実験ができるように係が率先して学級に注意を促していた。それが学級全体の真剣な雰囲気づくりにつながった。

休み時間、学級のために楽しそうに準備をしにくる係の子どもたちの姿を見ると、私ももっと頑張ろうと思う。本校には、子どものやってみたいという思いが表現でき、係を中心に子どもと共に学習をつくる環境があると感じた。

（服部　泰久）

「令和の日本型学校教育」を体現する学校の姿

「令和の日本型学校教育」を体現していくためには、子どもの全人格を一体的に発達・成長させることを重んじ、「やらされたり教えられたりするものではなく、存分に自分らしさを発揮して自分の考えを進めるもの」と、個別最適に持てる力を発揮して学ぶことができる子どもに育むことが重要である。そして、私たちの学校では、子ども自らの考えや行動が生きる場面を意識してつくり出すようにしている。本章では、「令和の日本型学校教育」を体現する学校の姿を、私たちの学校がどのように実現しようとしているのか、その具体を紹介していく。

日記を書き続けることで伸びて行く

　当校の子どもは入学したその日から登校日だけではなく、休日や長期休業中も毎日日記を書き続ける。

　令和3年度、当校に着任して初めて1年生を担任することになった。

　本稿では、そのときの子どもの日記の変遷と教師の働きかけについて紹介する。

» 意欲的に日記を書けるように

　入学したばかりの子どもが日記の題材に選んだことは、国語や算数などの学習や給食、身体測定といった学校で初めて経験したことや登下校の中に見つけた植物や虫の様子、自分が好きなものの紹介であった。

　内容は、まだ事実の羅列がほとんどで、気づきや思い、考えまで記す子どもはあまりいなかった。しかし、強い筆圧で書かれたその一文字一文字からは、子どもが一生懸命日記を書いてきたことが伝わってくる。

　この段階では、まずは子どもが毎日日記を書いていること自体を価値づけるとともに、意欲的に取り組めるように、日記のコメントや日々の言葉がけで支援した。また、学習の時間にひらがなも指導していない時期のため、文字で書くことが難しい場合は絵で描いてもよいとした。

» 生活・学習が充実することで日記に変化が生まれる

　5月、学級で野菜を育てることになったが、何を植えるのか、どう育てるのかがなかなか決まらなかった。このとき、日記の内容に変化が表れ始める。それは、日記がその日の学習や生活をふりかえるものから、さらに図鑑で調べたり、おうちの人に聞いたりして、自分なりの学習をすすめているものになっていったのである。また、その題材について1日書いて終わるのではなく、何日も続けて日記に書き続ける子どもが表れた。ここで、このような日記を学級で紹介し、大いに価値づけた。

　子どもの学習や生活の中で問題意識が生まれたことで、日記の内容が充実してきた。当たり前のことであるが、子どもの気づきや思い、考えがあふれる日記にするためには、それに基づく経験、即ち子どもの生活・学習が充実していなければならない。

> はたけ
> 　きょうは、しごとのじかんにはたけになにをうえるかをかんがえました。
> 　ぼくは、トマトをうえたいとおもいました。なぜなら、きょねんいえでミニトマトをそだてていたら、なぜかおおきいトマトができたので、おもしろいとおもったからです。
> 　いえにかえっておかあさんとやさいのはなしをしました。トマトは、なつやさいなので、いまうえるといいとしりました。ほかに、きゅうりやピーマンもいまうえると、なつにとれます。はたけにうえるひがたのしみです。

» 学友の日記を読み合い、学び合う

　夏休み明けから学友の思いや考えを知ること、文章表現を学び合うことを目的に学級通信に子どもの日記を掲載した。その際、留意したことは、一部の子どもの日記ばかりにならず、できるだけたくさんの子どもの日記を掲載することである。また、その日記のよさを価値づけることで、題材の選び方や表現方法について学ぶことができるようにした。

実際、子どもの日記を掲載しはじめると学友の日記を題材にして、「Aさんは、こう書いてあるけど、ぼくはこう思いました」「Bさんが日記にこんなことを書いていたので、私も考えてみました」といった日記を通じて学び合う姿が見られるようになった。

> 5円と50円のあな
> 　きょう、1ほしだよりに5円と50円のあなについて日きにかいていたのがあったので、わたしもかんがえてみました。
> 　わたしは、ぱっとみてすぐにそれが5円や50円だとわかるようにするためだとおもいます。50円と100円と500円はおなじいろで、500円は大きさがちがうけど50円と100円は大きさがにているから、あなでわかりやすくしているとおもいます。5円も10円といろがにているから、あなでわかりやすくしているとおもいます。

教師のコメントで子どもを伸ばす

後期からは、共感的なコメントに加え、その内容について教師が問いかけるコメントを記すことで、その題材について考え続ける態度を養うとともに、ものの見方を広げたり考えを深めたりすることができるようにした。

「どうしてそう考えたのかな」と根拠を明らかにするようにしたり、「この場合はどうなるのかな」と言って発展的に考えさせたり、子どもの考えとは逆の立場から考えを示したりした。

そうすることで、子どもはねらいに迫るような姿を見せ、日記が学習の場としてさらに成立していくことになった。

> じゆうけんきゅう
> 　きょうCくんが「水にうくもの」のはっぴょうをしました。木のスプーンはうくといっていました。でも、わたしは木は水をふくむので、しずむとおもいました。だから、いえでやって

> みました。すると木のスプーンはうきました。プラスチックのスプーンもうきました。かるいからうくのかなとおもいました。
> **教師のコメント**
> 　じっさいにたしかめて、はなまるです。うくには、おもさがかんけいしているとよそうしたんだね。ただ、それだけでうくかどうかきまるのかな？

> 赤ちゃん
> 　きょう、こくごの「どうぶつの赤ちゃん」がきっかけで赤ちゃんのことをかんがえました。みんなのいけんもなるほどなあと思ったけど、僕のかんがえはこうです。サザエさんでいえば、イクラちゃんは赤ちゃん、タラちゃんは赤ちゃんではないと思います。つまり、ことばをはなしたり、きいたりするのができるようになると赤ちゃんではなくなると思います。
> **教師のコメント**
> 　人間のばあいでかんがえましたね。では、はなすことができないどうぶつのばあいは、いつまでが赤ちゃんなのかな？

日記を書き続けることで

本稿の執筆にあたって、記録していた当時の子どもの日記を改めて読み返してみた。1年間毎日日記を書き続けたことで、題材の選び方（生活・学習での着眼点）、文章の書きぶり、ものの見方、考え方が伸びていることを感じた。1年生の終わりには、その子らしさを感じる日記を書くようになっていて、文章から誰が書いたのかが推測できた。

1年生の子どもにとって、日記を書き続けることは楽しいばかりでなく、苦しいことも多くあったと思う。しかし、この取り組みが多岐にわたって子どもを伸ばしていくものになる。

（三井　栄治）

充実した生活
充実した自己を創る

» 夢中になって関わることから

　日記では、一人ひとりの今、目の前にある関心事が綴られている。話題は様々であるが、生活をふりかえり、書くことによって、自らの内面世界を新たにし、充実した生活、充実した自己を創るよさがあると思われる。4年生のO児とE児の例を取り上げて考察してみた。

　昆虫が大好きで、とりわけカマキリについては知識も飼育経験も豊富なO児の日記に、ある日、深刻な出来事が書かれていた。

□7月2日　「ああ…」

　今日、家でかっているかまきりがだっぴにしっぱいしていました。しょっかくもカマもからからはずれていないじょうたいで、たおれていました。大へんだと思い、エサのシジミチョウをあげてみました。かじろうとはしているのに、食べてはいませんでした。なんとか生きさせる方ほうはないのかなと調べました。かるいしょうじょうのあしがぬけない、かたちがへんというのは、なおせますが、ぼくのカマキリは重しょうでむりです。今でも、だっぴしようと動いていました。どうしようと思いました。
　たぶん、死んでしまうと思いますが、どうしたらいいか考えたいです。

　育てていたカマキリの一大事に、困惑した様子が見て取れる。しかし、何とかしようと、カマキリの様子をじっとよく見て、夢中になって関わり、生きることを願い、追究心を深めている。不安な心の動きも書くことによって、自らを落ち着かせているようでもある。

□7月4日　「えーっ」

　前、日記に書いただっぴにしっぱいしてしまったカマキリがなんだか元気になっていた気がします。カマキリに小さいバッタを手でおさえてあげるとなんと食べました。前まで動かなくて、ちょっと動くぐらいだったのに、今なんて、立てないのにさわったら、いかくして体をひきずってはいるけど歩いていました。もしかしたらせい虫になるかもと思いました。そんなことがあったら、大発見です。エサをあげつづけたら回ふくするのかもしれません。あしが切れても、だっぴなどをしてなおったということがありました。もしかしたら、ずっとエサをあげたらなおるかもしれません。
　とりあえず、おうきゅうしょちをしたいです。

　毎日、O児は、献身的に世話を続けていた様子が伺える。そして、威嚇して歩けるほど元気になったカマキリの生命力に驚きつつ、快復に期待を持ち始めている。2日前の様子と比べたり、動く姿を詳しく説明したりと、カマキリがどう変化したのかを丁寧に言語化しているが、読み手である親や教師のことも考慮して、言葉を吟味しているのだろう。

□7月10日　「おっ!!」

　今日、だっぴにしっぱいしたカマキリのねこぜがなおってきた感じがします。前は手わたしでエサをたおして、食べさせていました。でも、今は少し弱ったエサも食べられます。これは、そのまませい虫になって、元気になるのかなと思いました。ですが、羽化するときは、たくさんのエネルギーがひつようで、羽をのばす時間もかかるので、だっぴできないかもしれません。ぼくは、一れいからせい虫までをはじめて育てるので、羽化のしゅんかんも、だっぴ不全のカマキリの羽化もはじめて見ます。だから、楽しみです。うまくいかないのがこわいです。元気になってほしいです。

　このように、O児は、カマキリの一大事に際

して、これまでの経験や新しく得た知識も合わせて、手堅く着実に追究を進めてきた。

加えて、カマキリに身を寄せて、心の働きを盛んにし、自分自身を見つめ、「どうしよう」「こわい」という不安、「もしかしたら」「元気になるのかな」と素直な感情についても綴っている。

O児にとって、日記は大好きな昆虫や生き物の見方を深め、表現する場である。また、自分のよさを発揮し、認めてもらえる場であるとも言える。充実した丁寧な自己を創る場として生活に位置づいている。

» 生活の意味を問うことから

4年生になってE児は、朝の会や学習で手を挙げて「めあて」を発言することが多くなってきた。E児の内にどんな変化があったのか、不思議に思っていたところ、次のような日記を書いてきた。

□7月11日　「めあて」
「めあて」について考えました。めあてとは、ただ学習するのではなく、一つの目ひょうをもって学習することだと思いました。分かろうとすることを書くのが「めあて」だと思いました。だから、「めあて」というのはとても大切なものです。一つ一つの学習の分かりたいことを具体的に「めあて」に書いて、発表したいです。

E児は、毎日、当たり前のように生活に組み込まれている学習や生活の「めあて」について、あらためてその意味を考えていたのである。そこで、自分なりに納得する意味に辿り着いたことが原動力となり、行動に変化が表れていたのだろう。そんなE児に頼もしさを感じた私は、この日記に「『めあて』を発表する意味は何でしょう」とさらに考えを促すようコメントしてみた。すると、次の日記が返ってきた。

□7月13日　「めあて」
今日は、こんなことを思いました。よく、私は、「めあて」を発表するときに、これがだれでも言える「めあて」だったらどうしようと思います。しかし、もしそうだとしても、発表しないと気づかないことがあります。とにかく言うことが一番大切なんだと思います。その上で一番いいのは、自分が今日こうしたいと思って言えば、それは具体的な「めあて」になります。

手を挙げて「めあて」を発表しようとしていたE児の心の内には、実は、この「めあて」でよいのだろうかという不安や迷いもあったのである。それでも、学級の友だちの前で自分の「めあて」を発表することには価値があると捉え、前向きに取り組んでいたのだ。「発表しないと気づかないこと」とは、おそらく、自分の「めあて」がどれほど具体的に、その日の学習に迫るものになっているか、その「めあて」の甘さや足りない点はどのようなところにあるのかということだろう。

E児は日記に書くことによって、確かな自分を見出し、そのことが皆の前で勢いを持って発言する支えとなったと思われる。こうして、普段何気なく取り組んでいる「めあて」に焦点を当てて、自分の言葉で整理し、価値づけをしたE児は、今後の学習生活をより一層主体性のあるものに変えていけるであろう。

日記を書く生活は、自己を見つめる目を育て、よりよいものを求めて、確かな自分、新たな自分を模索し、変わっていく自分を実感できる場になっているように思われる。そして、充実した生活、充実した自己を創ったり、強い自己を育てたりする役割があると捉えている。

（井平　幸子）

自分の生活と向き合う日記
～自らの学びを俯瞰し、省察する～

» はじめに

　1年生から毎日書き続けてきた日記。高学年にもなると、学校生活や普段の学びについて、かなり詳しく書き記せるようになる。ここでは、子どもたちが日記を書くことによって、どのように自らの生活や学びに向き合っていったのか、日記の持つ意義について述べていきたい。

» めあて・ふりかえりと日記

　子どもたちは、日頃どの教科の学習においても、「めあて・ふりかえり」を行っている。自分なりにその日の学習の目標を持ち、最後に手応えをふりかえり、次の時間のめあてへとつなげていくものである。子どもたちは、学習の終わりにふりかえりを考えてノートに書き、発表することを積み重ねている（実技教科では、学習時間内でノートにふりかえりを書くことは少ない）。では、日々の日記にはどのようなことを書くのだろうか。ここでは、体育のハードル単元における、数日間分の子どもの日記を紹介する。

> 今日、ハードルをやってみたとき、KYくんやAFくんの飛び方を参考にしました。家で陸上選手の動画を見ると、ジャンプするときに上体を前に倒していました。それを真似すると、ハードルに対して低くジャンプできました。なぜ低いのがいいかというと、そっちの方が低く、前に跳べてタイムを削ることができるからです。あと、抜足も意識してみました。KYくんがふりかえりで言っていた、「抜足を外に出してか

> ら着地する」ということを私もやってみました。横から足を出すことにより、対空時間が短くなります。授業中に動画をとって比べてみると、最初よりもスムーズに跳べるように変化していました。（5月9日）

　友だちの動きや一流選手の動画を参考に、理想的な跳び方について分析し試している。試していく中で、自分に合う理想的な跳び方に必要なコツを探し、手応えを得られたことも伝わってくる。授業中にiPadで撮影した動画も参考にしながら、理想的な跳び方に向かう自らの変化を客観的に捉えられている。

> 今日、この前つかんだと思ったコツを忘れてしまいました。そのコツを思い出そうとしている間に気がついたことを書きます。対空時間でのいいと思った体の形について書きます。踏み切る足は外に出して跳んで、着地するときは足を戻すということです。そうすることで高さが低くなります。あとは前傾姿勢を保ち、足を開脚して跳ぶとよかったです。これらのことを一度に完璧にこなすのは大変なので、一歩ずつ上達したいです。（5月13日）

　子どもの学びは、右肩上がりにずっと上がり続けるのではない。順調に直線的に成長していくのではなく、手応えを得たりわかったと思ったらわからなくなったり、というように上がり下がりを繰り返しながら自らのゴールへと向かっていく。この日の日記からは、そんなことが伝わってくる。KY児は、コツを忘れてしまったからといってその日の学びを投げ出してはいない。理想の跳び方に必要なこと、そしてこの日試してみた手応えをもとに少しずつわかったことを整理し、次へと繋げようとしている。自分が想像していた通りに進まず順調にいかずとも、諦めずに粘り強く学び続けようとする姿で

ある。KY児は、ハードル単元最後の日、次のようなことを日記に綴っていた。

　今日、ハードル走を外でしました。私は上手く跳べたな、と跳んでいるときに思ったとしても、着地するときにはバランスを崩してしまいます。そこを改善しようとずっと思っていて、どうするとバランスが崩れないのか色々試していました。その中で1回、上体の意識を強くして前傾しながら跳んでみました。すると、バランスを崩さず自分の走りのテンポに合わせてすんなり跳ぶことができました。その理由は、多分走るとき跳ぶときで「前傾姿勢」が変化していないからだと思います。もし途中で姿勢が変わってしまうと、その間にバランスが崩れてしまいます。しかし、今日分かったことはまだ完全にできていません。そこで分かったことを、秋の運動会の練習や、本番に活かしたいです。

- -

ハードルの跳び方で分かったこと（まとめ）
・右で踏み切り、左で跳ぶ
・できるだけ低く跳ぶ（対空時間を短くする）
・前傾姿勢を保つ
・踏み切りは、自分の場合、ハードルから遠いところでする
・抜き足は外に出してから前に出す
・足を開脚させる
・跳ぶときもしっかりと前を見る

（5月20日）

　着地のときにバランスを崩してしまうという、自らの課題と捉えていたことについて「前傾姿勢を保つ」ことで乗り越えられそうだと気づきを得ている。毎回の学習で様々な試行錯誤を繰り返してきたからこそ、たどり着くことができた大切な動きのコツだろう。また、最後にハードル走の単元でわかったことを自分の言葉でまとめている。これらは、ハードルを跳ぶためには外すことのできない、重要なポイントばかり

である。しかも、教師から与えられたことをそのまま繰り返しているのではない。全て、独自の着眼で課題を捉え、自分で試し考え、また試し…という試行錯誤を繰り返したからこそ手に入れられたポイントばかりである。時間をかけながら自分で獲得したものだからこそ、KY児の中にしっかりと残り、取り組む単元が変わったとしても、この過程は活かされていくのだろう。

» おわりに

　体育では、授業時間内にふりかえりを書く時間をなかなか取ることができない。学習の最後に考えたこと感じたことを口頭で聞き合う機会は設けるものの、そこだけではその日の自らの学びをじっくりとふりかえることは難しい。そこで、子どもたちは家に帰ってから日記を書く際、ゆっくりとその日の自分の学びを向き合い、ふりかえっているのだ。日記を目の前にしたとき、子どもたちはその日の学習で自分がどんなことを考え何を試したのか、そしてどんな手応えを得たかを詳しく書く。自らの学びを客観的に捉え、次に向けて何が必要なのかを省察するのである。そうすることで、自らの思考が整理され、次に向けてのめあてが具体的になる。めあてが具体的になればなるほど、その学びが子どもにとって自分ごとになる。そして、KY児のように動きのポイントを言葉で記すことによって、動きの再現性も高まるのだと考えている。

　学習は決して学習時間のみで完結するわけではない。日記を通して家でも自分の学びをふりかえり、自らの思考を言語化し残していくのである。日記を書くことが、子どもの自律的な学びを大きく支えているのだと思う。（武澤　実穂）

子どもが自ら動く
実行委員

≫ 合宿での実行委員

宿泊行事を私たちの学校では「合宿」と呼んでいる。

さらに、この合宿に向けた事前準備の会を「集い〈つどい〉」と呼んでいる。

集いは学級の代表となった実行委員が司会をして進める。

集いのプログラムは例えば次のようになる。

・めあての発表
・各係からのお伝え
・ふりかえり発表
・先生の話

このプログラムであれば、

「今から合宿の集いを始めます」と実行委員が宣言して合宿に向けた集いが始まっていく。続いて、

「今日の集いでは各係からのお伝えがあります。集い終了後には、生活班（宿で同じ部屋の子の集まり）での相談があります。それでは、めあてを発表してください」

というように発言する。

各学級10人、15人、いやそれ以上に多数の子どもがめあてを発表しようと手を挙げる。校外での特別な行事に子どもは当然やる気になる。手を挙げている周りの勢いにおされて、普段は手をあまり挙げない子もそっと手を挙げる。そうして、集いの部屋に熱気が帯びてくる。

≫ 集いまでの心構えをつくる

さて、そのような真剣な場をつくるにあたり、教師にできることは何だろうか。

筆者の場合、まずは、学級で子どもたちに心構えをさせていく。自分の学級で次のように話すことが多い。

「合宿は学校を離れて、自分たちの生活をつくる場です。普段の学校生活で培った力を発揮する場でもあります。そして、合宿で培った力は学校でも発揮されないといけません」

このように話すことで、合宿と普段の生活は続いているのだと自覚を促す。合宿と普段の生活がつながっているのだという考えは、本校の多くの教員が子どもたちに伝えてきたことだ。

合宿を機会に、自ら日々の生活を見直し、改善していこうという教師から子どもたちへのメッセージなのだと思う。

≫ 自分で動く実行委員

集いの後、子どもたちはグループで集まって自分の係の仕事について話し合うことがある。

それぞれの係の打ち合わせが終わると教室の自分の席に戻ってくる。待ち時間や残った時間が生まれる。

あるとき、子どもたちが残った時間をどうするのか様子を見ていたら、学級の実行委員が動いた。教室の前に出てきて、

「余った時間を使って、それぞれの係で話し合ったことを発表してください」と伝えた。そして各係の子どもたちは、お伝えを始めた。

またあるときは、実行委員が、「残った時間は合宿までの独自学習とします」というように伝えた。

先生の指示を待たないで自分たちで判断して動いていた。

別の年、合宿当日の夜、一日のふりかえりを生活班でしていたときのこと。班長の子どもが

司会をしながら部屋の全員が一言ずつふりかえりを言っていた。全員が言い終わったが、それでもかなり時間が余った。そのとき、班長が、「全員がふりかえりを言い終わりました。まだ時間はあるので、明日に向けてめあてを全員言ってください」と言い出した。これも先生から何かしなさいと言われたわけではなく、自分で考えてこうしたらいいと思うことをやっていた。

» 教師の関わり

なぜこの子どもたちのように、「今自分たちに必要なことは何か」を考えて実行できるのだろうか。

筆者がしたことは、合宿前であれば学級の実行委員を集めて、「先生を待たなくていいです。実行委員が今これをしたらいいと思うことがあったら、迷わず進めましょう」と事前に伝えておいたことだ。

またあるときは、「先生が『始めます』と言わなくても、実行委員の打ち合わせは自分たちで始めましょう」と言った。

合宿中に生活班のふりかえりをうまく司会した班長の子にも、「自分たちで進めればいいのですよ」と言ったことがあった。

つまり、自分たちが進めていいと任されたことで、子どもたちは動けたのではないだろうか。

これらの子どものよさは、子ども本人に直接「よかったよ」と伝えたり、日記を通じて親にも伝わるようにほめたり、学級通信を通じて広めたりしていく。子どもによってはみんなの前でほめられるのを恥ずかしがったりする子もいるので、だれがよかったのか名前を出さないなどの配慮も個々に応じて使い分ける。

» 学んだことがさらに生かされるとき

10月に行われる運動会では、毎年5年生と附属幼稚園年長児が共に出場する競技がある。

夏休み前の7月、年長児との交流活動の実行委員となった子どもたちが、秋の運動会に向けてみんなにお伝えしたいことがあるというので、学級のみんなと教師も聞くことにした。

「ぼくたちと隣のクラスの実行委員で集まって、運動会の競技について考えました。それぞれのクラスで二つずつしょうがい物を考えます。何をしたらいいか意見を言ってください」

どうやら、いつの間にか教師の知らぬところで、実行委員だけで集まって、運動会の競技について話し合っていたようだった。あとで同じ学年の先生に聞いたら、筆者と同じように運動会の話が進んでいると知らなかったと言っていた。

この交流活動で実行委員をした子は、合宿の実行委員を経験した子どもだった。合宿の、経験を生かしていたのだろう。

» 子どもの動き出す瞬間を見逃さない

教師の声かけだけで必ず子どもが動くとは限らない。もしかすると、声をかけても何も子どもには変化がないかもしれない。しかし、わずかにでも、自分で考えて動く子どももいるかもしれない。

見つけた子どもの頑張りを認め、周りにそのよさを伝え拡げるために、教師は子どもが動く瞬間を見逃さないように注意深く子どもを見ておく必要がある。

子どもの力の発揮の仕方は、人それぞれで、できることも違う。それでも、子どもが伸びていけるように、一人ひとりのよさを見つけて認められるようにしたい。　　　　　（中野　直人）

主体的に取り組む係や日直がつくる子ども主体の学習生活

» 安心して自己表現できる学級を育む

・今日は1時間目が国語だから、朝の掃除が終わったら、音読の宿題で集めた国語の教科書を配るとスムーズに進められるね。

・今日は相互学習で、考えを共有しきれなかったから、みんなの気づきを新聞にまとめて、発信しよう。

・今日は4時間目の体育の着替えに時間がかかったから、エプロンを持っている人は給食当番に協力して、配膳の手伝いをしたらいいんじゃない。呼びかけてみるよ。

・体育のサッカーのルールを、このように変えたら、みんなが活躍できてより楽しいんじゃないかな。朝の会で提案してみよう。

　子どもは学校生活の様々な場面において、よりよく暮らそうと自ら考え、表現する。しかし、このような表現する姿は、「どの教室でも当たり前の姿」ではないと思う。4月によく聞かれると言われる「先生、○○していいですか」という声に象徴されるように、やってみたいこと、学級のために工夫したいことはあるが、先生はどこまで受け入れてくれるか、周りの友だちは協力してくれるだろうかと不安に思い、表現に躊躇する子どもがいると捉えるからである。

　教師が「試してみてごらん、うまくいかなかったら支えるよ」とあたたかい眼差しで見守り、受容する。周りの友だちが「いいね、やってみよう」「ここはこうしてみるとさらにうまくいくんじゃないかな」「まずは、決めた方法で進めてみよう。うまくいかなかったら、そのとき

にみんなで話し合って、やり方を変更したらいいよ」「すごいじゃない、よくがんばれたね」と声をかけ、支えることで、少しずつ自信がつき、安心して自己表現ができると考える。

　上の写真は、授業前の造形係の日常である。係の会話に耳を傾けると、「ぼかし網を取りに行った後に、歯ブラシを取ろうとする子も多いから、あえてぼかし網は教室の後ろで、歯ブラシは窓際に置いておいたらいいんじゃない」「ああ、なるほどね。そうしたら取りに行くときに、自然にいろんな友だちの表現に出合えるものね」と、活動のしやすさだけでなく、自然に鑑賞や交流が生まれるように、材料や用具の配置について相談していた。「学級は先生のもの」ではなく、「自分たちが学級をつくっている」と捉えているからこそ、自分で考え、自分で工夫して表現できていると感じた。そう捉えるなら、学期はじめなどに多く作成される「係活動カード」は、一見すると活動が明確になり、役割を分担できるため、いいものと捉えられるかもしれないが、状況に応じた臨機応変な活動が出にくくなるため、必要ないのかもしれない。

　当番活動も同様のことが言えるだろう。例えば給食当番では、どのような役割が必要かを相談し、必要な人数を決めたら、当番表をつくらずに当番に任せてみる。すると、「今日は○○さんがお休みだから、牛乳は個別に取っていっ

てもらおうか」「今日はおかずの量の調整が難しそうだから、先にご飯を取りに来てもらうように変更しよう」などと、一つのチームとして創造的に機能するように育つ。うまくいかないときもあるだろう。「何が原因なのか」「どうすれば解決できそうか」「どのくらいの期間、試してみるか」などを話し合い、自分たちで解決策を見つけ出す経験が、自分たちで学級をつくる意識に繋がる。係活動でも、当番活動でも、「やらされている」「決められている」活動にするのではなく、「自分たちで考え、自分たちで工夫できる」ようにすることで、主体的な子どもが育っていく。

》「自分事」になるから面白い

本校に勤める前、本校の子どもが授業の司会をしたり、板書をしたりして進めている姿を見て、「そうすればいいのか」と、教卓を後ろに運び、前の教壇を司会の子どもたちの机に変えた日のことをよく覚えている。見よう見まねでやってみたものの、板書は計画通り書いてもらえない、司会もこちらが進めた方が手早く円滑に行く、ともやもやしたことを記憶している。

ある1日の日直の姿を追いかけてみると…。
【1日の流れや授業についての打ち合わせ】

・1時間目は、分度器を使って色々な角度を測る学習だね。朝の会で、分度器をお道具箱から出しておくように伝えておこうか。昨日、角度の測り方を学習したばかりだから、今日行う問題は、結構時間かかりそうだね。みんなの様子を見て、聞き合うタイミングを決めようか。

・3時間目は、この説明文では初めての独自学習だね。最初に数人、考えたいことを発表してもらった方が独自学習しやすいよね。

【授業後の日直の会話】

・今日は気候と地形に関係する特徴がたくさん出たね。最初に予想していた板書では、広さが足りなかったもんね。

・途中で色んな話が混ざったときに、いいタイミングで交通整理をしてくれてありがとう。

【帰りの会での日直のふりかえり】

・今日は、「静かにしましょう」ではなく、静かにしている子たちをほめることで、今何をする時間か気づけるように工夫しました。注意の声でうるさくならないし、気持ちよく過ごせると感じました。

日直たちは、主体的に学習や生活に関わり、学級を導き、支えようとしていた。活動内容が固定されておらず、臨機応変に対応することが求められるため、日直は大変だと思うのだが、どの子も嬉々として活動する。私たちは、子どもに司会をさせること自体を、子どもにうまい板書をさせること自体を大事にしているわけではない。重要なのは、「型」ではなく、「どのような子どもを育てたいかという視点で考えること」だったのだ。

大人になると当たり前に、自分で判断し動くことを求められる。子どものうちから「自分で考え、模索し、決められる」環境を整えると、活動が自分事になり、主体的に動くように育つ。

（服部　真也）

自分のためだけでなく、他者を意識し、その対象を広げてゆく子ども

» はじめに

　筆者は日頃より、子どもが目の前の事象について自分の言葉で考え、表現し、他者と交流することを通して、必然的に学びを創ることができるように支援している。

　1年生の担任となったこの年、学級のA児が朝の元気調べで「セアカゴケグモのようなクモを学校内で見かけました」と発言した。以降、セアカゴケグモという聞きなれない生き物に対して、学級全体が「こわい」「刺されてしまったらどうしよう」といった不安を口にするようになった。そこで、これから遭遇するかもしれないセアカゴケグモを学習材とすることにし、いざというときに自律的に判断し、対処できることを目指すことにした。このセアカゴケグモを扱った学習を続けてゆく中で、初めは自らの身の危険を恐れていた子どもが実物を発見したことによって、学校内の人々や地域の人々にまで目を向けて注意喚起を行うようになった。

» 自分の身を守るために始めた生息調査

　セアカゴケグモといえば、毒をもつ外来種として一時期話題になった。朝の元気調べで発言した前出のA児は、たまたまセアカゴケグモという名称を知っていたが、他にこの名称を知っている子どもはほとんどいなかった。そのため、セアカゴケグモがどのような生き物なのかを調べることから学習を開始した。

【B児の発言】

> 　今は、奈良市内のあちこちで発見されています。性格は大人しいです。どんな所にいるのかというと、公園のベンチの下や植木鉢の下です。日当たりが良くて、雨や風が当たらない所が好きです。体は黒色で、背中に赤色の模様があります。〈中略〉刺されたらすぐに手を洗って、血がおさまるまで待つか、毒を抜く道具を使って治します。図鑑と奈良市のホームページで見ました。

　他の子どもも、セアカゴケグモの特徴や生態について知識を得て「もし学校内にいるとしたら、どの場所にいるのだろうか」と考えていたことから、学級全体でセアカゴケグモの居場所について予想した。結果は次の通りである。

> ・フェンスの下　・サッカーゴールの下
> ・倉庫の中　・すべり台の下　・ベンチの下
> ・ホースの中　・エアコン室外機の周り
> ・排水溝の中　・草の中　・一輪車サドルの裏
> ・（タイヤ跳びの）タイヤの裏

　さて、セアカゴケグモの居場所を具体的に予想すると、子どもは安全に留意した上で調査を開始した。数日間にわたって調査を継続したところ、予想場所であるベンチの裏にセアカゴケグモのメスと卵のうが付いているのを発見した。

【C児の発言】

> 　今日は、ついについにセアカゴケグモを見てしまいました。すごくすごくびっくりしました。どこにいたかというと、ベンチの下でした。本当にSさんが言った通り、セアカゴケグモがいました。最初に見つけた人は、TくんとAくんです。いる場所が1つあったから、ほかにいそうな場所を調べたいな。

　セアカゴケグモを探し当て、ついに、メスと卵のうの実物を目の当たりにすることになった。

筆者が透明ケースに捕獲し、殺虫剤で駆除したが、その過程で、安全を確認した上で子どもに観察の機会を与えることにした。

【D児の発言】

> セアカゴケグモのメスの模様は、菱形模様が2つあるその下に四角の模様がありました。卵のうを観察していると、小さな点が見えました。卵のうには卵が200個くらい入っているので、もっと大きいと思っていました。でも、今日見てみると小さかったです。ベンチの下にいると予想していたのが合っていました。学校のみんなに、ベンチの下にセアカゴケグモがいることを言いたいです。

» 学校内で注意を呼びかけるための発表

学校内に実際にセアカゴケグモがいたことがきっかけとなり、34人で手分けして、全学級に行って注意喚起をすることにした。どのような発表をするとよいか、各々が工夫を凝らし、ポスターやカードに文字や絵で表現する方法、折り紙や画用紙、ロウを使い、模型をつくって表現する方法などが考案された。

なお、これらを制作する際、子どもはセアカゴケグモの特徴（色、形、脚の本数など）を忠実に再現しようとしていた。自分の目で実物を捉えることが、リアリティのある表現をする上でいかに大切かということがよくわかる。

その後、子どもは3〜4人のグループをつくって自分が担当する学級に行き、朝の元気調べの時間をいただいて発表した。大勢の上級生の前でドキドキした分だけ発表への自信をつかみ、達成感でいっぱいに包まれた子どもは、学校で働くたくさんの先生方にもセアカゴケグモのことを伝えたいと考えるようになった。そのため、学校内の教室配置と、その場所でどんな先生（教員も職員も含む）が働いているのかを確か

めた上で、ここでもやはり手分けをして、全ての先生方にセアカゴケグモへの注意喚起を成し遂げることができた。

子どもが学校内の人々にお伝えすると、早速用務員さんがセアカゴケグモのことを気に留めてくださるようになり、プール内の掃除中に側溝でメスと卵のうを発見したとの報告をいただいた（水泳実施期間外の出来事であったことを付け加えておく）。また、この頃、子どもの日記には、連日のようにセアカゴケグモに関する話題で紙面が埋め尽くされていた。自主的にセアカゴケグモの生息調査をする子どもが多く見られ、通学路や家の近くの公園など、学校外でも活動するようになっていたことから、これまでの学習が一人ひとりの生活と往還し、自分事になり始めたのだと実感することができた。

» 学校近隣に情報提供するための工夫

これまでの学習で得たことを、さらに地域の人々のために役立てたいと思うようになった子どもは、学校内の発表で使用したポスターを学校外でも生かすことができるのではないかと考えていた。そこで、当校の敷地を取り囲むフェンスの外側にポスターを掲示することにし、どの場所を選べば、できるだけ少ない枚数で効果的に伝えられると思うか、聞き合いをした。

» おわりに

現在、実際にセアカゴケグモや卵のうを発見した場所のそばにポスターを掲示している。また、近隣の人々に見ていただけるよう、郵便ポスト付近、幼稚園への通用門、北門に掲示している。幼稚園への通用門にイラストとひらがなで構成された文字数の少ない物を掲示しているのは、もちろん、子どもが考え、聞き合いを経て決定したからである。　　　　　（長島　雄介）

けいこ（算数）における
生活と学習をつなげた単元づくり

» これからの時代を生き抜く子ども

　今後めまぐるしく変化していく時代を生き抜いていく子どもには、与えられた問題が解けるだけではなく、自ら問いを見つけて、自分の学びのプロセスをどのようにつくるのかということが求められよう。

　けいこ（算数）の学習においても、単元を通してどのような力が身についたのかということが重要となり、主体的に学ぶ力を育てるとき、生活と学習をつなげていくことが有効だと考える。

» なぜ生活と学習をつなぐのか

　算数という教科の特性上「わかる・できる」を重視する実践が多く行われている。数年前まで公立の小中学校で勤務していた筆者も同様に、そこに注力して授業実践を積み重ねてきた。ただ答えを出せばよいのではなく、考えの根拠を大切にしたり、解き方を説明したりすることを重視した。また、それぞれの解決方法について吟味し合うような練り合う場面を多く設けた。その成果として、学習した内容を定着させることができた。しかし、一定の学習時間の中で学習が完結してしまうことが多く、子どもが主体的に算数学習を続け、毎日の日記の題材や朝の会の話題にすることがほとんどなかった。

　そこで、算数の学習においても、必死になって考えたり、夢中になって話し合ったりする姿を引き出していきたいと考え、生活とつなげた実践を行うことにした。学習と生活をつなげて

いくことで、子どもたちにとって切実な問題が生まれ、主体的に問題解決をすすめていく原動力になっていくと考えるからである。

　このような実践を行うと、「この単元では、生活とつなげるのは内容的に無理がある」「そのような実践は、時間がかかり、とても教科書の内容を全て習得させられない」という声が上がる。もちろん、内容的にも時間的にも全ての単元で行うことは難しい。しかし、年間数単元でも、カリキュラムの中に生活とつなげた算数学習を取り入れてみてはどうだろうか。子どもたちの学び方が変わっていくと考える。

» 1年「いろいろな　かたち」

　単元の導入では、家庭から持ってきた身のまわりにあるいろいろな箱（立体）で遊ぶ活動を考え、実際に行った。子どもたちが考えたタワーづくりや箱ボウリングを通して、高く積んだり、転がしたりと立体の機能を生かした活動ができた。また、学習時間だけでなく、休み時間にも活動する姿が見られた。

　次に、かたち遊びで気づいたことや考えたことを話し合い、身のまわりにある形の特徴や機能に迫っていった。子どもは実体験や観察したことをもとに構築した考えを積極的に伝え合い、身のまわりのもの（立体）は、ながしかく（直方体）、ましかく（立方体）、つつ（円柱）、まんまる（球）、その他に分けられるとともに、それぞれの立体の特徴や機能を活用することでかたち遊びがよりよいものとなることを学んだ。

　単元末には、立体を構成する面の形の特徴を生かして、絵を描く活動を行った。子どもは遊園地や公園、音楽室などテーマを決めて、立体の面を生かしながら思い思いに製作した。また、もうすぐ卒業する6年生へのプレゼントとして、持ってきた箱を飾りつけて、プレゼントボック

スを製作した。

子どもの日記

はこ

　きょう、はこでタワーをつくりました。おかしのはこは、たいらではなかったので、くずれたんだとおもいました。ぼくは、かんを　つむのも、でこぼこより、ひらべったいほうがつみやすいとき づきました。

ころころ

　きょう、ボウリングをしました。大きいはこのほうが、おもくてたおれにくかったです。小さいはこは、大きいはことちがってたおれやすかったです。ころがすものは、ながほそいより、まんまるがいいとおもいます。なぜならまるいので、どっちにいくか　わからないからです。そのほうが、ドキドキして、たのしいからです。

» 5年「くらしの中の単位量あたり」

　「くらしの中の単位量あたり」では、くらしの中にある単位量あたりを見つける学習を取り入れた。

　「スーパーの肉はどうして1gあたりではなくて、100gあたりで表されているのか」「駐車料金は20分あたり、30分あたり、60分あたりとあるが収益をあげるにはどうすればよいのか」「自動車の燃費表示は1Lあたり○○kmではなく、欧米のように100kmあたり△△Lにした方がよいのではないのか」など、異なる二量の大小を比べる方法としてだけではなく、その数やもとにする単位に込められている意味まで追究することができた。学び方においても、問題を解決するために、授業時間以外に自主的に現地調査する、関係者にインタビューを行うなどの結果を総合的に判断した考察に基づく話し合いを通して自分の考えを深め、実生活と結びつけなが

ら主体的に学習する姿が見られるようになった。

　一方、自動車の燃費表示についての「問い」は、車の性能やエネルギー問題などがかかわってくるため、算数だけでなく、社会科や理科にかかわる内容も含む。そのような場合は、「しごと算数」として合科学習をすすめた。

子どもの日記

どうするかはお店の工夫

　今日、くらしの中の単位量あたりについて考えました。スーパーに行って見つけた100gあたりのお肉や野菜が売っていたのは、買う人が買いやすいようにするお店側の工夫だと思います。

　100gあたり198円のものを1gあたりにすると1.98円になって金額が小数になってわかりにくくなります。それに100円あたりにすると50gになって、1円あたりにすると0.5gになって、買う人がわかりにくくなります。

　でも、あるステーキ屋さんは1gあたり7.8円と表示していました。これは、100gあたり780円と表示すよりも安く見えます。だから、売る側の工夫です。

　どのような単位量あたりにするかで、お客さんのいんしょうが変わってくるので、お店は工夫しているんだなと思いました。

» 課題

　実践をすすめる中で、次の課題が挙がった。

・単元のねらいとは異なる考え方が生まれることがある。

・扱う数値が難しくなったり、誤差が生まれたりする。

　これらのことから、子どもの考えを見取り続け、単元のねらいに迫ることができるよう単元構想を修正しながら学習を展開していかなければならない。

（三井　栄治）

子どもが動くのを待つ

» 自らノートを書き始めた子ども

　5年生理科「メダカのたんじょう」学習を子どもたちとしていてはっとさせられたことがあった。

　「卵を観たら観察記録をかきます」と、司会の子どもも教師も指示をしていないのに、ノートに観察記録をつけはじめたからだ。

　この日は、顕微鏡操作の技能を修得させ、メダカの卵に興味をもたせることを学習の主目的にしていた。正直なところ理由は忘れたが、その日の学習は2時間続きではなく、1時間しかない日だった。そして、メダカの卵が手に入ったタイミングだったので、すぐに観察する必要があった。

　観察日を遅らせるほどメダカは変化する。場合によってはふ化して卵の中の観察ができなくなる。学習時間は1時間しかない。顕微鏡の扱い方も伝えなければならない。それゆえ、筆者はこの学習で観察記録をとる時間はないと考えていた。だから、観察記録をとりましょうと子どもたちに言わなかった。

　ところが、卵の観察を始めると、数人がノートを開き、まず絵を描き始めた。それから絵の近くに気づいたことを言葉でどんどん書き込んでいった。

　「教師が何も言わなくとも、心が揺さぶられる観察対象に出会ったら、子どもは記録をとろうとするのだろうか…」

　そのような思いが頭の中で浮かんできたのだが、はっと我に返って、この子どもたちのよさ

を認めて拡げなくてはいけないと思った。

　「すごい。いい記録がつけられているね。あ！あなたもだ！」

　他の子どもたちに聞こえるようにほめて回ると、ノートをぱっと拡げて書き始める子が増えていく。理科室の子ども用机には4・5人の子どもが座るので、一つの机で2・3人がノートを開き出すと、あとの2・3人も自然に自分もしなくてはと思って動き出す。

» 観察方法の体得へ

　理科の学習が終わり、子どもたちが下校してからもう一度この日のことを見つめ直した。

　もしかすると、私は今まで子どもに記録を強要していたのではないだろうか。それよりもこの日の子どもたちのように、じっくりと待ってみて、子どもが自分の意志で記録しようとした姿を捉えて認めていけばよかったのではないだろうか。毎回でなくとも、子どもが自らの意志で書き始める日も設ければよかったのではないだろうか。

　これまでの自分の指導を反省すると同時に、新たな関わり方が見えたような気がした。

　教師がああしなさい、こうしなさいと言わずに、子どもが記録を自らつけようとしたらそれを認めることで、「観察→記録の整理」という学び方を身につけられるのではないか。

» 本当に自分で動くのか

　同じ週の別の日にもう一度メダカの卵の観察を行った。前回から数日経っている。卵の中でメダカが成長したものもいれば、残念ながら白濁してカビがはえたものもある。すでにふ化したメダカもいたので、時計皿に生まれたばかりのメダカを移動すれば観察しやすいのだと教えると、顕微鏡で観る子どもたちもいた。

さて、この日もあえて記録をつけようと言わずに子どもたちの様子を見ておくことにした。見ておくといってもじっと子どもを観察するのではない。そんなことをしたら子どもは自分たちが観察されていると思って急に自然な姿を見せなくなる。

だから、ときには「あ！　メダカの目が見えるね」など発見の喜びを共に分かち合いつつも、子どもの「書く」という動きを見ていくようにした。

前回、観察記録を自らとったことをほめていたので、今回も子どもたちは動くと考えていた。

そうするとやはりノートを拡げて観察記録を取り始める子どもがいた。

ただ、どうしても記録をつけていない子もいるので、「何を見たのか後でわかるように記録をつけておこう」という声かけも必要だと感じた。要は、最初から教師が指示を出すのではなく、子どもが自分で動くのを待つ。待ってみても動きがないようであれば助言するということである。

» 別の単元でもできるのか

この自分で記録をつける学び方は別の単元でも生かされるのだろうか。次の単元へ移っても「記録をつけなさい」と言うのを避けてみたが、やはり子どもたちは自分で記録を取っていた。

実際にやってみて気づいたことだが、子どもが参考にする記録の取り方があればいいと思った。これは板書や他の子どもの記録を見合う機会がその役割になる。ただ、まずは自分でまとめられるようにするといい。

» まずは子どもが自分でやってみる

さて、本稿のはじめに述べた、メダカの卵の観察学習では、顕微鏡の扱い方を身につけさせることを目的としていた。

これまで、筆者の指導は、顕微鏡の扱い方の練習で1時間、別の時間にメダカの卵の観察というようにしていた。

しかし、「子どもは顕微鏡の扱い方の練習よりも、メダカの卵を早く見たいのではないだろうか」と考えた。そもそも、練習が必要だと思っているのは教師の都合で、子どもにしてみれば顕微鏡を使うのは、生まれてきたメダカの卵をはっきりと見るためである。

子どもたちは、理科の学習が始まると、顕微鏡の扱い方の説明を聞いて、卵の観察を始めた。双眼実体顕微鏡なので、普通の使用法であれば観察対象の卵と対物レンズが接することはまずない。ピントの調整がうまくいかない子どもはいるので、教師がすぐにフォローする。何人かにピントの合わせ方を説明していると、教師の方をよく見ていた子は自分で調整していた。
「見えた！　見えたよ！」
「見えた！　すごい！」

あちらこちらで喜びの声が聞こえ始めると、自分もはやく見ようとますます集中する。

観察を楽しみながら、子どもたちは顕微鏡の扱い方を身につけていった。事細かに教師が説明しなくとも、子どもは実験器具を操作しながら、徐々に技能を身につけていく。操作する中で困るから教師の助言が効いてくる。教えすぎないで、子どもが自分で考える余地をつくることで実験の技能も身についていく。

待ってみて、動けたことをほめる、できないときにフォローする。こうやって子どもが自ら動き、学び方を体得していくのではないだろうか。

（中野　直人）

2章　「令和の日本型学校教育」を体現する学校の姿

自ら学びを創るために
─けいこ国語の独自学習を中心に─

» 自分の思いが出発点

　本校では自ら学びを創るために独自学習の時間を適宜設けている。学習だけでなく、行事や生活の中でも独自学習は行われている。

　私は生活の中でも教科の学習でも、まず子どもが対象に触れたときの自分の素朴な思いが大切だと考えている。私は国語科を担当しているので、その教科の中での対象は言葉、文章、作品、作品を介しての筆者、コミュニケーションをとる相手などが思い浮かぶ。例えば物語文を扱った学習ならば、一読して感じたことを自分なりに表出するところが学習の出発点になる。この出発点は、一人ひとり個性的でそれぞれ違う。対象に対して共感的な視点で思いを持つ子、批評的な視点で思いを持つ子、自分のこれまでの学習や生活を想起して思いを持つ子など十人十色である。

　出発点がばらばらでも、対象に対して自分の思いがあれば、聞き合いになっても、それぞれの表出したことを「その子らしさ」として教師も学級の仲間も受け入れて聞くことができる。むしろ、この違いをよいものとして認めることが、自ら学びを創っていこうとする子どもの心に火を灯すことになるのではないかと思っている。

» 自分への自信

　「感じたこと」「思ったこと」「考えたこと」などは、極めて個人的なことである。それを表出するには、自分への自信や勇気、周りの子や教師の受け止めが欠かせない。

　私はよく独自学習の最中に学級全体に対して「個性的でいいんだよ」「素直に思ったことを書いてごらん」「ここについて『あなた』はどう思いますか」といった言葉を投げかけることがある。また個人的にそっと子どもの側に寄って「今日も○○さんらしい読みの視点だね」とか「新しい道を見つけているね」とか「○○さんは、今日の話題の中で気になったことはあったかな」「まさにそれが自分の考えだよね」といった言葉をかけている。独自学習中の教師のはたらきとして、自分なりの視点で物事を考えたり、自分なりに解釈していったりすることに自信が持てるようなはたらきかけをするよう意識している。

» 独自学習が生きる相互学習

　独自学習で教師が「個性的でいいんだよ」と言いながら相互学習になって、出てきた子どもの意見を否定してしまっては、子どもが自信を失う原因になってしまう。また、せっかく独自学習で自分の考えを創ったのに、相互学習で自分の考えが生きてこないと自ら学びを創っていく動機が失われていってしまう。そうならないためにも、教師が独自学習の課題を設定する際には相互学習の見通しをもっておくことが大切である。また、相互学習で独自の考えが深まることもあるが、相互学習ではじっくり考える時間があまり持てない。むしろ、相互学習の後の独自学習でこそ独自の考えを深めることができる。相互学習は次の独自の考えを深めるきっかけの時間として考え、私はその視点で教師が出るか見守るかを判断している。

» 独自学習の課題とめあて

　教師は教材の特質や価値を理解した上で学習を計画する。読者の子どもたちも、まさにその

特質や価値に触れ、自分なりに響き、感じ取っている。教師はそんな子たちに、その教材ならではの読みの切り口や視点の糸口を掴ませ、そこから読み深めたときに、物語であれば想像の幅がぐっと広がったり、鮮明に場面の様子を思い描けたり、説明文であれば書かれていることから筆者の思いにより迫ったりする体験をしてほしいと願って学習計画をよりよいものにする。

　私は教師が計画した学習の道筋を明らかにしたものを課題としている。その課題に対して子どもたちは自分のめあてを立てる。自らの学びが今日の課題とどうつながるのかを考えてめあてを立て、そして学びを創っていく。ある子どもの独自学習のめあてを紹介したい。

> ○さんのノートより　6年　国語（光村図書）
>
> [単元名]
>
> 　筆者の考えを読み取り、社会と生き方について話し合おう。
>
> [独自学習の課題]
>
> 　2人の筆者（池上彰氏・鴻上尚史氏）の論や、自分の生活から、自分の論を立てよう。
>
> [独自学習のめあて]
>
> 　これまでやってきた聞き合いで、鴻上尚史さんの文の方が少し難しかったけれど、少しモヤモヤが晴れてきました。その中で「ぶつかる」という言葉をどうとらえるのかを大切にしたいです。

　これから自分の論を立てる段階である。彼は自分で論を立てる上で、これまでの自分の学びを大切にしている。また、課題に対してこれまでの学習でわかってきたこと、もっとわかりたいことも踏まえて今日の自分のめあてを立てている。私も課題設定の際には、子どもの学習の歩み方を見て、子どもたちが意欲的にめあてを持つことができるような課題の在り方を考えて提示している。

» 子どもの心に火は灯り続けているか

　自ら学びを創るという視点で、学びの出発点、独自学習での学びについて述べてきた。それぞれに大切なことがあるが、それは、学びが粘り強く創り続けられるために必要なことなのである。はじめだけ盛り上がって、徐々に飽きてしまうことのないよう、教師は常に学習の中で「子どもの心に火が灯り続けているか」ということについて意識を傾けておく必要がある。教師が主導となりすぎて心の火が消えていってしまうことがある。しかし、子どもに任せっぱなしでも、同じところを巡ってしまったり、自力での限界を感じたりして心の火が消えていってしまうこともある。そんなときこそ教師のはたらくべきところである。子どもたちのまだ気づいていない視点や角度を示して新しい風をそっと吹き込んでみる。すると、また子どもたちがやる気と自分のめあてを持って進んでいってくれるだろう。子どもたちは自分がやりたいこと、考えたいことについては粘り強さを遺憾なく発揮してくれるものである。そこを支えるつもりで教師が必要だと考えている学びを学習の中に取り込み、子どもが教科の学習で、また生活の中で伸び続けられるかが肝心である。

» 根気よく積み重ねること

　このように、自分の学びを創る経験を学級の仲間と、そして教師と繰り返していく中で、徐々に視点も増えていくし、より自分らしい考えも磨かれていく。そしてそれが次の学習にもつながってくる。独自学習を根気よく積み重ね、重ねた分だけが自信になる。子ども一人ひとりが自分らしさをよいものとして受け止め、自信をもつことができるよう、私は子どもの鉛筆が動き続けるよう励ましていきたい。（島袋　光）

相互学習の中の「なかよし」

» 日記より

　本校では、入学した日から卒業する前日まで毎日日記を書き続ける。内容について教師が指定することはほとんどない。しかし、子どもたちが、どのように考えて算数の学習に取り組んでいるのか知りたかったので、ある日、「算数の学習で心がけている『なかよし』」について、書くことができる子は書きましょうと提案した。以下はその日の日記の一部である。

> 「なかよしについて」
> 　今日は学習の中の「なかよし」について書きます。私が思う算数の中の「なかよし」は二つあります。
> 　一つ目は、「みんなが発表する」ということです。例えば、今日Oさんが「80ずつ増えているから、かけ算はしなくていい」と発表したことで話し合いが深まったと思います。だから、私も少なくとも「めあて」「ふりかえり」は手を挙げて学習に参加したいです。
> 　二つ目は、「よく聞く」ということです。当たり前なのですが、発表している人の方を体ごと向けて聞くことを忘れずにします。ノートをしっかりかくことも大事ですが、人が発表している時は手を止めた方が良いと思います。

> 「算数のなかよし」
> 　算数の中にある「なかよし」について考えました。
> ・小さな間違いなら、近くの子がこっそり教えてあげる（私も間違えてしまったことがありましたが、近くの子がそっと教えてくれた時、すごくうれしかったです）。

> ・手を挙げて発表をつけたす（これは、発表者と司会との「なかよし」が強い。学習時間内に司会がどうまとめたらよいか、どう締めくくったらよいかを助ける「なかよし」です）。

> 「『なかよし』の学習」
> 　独自学習で自分の考えができても、発表しないとみんなには伝えることができず、もったいないと思います。だから、僕はこれからも学習で発表します。もし、手を挙げている子が多くて指名してもらえなかったとしても、手を挙げることで、友だちの発表をより深く聞くことができると思います。
> 　みんながそうすれば、自分だけでなくみんなで学習を深め合うことにつながります。32人で学習するので、32倍深まる学習にしていきたいです。

> 「算数でなかよし」
> 　算数の学習での「なかよし」は、今まで普通にやってきていると思いました。なぜなら、私がおたずねをしたら、NさんやM君、Y君が私にわかりやすいように表などを使って説明してくれるからです。
> 　今日の算数の学習でも、N君が「どうして先に1,000円から70円の消しゴムをひくのですか」とおたずねした時、みんなが一気に手を挙げ「えん筆の本数を調べたいので、必要のない消しゴムの値段を先にひいておけばよいからです」などと答えていたからです。

> 「算数 ―なかよし― 」
> 　今日は、五時間目に算数の学習がありました。昨日先生が「『なかよし』のある算数にしよう」とおっしゃったので、どんな「なかよし」があるか考えてみました。
> 　まずは、友だちの意見につけたしたりおたずねしたりして、広げていきたいです。そうすれば、多くの人の考えが分かり「なかよし」に

つながると思います。

次は、ノートにかくことです。自分の考えをノートによくかき、友だちの考えと比べることで学びが深まります。時々先生が紹介してくださる友だちのノートも、良い所を自分のノートに生かすことで学びが深まり「なかよし」につながると思います。

私は発表が苦手ですが、みんなの考えにつなげていけるようにがんばります。

「学習の中の『なかよし』の意味」

今日の算数は、「算数の中の『なかよし』」について考えていました。そのために、「バードアイ」を意識しました。自分の視点にとらわれず、空を飛んで上から視るようなイメージで、学級の「なかよし」がどのように構成されていくのかをみて、感じました。

私が感じた「なかよし」は、一言でいうと「つないでいく」ということです。今日の学習でいうと、IさんとK君とYさんが「NさんとTさんの発表でいうと…」と話したり、T君が「N君の言ってくれたおたずねは…」と話したり、Y君が「多分、N君のやりたかった方法は…」と話したりして、だれの発表をどのようにつなげているのかが良く分かりました。一人ひとりの発表をしっかり聞こうと思う姿勢が、もう「なかよし」になっていると感じました。

「算数の『なかよし』とは」

今日は、今回の算数の学習でみつけた「なかよし」について考えました。今回の単元「文字と式」は、分かっていない数字をxやyを使って式に表します。今日の問題で前回と違ったことは、「1本80円のえん筆を何本かと1個70円の消しゴムを1個買います」のところで「個数が分かっている物も買う」ことでした。式で表すと80×x＋70＝yとなります。Nさんが、「この問題は消しゴム1個だけど、2個なら×2、3個なら×3とつける必要があるので80×x＋70×1＝yと書いた方が良いと思います」

と説明しました。他の人の発表を受け流すのではなく、受け止めてそこからつなげていくのは「なかよし」だなと思いました。

次に、xの値を5、6、7…とした時に対応するyの値を求めて表にかきました。すると、Oさんが「xの値を5から6にした時は、yの値は80増えています。それは、消しゴムの数は変わらずに、えん筆の数が1本増えただけで、その代金しか増えないからです」と発表していました。このように、自分の考えた方法を発表することでみんなに伝わります。これも「なかよし」だと思いました。

» 「受けとめ合う」、「つなぐ」、そして「深まる」これぞ相互学習

子どもたちの日記から、まず互いの考えを「受けとめ合う」姿が見えてきた。これにより、安心して考えを出し合うことができる。多様な考えが出されるからこそ相互学習は面白くなる。しかし、ただ出し合い受けとめ合うだけでは考えに深まりは見られない。

次は「つなぐ」姿である。先の日記にも「他の人の発表を受け流すのではなく、受けとめてそこからつなげていく」とあるように、他者の考えと自分の考えを繋ぎ、さらに考えを創っていくという意識を持ちながら子どもたちは学習している。これにより、ただ単に答えを出して終わりということでは得られない、新たな気づきや問題が生まれ、学習は発展し続いていく。相互学習の醍醐味であり面白さでもある。「つなぐ」という意識は発言だけでなく、ノートに書くことによっても生かされている。よく聞き、よく考え、話したり、書いたりをくり返しながら個々の学習は深まっていく。

これが子どもたちの言う「学習の中の『なかよし』」である。

（河田　慎太郎）

相互学習の楽しみ

» 自ら求めるものを持って

　相互学習は、ある課題について互いの考えを聞き合う時間である。この時間に子どもたちがどのような楽しみを見出しているのだろうか。国語学習での発言やノート、日記等から考察してみたい。

　N児は、「まいごのかぎ」（光村図書・三年上）の相互学習で、「にぎっていたはずのかぎは、いつのまにか、かげも形もなくなっていました。」という叙述に着目し、めあてで次のような発言をした。

　「『かげも形も』というところで、何か『かぎ』の一部分が残っていたら、『りいこ』は悲しくなります。何もなくなっていたら、悲しいのは悲しいけど、ぱっと消えた方が何もなくなって、そんなに悲しくないような気がしました。だから、『かぎ』はひみつのヒーローか何かなのかなあと考えました。」

　N児は、「かぎ」が主人公「りいこ」を勇気づけるよう導いた後、跡形もなく消えてしまう様子から、その存在は「ひみつのヒーロー」のようだと考え、相互学習に臨んだ。ファンタジー作品をけん引する「かぎ」の役割を見事に形容した表現であったが、N児としては、まだ確信のない考えであることが発言の仕方にも表れていた。

　続く相互学習では、「『かぎ』は、実は『うさぎ』であり、『りいこ』を元気づけようとしていたのではないか」ということが話題となり、子どもたちの中で盛り上がった。これは、N児

にとっても新たな視点となったようである。

□N児のふりかえり

> 「かぎ」は「うさぎ」だったという考えがいいと思いました。もしそうだとしたら、「うさぎ」は「りいこ」に消されたのに、「りいこ」を元気づけるようにしてくれて優しいです。「かぎ」は「かぎ」だったとしても、やっぱり「かぎ」はひみつの（かくれた）ヒーローだったのだと思います。「かぎ」のおかげで、「りいこ」は自信などがもてるようになったのだと思います。

　N児は、「かぎ」の正体に関わって友だちが交わす発言から、再度、物語全体にわたる「かぎ」の存在を問い直していたのだろう。「『かぎ』は秘密のヒーローだった」という自分の考えをより確かなものにしたことがわかる。

　ところで、「『かぎ』は『うさぎ』か」と話題になった場面で、N児は特に発言をしていない。しかし、ふりかえりの文からは、この場面で、友だちの発言を自分の考えと繋げながら集中して聞き、あれこれ考えを巡らしていた様子がうかがえる。自ら求めるものを持ったN児は、これまでにない視点を得て叙述を問い直し、そこから、新たな考えを生み出せた喜びを感じていたことだろう。

» 友だちのよさを感じ取ることから

□C児の日記から

> 今日は、国語で、草野心平さんがどうしてこの詩を作ったのかを考えました。ぼくは、春に自分が感じたことをかえるに合わせたんだと思います。Aくんの、新年度になると心がリセットされるというのもいいと思います。ぼくの意見がつなげられそうだからです。Sくんの自分の経験を言ったのもいいです。Iくんの題名から考えるのもすごいです。国語では、友

だちのすごさが分かります。

□R児の日記から

「白いぼうし」で、女の子が消えたところがあります。そのことについて、みんなで考えていきました。なぜいなくなったかを考えるとき、Aくんが「窓から消えたんじゃないか」と言っていました。17ページのところで「暑い」と書いてあります。だから窓が開いていて女の子は消えたと言っていました。私は、すごいなと思いました。ちょっとした言葉がヒントになっていて、そこに気づいていたのがすごいと思いました。私も気づくためによく読んで、いろいろなところからつなげていきたいです。

C児やR児の日記からは、クラス替えで新しく同じ学級になった友だちの発言に驚いたり感心したりしながら、新鮮な心持ちで学習していたことが伝わってくる。相互学習では、友だちの考えのよさを感じ取ったり共感したりすることが大切である。それは、友だちを知る喜びと共に、自らの考えを見直したり、推し進めたりする刺激や原動力にもなるからである。

» 新たな考えを生み出す構えを持って

□G児のふりかえりから

私は、女の子は、ちょうだと思います。なぜなら、Hさんが言った「ドアを開けないと出られなくて音が鳴るはずなのに、松井さんは気づかない」という考えを聞いたからです。そこで、私は、二場面から考えました。運転席から夏みかんを出すということは、タクシーの中に座っている人も見えるはずです。しかし、このとき、女の子はいません。そして、夏みかんをぼうしに入れた後に、女の子がいます。タイミング的にちょうがタクシーに入れるのでちょうは女の子だと思います。

G児は、この日、独自学習で満足にできなかった「女の子ともんしろちょうの関係を考えたい」というめあてをもって相互学習に臨んでいた。そして、H児の発言からヒントを得て、物語を遡り、言葉を手掛かりとしながら論理的に思考を進めていく。G児の文章からは、友だちの発言をきっかけに、想像力を働かせ、思考を練る姿が見られる。前述のN児同様、自ら求め、切実で具体的なめあてを持つほど、学習に熱中する意識が強いことがわかる。

□D児の日記から

今日は、「女の子がなぜ消えたか」という聞き合いをしました。Iくんが、女の子はちょうだからつかまりたくないと思って「早く行ってちょうだい。」と言ったのかなと言っていました。それに対してOくんは、たけおくんがぼんやり見ていたから「早く行ってちょうだい。」だったんじゃないかと言っていました。ただし、ぼくはちがうと思います。なぜなら、松井さんは、もうエンジンをかけているから、ぼんやり見ていたということはないんじゃないかなと思いました。

友だちの発言を聞いていると、「自分はそうは思わない」「違うと思う」という瞬間がある。相互学習中、D児はこの日記の内容について発言をした。そして、この鋭い発見に、他の子どもたちは改めて叙述を見返すことになった。自分の考えを受け止めてもらえたD児は、「思い切って発言して良かった」という満足感を味わったことであろう。また、聞いていた子どもたちは、流れを変える思いがけない視点に新鮮さを感じ、思考に弾みが出たことだろう。

相互学習は、子どもたちにとって、友だちの考えを聞ける楽しみな時間であり、自らを更新していく喜びを感じられる時間であると考える。

(井平　幸子)

相互学習の中の「なかよし」

》学校生活全ての土台となる「なかよし」

独自学習は個の学習課題や問題意識に沿って個々の子どもが自ら進めていく学習過程である。「しごと」学習におけるそれは単なる調べ学習や考えを書くだけの学習とは一線を画すものである。調べ学習から始まり、自ら問いを立て、問いの解決に向けてさらに調べ、多面的に社会事象を捉え、根拠を獲得しながら自らの考えを構築していくプロセスが不可欠である。したがってそれは、子どもにとってかなりの胆力が必要なものであり、自己調整能力も必要になる、いわば「終わりなき孤独な旅」と言える。

翻って相互学習は単に意見や考えを発表し合い聞き合うだけではない。それぞれが独自学習で構築した考えを持ち寄り、補い合い、磨き合い、批正し合う場であり、これは後に続く「さらなる独自学習」を念頭に置くものであり、相互学習自体が目的ではない。

相互学習の場面では、必ずしも全ての考えが肯定的に受け止められるわけではない。なぜなら、相互学習の目的は考えを補い合い、磨き合い、批正し合うことだからだ。時に鋭い指摘が入り、意見が衝突することもないようでは、それは相互学習とは言えず、単なる聞き合いに終始することだろう。

すると当然、相互学習の場で考えを発表することを躊躇う子どもも出てくるだろう。自分の考えに反論されることを嫌がる子どももいるかもしれない。

そのような子どもが相互学習で考えを発表し

ない（できない）理由は大きく分けて3つあると考える。

①独自学習の浅さ

まずは、独自学習が浅い、足りないことが挙げられるだろう。表面的に調べただけだったり、考えの根拠が希薄だったりすると、相互学習の場で意見を述べることは難しいだろう。おたずねされたり反論されたりすることに耐えうる「自分の考え」をつくることができていないのだから当然だろう。要するに「自分」をしっかり持たせることが大切だ。独自学習は「自分づくり」なのである。

②「なかよし」の程度

次に考えられるのは、学級の「なかよし」の程度だろう。「なかよし」を一言で表すのは非常に困難だ。本校の「しごと」、「けいこ」、「なかよし」という教育構造の一つである。「しごと」を生活科や総合的学習、「けいこ」を国語や算数などの教科の学習とすると、「なかよし」は特別活動や道徳と考えられがちだが、単に教科・領域を指す狭義なものだけではなく、本校の教育構造・理念のもっと根底に位置づけられるものと認識している。本校のHPには、「『なかよし』は、相手を生かし、自己を生かして、互いに協同する人間としての結びつきを育てます」とあることからも、「共に高め合う学級集団を形成」していくとともに、「社会で生きる人間としての力」を養う分野であるということがわかる。

この「なかよし」が表面的なものであり上手く機能していないと、相互学習で批判されること、批判することを躊躇うことになるだろう。すると、相互学習は深まっていかない。

③目的の所在

もう一つ考えられるのは、子どもたちの相互学習への参加についての目的意識だろう。学級

で共有している問題を解決することを目的としている子ども、自らの考えに磨きをかけたいと思う子どもは、臆することなく考えを相手にぶつけ、相手が教師でも反論することも厭わないだろう。一方で教師の意図に忖度し、教師の意を汲もうとすることを目的としている場合は、何が正解か、教師の意図は何かを探ることに終始して、それが自分の持つ考えと合わない場合は沈黙を選択するだろう。

以上、考えうる3つの理由を挙げた。すべてに共通して言え、教師が注思しなくてはならないのは、いかに個に「なかよし」を体得させるかであり、いかに学級全体に「なかよし」を形成するかということであると考える。

ここまで述べたことをふりかえると、①の独自学習と「なかよし」は一見無関係に見えるかもしれない。しかし、本校が子どもたちに求めている「なかよし」は、誰かと一緒でないとできない、依存していないとできないということではなく、他者がどうあれ自分のことは自分で進めていくという精神性のことを指している。自分自身の学習と協同の学習との関係性の中で、自分の役割を自覚し、独自学習という「終わりなき孤独な旅」を完遂する心の強さも「なかよし」を定義する一つの側面である。しかし、上述の通り本来独自学習はかなり胆力のいる場面である。そこで教師の役割は、独自学習を支え励まし、時に叱咤することだ。教師の支えも得ながらも、独自学習を自律的に進める経験の積み重ねが学習への責任感を育み、「なかよし」の精神を強くする。そうした子どもは相互学習で堂々とふるまうことができるだろう。また、自分が険しい道を歩んだ経験を経てきたからこそ、他者の取り組みに敬意をもって接することもできるだろう。

②の「なかよし」の程度については学級経営とも関わる。表面的な「なかよし」の段階では、互いにほめ称えることはあっても、互いを批判し合うことはないだろう。子どもたちの多くは否定と批判との区別がついていない。意見が受け入れられない、反論されることは、すなわち自分自身を否定されていると受け止める子どもも少なくない。また、逆に相手にそれをすると、自分に対して悪い印象を与えるのではないかと心配して、それを控える子どももいる。

おたずねや反論は個人を否定しているのではなく、考え方や意見に対してであるということを早々に子どもたちに自覚させねばならない。そして、意見が衝突したり批判したりしても人間関係が崩れないような関係が「真のなかよし」であると体得させねばならない。

これは一朝一夕に成るものではない。衝突を繰り返しながら、少しずつ学級に形づくられていくものである。だから、学習の場面に限らず、子ども同士が衝突しないように、失敗しないように先に手を回すのでは、その機会を奪うことになる。

③の目的の所在については、教師が自分の欲をいかに抑えるかが重要だ。教師が学習中に発する言葉一つひとつに子どもは敏感に反応する。「先生はこう言ってほしいんだろうな」と子どもに悟らせるような言動は控えるべきである。そうすると学習中に子どもをほめることすら、時として教師の意図を無意識に子どもに受け付けることにもなりかねない。

また、独自学習でいかに教師が必要な関わりをし、子どもの内面の目的意識を醸成していくかも重要な視点である。そして、それぞれの子どもが互いに目的意識を共有することができるのも、やはり「なかよし」が関わっている。

このように考えると、相互学習は「なかよし」なくして成立しないし、相互学習を通して「なかよし」を育てることができるとも言える。

（清水　聖）

体験から問いが生まれ、問いで深まる「しごと」学習

≫ 問いが生まれるしかけ

令和3年度の3年月組は、学校内に水田をつくり、コメ作りをした。

実は数年前に先輩教諭が学校の片隅に水田をつくり、子どもたちとコメ作りをしていたのだが、ここ数年使われずに放置されていた。せっかくの水田を使わないのはもったいないので、使うことにした。

水の管理や肥料の問題もあり、十分に成長したとは言えなかったものの、10月になり無事に収穫することができた。

はざ掛けをして乾燥させた後、足踏み脱穀機を使って脱穀したまでは順調だった。その後の籾摺りが大変な問題だった。子どもたちの家庭に協力を仰ぎ一升瓶を集め、棒でつつくが効率が悪い。誰かが野球ボールとすり鉢を持ってきてこすり続けるがなかなか進まない。業を煮やしたある子どもが、顔ほどの大きさの石をもってきて籾のついたコメをその上に敷き、それを別の石でこすり始めた。私はそれを見て、石器が生まれた瞬間に立ち会ったような気がした。

この石器のおかげで籾は取れたが、残念ながらコメ自体も摺りつぶされ粉になってしまった。私がコメ作りは縄文時代の後期から始まったと言われていることを伝えると、「縄文時代の人はどうやって籾を取っていたのだろう」と疑問に思ったようだった。先刻は石器の誕生に立ち会った私だったが、今度は「学習が始まった」と密かに歓喜した。

コメを精米する過程を体験して籾摺りが困難であるという事実に直面し、解決しようと試行錯誤を繰り返した子どもたちだからこそ、「縄文時代の人はどうやって…？」という問いをもつに至ったのだろう。そこで、この年の後期の「しごと」学習では、縄文時代を題材に取り上げることにした。実践の様子を一言で言ってしまえば、「縄文人になる」の一言に尽きる。

「縄文人はどうやって…？」という問いを糸口に、私は子どもたちに「縄文人になる」ことを求めた。まず子どもたちは縄文人のくらしを調べ、まとめた。そして、そのほとんどが「衣食住」に関わっていることに着目させ、それを学校内で再現させた。コロナウィルスのことを考え、食の分野だけは断念した。

子どもたちは実に様々な独自学習を展開してくれた。「衣」に注目した子どもは、布のつくりかたを調べてその装置をつくったり、布に穴をあけて貫頭衣をつくったりした。「しごと」学習の時間になるたび、貫頭衣を着用して学習に参加している子どももいた。

勾玉などの服飾品に注目した子どもは、どこかで勾玉づくり体験に参加して勾玉を首から下げて学習に参加していた。

造形（本校では図画工作の学習をこう呼ぶ）で針金を叩いて成形し、オブジェをつくる学習をしていたが、その余った針金で耳飾りをつくり、やはり身につけて学級教室に戻ってきた。

当然、子どもたちは住居についても調べて来た。竪穴住居の構造はもちろん、機能性についても調べたようだった。どうして穴を掘り下げているのか？　保温性や通気性は？　入口の高さが低いのは保温性を高めるため？　だとしたら縄文人の身長はどれくらい？　縄文人の暮らしや知恵は、調べれば調べるほどに興味をそそり、新たな疑問を生み続けた。

ここまで来ると当たり前のように「竪穴住居を建てたい」と願うに決まっている。そして私はこう述べた。「それはいいアイデアですね。でも、当時の道具と材料だけでやりましょう」と。

すると、次の日には材料の茅がどういった植物でどういった場所に生えているか調べて来た。教師の意地悪な一言で、「材料をどこで手に入れればよいのか」という問いをもったのだろう。

残念ながら実践当時はまだ気軽に校外学習に出かけられる状況になく、また、学校周辺に茅が生えている場所などなかった。仕方なく、茅は教師が刈り取ってくることになった。

次は建築道具である。鉄などない時代、支柱となる木材を切り出すための道具もまた石だった。当然、石斧づくりが始まった。最初は、手ごろな枝を拾い、適当に石を選んで麻ひもでグルグルと巻き付けただけだった。しっかり固定されていないので斧を振ると石が外れた。当時の括り付け方を知る必要が生まれた。

枝の形状に特徴があることを調べた子もいた。単純に棒に石を括り付けているのではなく、棒に穴を開け、石を差し込み、ひもで括り付けなければならない。理想的な棒探しが始まる。

木に穴を開けても、今度は石の大きさが合わない。だから今度は石と石をぶつけ、理想的な大きさに割る作業をし始めた。すると、あることに気がつく。割ると断面が鋭くなる石がある。石と石をこすり合わせると少しずつ削れて鋭くなる。

しかし、当然のことながら、3年生の子どもたちの力で実際に使用できる石斧が完成することはなかった。私が子どもたちに経験させたかったことは、上手な石斧をつくることではない。目的に合わせて素材を選んだり加工したりすることと、そのこと自体の難しさと大切さに実感を伴って気づいてほしかったのである。他にも様々なものをつくった。

この学習の題材名は当初、「縄文人になろう（仮）」としていた。正直に言うと、適当な題材名を思い浮かばなかったので、「この学習が終わったときに題名をつけてもらいます」と言って誤魔化していたのだ。

いよいよ学習の終末段階に差し掛かり、それまでの学習で学んだことや気づいたことを話し合った。子どもたちは「縄文人にとってつくることは生きることだった」と結論づけた。そして子どもたちは、学習の題材名を「DIY縄文人〜縄文人はすごかった！〜」とした。

私が子どもたちに求めた「縄文人になる」とは、姿かたちや持っている道具で「縄文人になる」だけでなく、「つくったからこそわかる縄文人の精神性」を体現することだったが、子どもたちは見事にその求めに応じてくれた。

（清水　聖）

ストロー追究の実践から

» はじめに

　子どもの学びは授業という枠の中だけで展開されるわけではない。子どもの生活の中から気づきや問いが生まれ、そこから学習につながることも少なくないからである。しかし、問いや気づきを表す場所や発信する機会がないと、せっかく子どもの中に生まれたものもなかなか発展していかない。本稿では、元気調べのある発表をきっかけに、学級全体の学習として「ストロー研究」が始まった実践を取り上げる。学級全体で問いを共有し、子どもたちは、自らを取り巻く社会問題をどのように捉え、考えをつくっていったのだろうか。

» 元気調べをきっかけに

　本校では、毎日の朝の会で「元気調べ」が行われている。一人ひとりが順番に学級に対して話す時間である。この元気調べでは、そのときの子どもの興味・関心の方向性が表れることが多い。今、自分がどんなことが気になり夢中になっているのか。自分を取り巻く出来事の中で面白いな、印象深いなと思うことは何なのか…。

　ある日、本学級の元気調べで一人の子どもから次のような話題が出た。

　「外出して入ったカフェで、紙のストローが出されていました。コーヒーを飲んでいたお父さん・お母さんに使い心地を聞くと、時間がたつとストローが水気をふくんでふにゃふにゃになり、飲みづらかったと言っていました。紙ストローだと環境によいのはわかるけれど、使い勝

手があまりよくないようでした。また、ビニールやプラスチックに代わって紙が主流になるのなら、普段使っているゴミ袋もどう変化するのだろうと思いました」（MT）

　令和2年7月1日より、ビニール袋の有料化が本格的に開始された。その影響もあり、プラスチックストローの使用を控え、違う素材でつくられたストローを提供する飲食店も少しずつ増えてきたようだった。MT児の一言は、外出した際に偶然出会った出来事を通じて身近な環境問題へと目を向けた内容であった。学級の子どもたちに向かって一生懸命にストローのことを話すMT児の姿からは、「自分が経験した出来事を学級の友だちに伝えたい」。さらには、「友だちはこのことについてどんなことを感じているのか知りたい」そんな様子が伝わってきた。

　朝の会の最後に「先生の話」をする時間があり。一言の内容だけでなくMT児の姿がとても印象的だったこともあり、「学級みんなで、調べてみても面白そうですね」とコメントを残した。すると、早速MT児の問題意識を受け止める児童が出てくる。例えば、次のような日記である。

> 　今日は朝の一言でMTさんが紙ストローについてを発表してくれました。紙ストローはのみにくいそうなので、他にはどんなストローがあるのか気になったので調べてみました。プラスチックによる海の汚染が深刻化しているときに、京都で竹ストロー、奈良県の吉野杉を使ったストローなどが開発されたそうです。竹ストローは、洗って使えるし、最後は土に戻るので良いそうです。（SN）

　MT児の一言にあった内容をきっかけに調べ学習をし、紙ストロー以外のストローもあると見つけ出していた。また、プラスチックストローが問題視されるようになったのは、海の汚染

が原因となっており、その対策としてゴミになって海に流れていくことのない素材のストローがつくられていることも学んだようだった。

このように、元気調べの一言をきっかけに興味関心が広がり、子どもの心が追究に向かいはじめたように感じた。そこで、このストローに関する問題をしごと学習のテーマと定め、学級全体で追究していくことにした。

» 事実を集めて分析する

追究の起こりとしてまずは、調べ学習やインタビューを通して身のまわりのストローに関する事実を集めることにした。子どもは、近所の飲食店やスーパーといった小売店を中心に足を運び、どんな取り組みがなされているのか調査を行った。

> ぼくは、スターバックスとマクドナルドのストローに着目しました。スターバックスでは、フローズン系のドリンク以外のほとんどを紙ストローにしているようで、その割合は67%だそうです。一方、マクドナルドでは、ストローはプラスチックですが、容器や袋では紙を使用しています（YF）

YF児はスターバックスコーヒーとマクドナルドの2店舗にてインタビュー調査を行い、それぞれの店舗で取り組まれている事実をつきとめてきた。プラスチックストローを廃止しているわけではないが、それぞれの企業でも使用するプラスチックを削減する取り組みがなされているようだった。YF児の発表を受け、子どもたちは「意識してみると、自分たちの身のまわりにある店舗で、様々な取り組みがなされているのだ」と強く感じたようだった。具体的な事実をもとに話し合いを行ったことで、子どもたちは次に「プラスチックストローに代わり、環境に優しい素材のストローはないのだろうか」

という疑問を持つようになる。この疑問をまた学級で共有することにより、これが新しい問いとなり、更なる追究へと繋がっていくのである。自分たちの気づきや疑問から立ち上がった問いに向かって、子どもたちは頭を悩ませながら、自分たちが納得できる結論に向かって思考を続けていくのである。学級で共通の問いを考えながらも、問いに対する追究の道筋や結論は全て同じにはなるわけではない。ある児童は、ストロー追究を通して次のような「自分なりの」結論を出していた。

> この学習を通して、私はストローの使い分けが必要だと考えました。どれだけエコでも使いにくかったり、衛生面が気になるようなデメリットが多いストローだったら、誰も使わないと分かったからです。使う人がどうして使うのか、どういうときに使うのかを考えてストローを選ばなければいけないと思いました。（AK）

» おわりに

本稿では、元気調べでの発表をきっかけに問題意識が学級に広がり、ストローの追究が進んでいった実践を紹介した。身のまわりの社会問題に目を向け、そこで思ったことを教室に持ち込み、学級の友だちに対してわかりやすく伝える。聞いていた子たちは、友だちの話に興味を持ち、すぐさま調べて自分なりの予想や仮説を立て、またさらに発表を繋いでいく。この過程を繰り返すことで、一人の興味関心が学級全体の問いへと広がり、みんなで切実に考えたり解決したりしたい問題へと変わっていくのだ。それを支えるのは、「自分の考えを発表したい、友だちの意見を聞きたい」という学級の土台である。これからも、子どもが追究に没頭できるような学級づくりを目指したいものである。

（武澤 実穂）

みんなと解く学びを楽しむ

» はじめに

　私たちの持っている学習観の根底に、「ひっきょう、学習とは疑うて解いていくことの反復」※という考え方がある。日常生活の中で「問い」を見つけ、みんなが力を合わせてその「問い」を解くことに向かっていく。そういう学習の繰り返しの中で、学習の楽しさを体感していくことがとても重要なのだと考えている。

» 朝の会から立ち上がる「問い」

　1年生の朝の会には、様々な物が持ち込まれる。ある日、何人かの子が校内で拾った変な実を持ち込んできた。早速、その実が何なのかに、子どもたちの興味が集まる。
「僕は、変な豆みたいなのを拾いました」
「私は、梅の実だと思います」などと、推測を述べ始める子どもたち。一人の女児は、手に持った実の匂いを嗅ぎながら、「マスカットのにおいがします。マスカットだと思います」と話す。別の子は、「それは、みうめというものです」と言う。

　後で調べてみてわかったのだが、青梅のことを実梅と呼んだり、実をつける梅の木を実梅と呼んだりするらしい。その子は、大人がその実を実梅と呼ぶのを聞いていたのかもしれない。

　教師からすれば、その実は梅の実に他ならないのであるが、せっかく子どもたちの「問い」が共有されつつあるのだから、これを使わない手はない。
「それじゃあ、とりあえずこの実はウメ・マ

メ・マスカット・ミウメと呼ぶことにします」と、無理に答えを出さず、その後の子どもの追究を誘っていく。すると、翌日以降も、この「ウメ・マメ・マスカット・ミウメ」の正体探しが続いていく。

　多くの子が実を拾い集め、匂いを嗅いだり傷をつけたりしながら考えを話す。
「傷をつけてみたら、何か中に大きな種みたいの物が入っています」
「種を取り出してみたけれど、こんな大きな種が入っているのは桃に似ています」
「この実は少し黄色くなっているんだけど、桃の匂いがします」と、桃説も生まれてくる。

　前日に、取り出した種を観察していた子は、「私は、梅干しの種を持ってきました。同じ種だから、これはウメの実です」という。なるほど、取り出した種と梅干しの種は瓜二つである。「もう、答えが出てしまったか」と、少し寂しい思いで聞いていたのだが、別の子が「僕は、違うと思います。だって、こっちの実は甘い匂いがするけれど、梅干しの種は酸っぱい匂いがします。それに、少し色も違います」と言う。これまた説得力のある考えである。子どもたちは持てる知識・経験・観察結果を総動員し、共有した問いを解こうと活気づく。

　この朝の会から始まった一つの問いは、「もし、この実が梅の実だったら、梅酒がつくれるかもしれない」との発想から、梅ジュースづくり（1年生にお酒というわけにもいかない）の学習へと発展していく。みんなで梅ジュースの作り方を調べ、梅の実を収穫し、梅を漬け込む作業をし、毎日熟成具合を見守り、そしてでき上がった梅ジュース（であるはず？）をみんなで試飲した。
「おいしい！」「梅ジュースの味がする」「やっぱりこの実は、梅の実だったんだ！」と、苦労

してつくった梅ジュースを味わう喜びと相まって、「ウメ・マメ・マスカット・ミウメ」の正体を自分たちで解き明かした喜びが増幅されていく。こうした子ども自らが自発的に動き（発動的学習）、解き方を様々に創作し（創作的学習）、努力を重ね（努力的学習）、そして解き明かすことの喜びを感じる学習（歓喜的学習）※2の経験が、自律的に学ぶ力を育んでいく。

》「問い」を共有して解く学習

1年生の生活の中から立ち上がる「問い」を解く経験は、たいへん貴重である。こうした学びの姿を定着させていくためには、偶発的な朝の会から立ち上がる問いだけでなく、意図的に「問い」を共有していく場も大切となる。私は、特に低学年では栽培活動を大切にしている。

4月、2年生の学級で、割り当てられた花壇（畑）に何を植えるのかを話し合った。子どもたちは、収穫して食べられるものを植えたいとの願いを話し、どんな作物を植えればよいのかの考えを交流し合った。そこで、「おいしい作物を育てよう」と学級の「学習問題」を立てた学習をスタートさせた。

子どもたちが最初に出会う「問い」は、どんな作物を植えるのかである。ジャガイモ、サツマイモ、トウモロコシ、ポップコーン、イチゴ、ピーナッツ、リンゴ、みかん、パイナップル…。子どもたちは、それぞれに、自分が育てて食べたいものを言い合う。話し合いの中で、リンゴやみかんなどの木になる果物は1年ごとに割り当ての代わる花壇（畑）での栽培に向かないことや、イチゴの収穫時期が次の年の5月頃になりそうなことなどにも気づくようになっていく。学級に割り当てられたスペースの中で育てられる作物、栽培時期などの条件が合った作物、種や苗などが手に入りそうな作物、そして何より

学級のみんなが育てたいと思える作物であること。そういった必要な条件に気づきつつ、本当にみんなで育てるべき作物探しが続いていく。「おいしい作物を育てよう」の学習では、こうした子どもたちにとって切実な「問い」が次々に連続して沸き起こってくる。「おいしい作物を育てる」ために、選んだ作物を植える準備をどうすすめるのか、どの作物をどこにどれぐらいの間隔で植えるのか、肥料はいつどのようにやるのか、水やりはどれぐらいすればいいのか…。

これらの「問い」それぞれに、最初の「問い」と同じように、子どもたちそれぞれの考えを引き出すように学習を進める。例えば「作物を植える準備」についても、耕し方はどうするのか、元肥はいつどのように入れるのか、畝は何のためにどのようにつくるのかなど、子どもたちが独自に集めてきた情報を報告し合い、みんなで吟味し合って、学級としてどう進めるのかを決めていくのである。栽培に必要な条件や失敗しない方法を学んで進める知識技能重視の学習ではなく、自分たちにとっての切実な問題を自分たちの力で乗り越える自律的な学習にすることを大切に考えているのである。

》自分で「問い」を解こうとする学習

学習問題「おいしい作物を育てよう」に沿って次々に沸き起こる「問い」に向かう学習では、子どもたちそれぞれが個別最適に進める学習も進みやすい。この学習を進めている中で行った「独自学習」の時間の子どもたちの追究の様子をいくつか紹介する。

「肥料作りプロジェクト1」…おいしい作物を育てるための肥料について、化学肥料より手作りの肥料がよいのではないかとの議論があった。リンゴやみかん、バナナの皮で肥料がつくれることを調べた子どもたちは、果物の皮を乾燥さ

せミキサーで粉末にして畑にまく作業に取り組んだ。

「肥料づくりプロジェクト2」…同様に、コーヒーの豆ガラやカブトムシの幼虫の糞を肥料にする作業に取り組んだ子どもたちもいる。

「水やりのタイミングプロジェクト」…大きくなり始めたスイカの実が、腐って落ちてしまうことが問題となっていた。子どもたちの議論の中に水のやりすぎが原因ではないかとの考えがあり、土の表面が乾いたことを確かめて水やりグループに合図を送る方法を考える活動に取り組んだ。

「ミミズ探しプロジェクト」…おいしい作物が育つよい土には、たくさんミミズが住んでいることから、ミミズを集めてきて土に入れようと考えた子どもたちがいた。はじめのうちは、なかなかミミズが見つけられず（どんなところにミミズがいるのかの経験が少ないため）、粘土のところに紙コップを埋め、そこに餌を入れておけばミミズが出られなくなるという罠を仕掛ける作業に没頭していた。

「ウリハムシトラッププロジェクト」…スイカの葉っぱをウリハムシが食べてしまうことが問題になっていた。ペットボトルを切ってつくった罠に餌を入れておき、ウリハムシを退治する作業に没頭していた。

「スイカの受粉プロジェクト」…スイカの実が腐るのは受粉ができていないためとの議論が出てきた。もうすぐ咲きそうな雌花を見つけ、受粉を成功させることに夢中になっていた。

子どもたちの活動を見ると、その活動がこれまで捉えてきた「問い」を解くための議論に沿った活動であることがわかる。おいしい作物を育てるための土づくりや肥料への議論を捉えた子どもたちの中で、ある子どもたちは果物の皮やコーヒーの豆ガラやカブトムシの幼虫の糞を

肥料にする活動へと向かい、別の子どもたちはよい土に欠かせないミミズ集めへと向かっている。おいしいスイカを育てることに向けて出会った問題からは、適度な水やりや受粉を成功させる取り組み、害虫対策への活動が生まれている。次々に沸き起こる問いに向かい、それぞれに自分たちの発想を生かした個別最適な学びが生まれているのである。

栽培活動を軸にした学習では、「おいしい作物を育てる」ことへ向けて自然と切実な「問い」が生まれる。子どもたちは栽培活動という具体的な生活場面の中で、問いを解き明かすべくアイディアを駆使し、具体的な学習活動を展開することができる。何より、様々な問いを乗り越え「おいしい作物」を収穫する学習は、学ぶことの大きな喜びを伴っていく。栽培活動を軸にした学習は、具体的な生活場面の中で、発動的・創作的・努力的・歓喜的な学習を体感できる学習だと考えているのである。そして、低学年期にこうした経験を重ねてこそ、高学年で直接の生活場面から離れたより抽象的な「問い」においても、自らの発想を生かした独自の追究やその吟味を重ねる学習を自律的に進める力が育まれていくと考えている。

» 直接の生活場面から離れた「問い」

第1章の「独自─相互─さらなる独自の学習展開（P.24）」のところで紹介した「原子力発電は本当に必要なのか」の実践は、直接の生活場面から離れたより抽象的な「問い」に向かう学習だと言える。例えば、「火力発電があれば原子力発電がなくても大丈夫なんじゃないか」と考えたとしても、そのことを実生活の中だけで確かめることは難しい。学級の花壇（畑）と教室を行き来して学習を進めたようにはいかないのである。

しかし、こういうより抽象的な「問い」に向かう際にも、これまでの自律的に学びを進める経験の有無が大きくかかわると考えている。

例えば、おいしい作物を育てるために、ある子どもたちはミミズ集めプロジェクトを立ち上げた。その追究の方向は、粘土の中に紙コップでつくった罠をしかければたくさんミミズを集められるのではないかという方向に動いていく。大人の目から見れば、荒唐無稽な発想である。ミミズは、作物がよく育つような土の中に多いのであるし、紙コップの中に入れたエサにおびき寄せられて集まるということも考えにくい。それでも、子どもたちは、「きっとミミズは粘土のような特別な土の中にいるに違いない」と自分たちなりの着想を持ち、「紙コップの中に落ちたミミズは出ることができない」という発想の罠づくりに夢中になっていく。結局、その罠ではミミズが集まらず、ミミズのいそうな所を探す中で植木鉢や石の下にミミズが多いことに気づいていったが、自分たちの着想・発想で学びを進めた自負心は大きく育っていく。

「原子力発電は本当に必要なのか」の実践においても、子どもたちは自分の着想・発想に沿って学びを進めていく。原子力発電に代わるエネルギーについて、ある子どもは、「それは太陽光発電に違いない」と考え、別の子どもは「水力発電ではないか」と考える。もちろんそう考える根拠が必要になるので、自分がこれだと思うエネルギーのよさを探そうとする追究が始まっていく。「太陽光発電は再生可能エネルギーだから、CO_2を排出しない」「日本は水の豊かな国なのだから、その水力を生かさない手はない」と、それぞれに自分の推すエネルギーについて、自分ならではの考えを紡ぎ出そうと追究が進んでいく。池上彰さんの番組に見入る子どもや、書店で自説を補強する書物がないかを探す子ども、メモを片手に、駅前で国会議員の演説に聞き入る子どもまでも出てくる。議論が進んでいくと、「再生可能エネルギーだとしても、総発電量を考えれば原発の代わりになれない」「いくら大規模発電ができたとしても、多量のCO_2を排出するのでは原発の代わりになれない」のように「再生可能エネルギー」「発電規模」「クリーンエネルギー」「新しい技術」など、「問い」について判断する視点も増えていく。子どもたちは、手に入れた視点に沿った追究を進め、より自分らしい主張点を見つけようと学びを進めるようになる。

こうして見てくると、低学年の頃には目の前の生活の中で進んでいた学びが、高学年になると、少し実生活から離れた場面で展開されていることがわかる。教室の近くの学級の花壇（畑）であった追究の場は、池上彰さんの番組や書店で見つけ出した本や国会議員さんの演説へと場所を変えている。しかし、その学びの原動力は、学級で共有された「問い」に向かい、自分ならではの追究を進め、そこから生まれた考えを交流し合ってより深い学びを得たいとの思いが根底に息づいている。

» おわりに

低学年の頃から、十分に「問い」を見つけて自分たちの力で解く学びを楽しむ学習を積み重ねることが重要だと考えている。できればそうした学びが、自らが自発的に動き（発動的）、自らの発想を生かし（創作的）、自分なりの努力を伴い（努力的）、自らの学びを進めた喜びを感じる（歓喜的）学習にしていきたいと願い実践を続けている。　　　　　（阪本　一英）

※　世界教育学選集64　学習原論　木下竹次（明治図書出版）、208頁
※2　同上、48頁

教師の意識を変え、子どもが生き生きと表現する力を伸ばす

» はじめに

本校で学習を参観された先生方から、「子どもたちが自分の思いをよく話しますね」という感想をよくいただく。加えて「うちの子どもたちはなかなか意見が言えなくて」という声もよく耳にする。「附属小の子だから」とか「そもそも優秀な子たちなんでしょ」という見方もあろうが、決してそういうことではない。どの学校、どの教室でも、自分の思いや考えを生き生きと語ることができる子どもたちを育てることができる。

» 教師の奢りを捨てよ

生き生きと表現する子どもたちを育てるには、まず教師の意識を変える必要がある。

本校の教諭であった今井鑑三は遺稿集「子どもは生きているか」の中で次のように述べている。

「一見、形式は整い、すきまのない授業というものは、意外に子どもを束縛して、型はまりの、息苦しい授業となる。

まず、子どもは教師の一方的な計画によって動かされるのだから受け身の立場になる。問いをかけられ、思考のワクをはめられた中で、一律的な答えを強要される。『ゆさぶり』といっても他動的。慌ただしく、責任完了というように授業は終わる。——これは勝手な想定ではあるが、こんな授業がかなり多いと見る。」

今井は、教師が指導目標に沿って計画を立て、どのような手順でどこへ到達させるのかも見当

をつけた上で授業を展開することについて、「それでいいではないか。立派な授業ではないか、と言いたいのだが——」としながら、「しかし、子どもはそれで生かされることになるのだろうか」と述べ、教師の学習指導のあり方について問題を提起した。

子どもは自分で学ぶ力を持っている。にもかかわらず、教師は「教えなくては子どもは学べない」との考えに縛られ、教えよう教えようとする。このような考えの教師は、自身の計画通りに学習を展開しようとする。そこでは、教師の考えた筋に沿わない子どもたちの素朴な疑問や奇抜な発想、新たな学習の創造へ繋がる考え方などは捨て置かれる。教師が自分の立てた計画に沿って進行する上での妨げになるからだ。こうなると、子どもたちはいつしか教師の求める一つの正解を追い求めるようになる。そこに主体的に学ぼうとする意欲は生まれるだろうか。学習の個性化は図られるだろうか。計算や漢字のドリルのような一つの答えを求める学習はどんどんできるが、自分の思いや考えを持ち、他者との協働によって新たな創造を生み出すことは苦手という、多くの学校で見られる子どもたちの姿は、これまで多くの学校で行われてきた「教え伝える教育」によるものだと考える。

現行の学習指導要領で求められている「主体的・対話的で深い学び」や「個別最適な学びと協働的な学び」を実現するためには、もっと主体的に、個性的に、子どもたちが自分の思いや考えを自由に生き生きと表現できるように育てる必要がある。そのためにも「教えねば学ばない」という教師の奢りは捨てねばならない。

» 1年生のときにこそ

自分の思いや考えを生き生きと表現できる子どもたちを育てるには、1年生からの取り組み

がとても重要である。

　1年生の教室には、どの学校でも変わらない子どもたちの姿がある。多くの子どもたちが、「頑張ろう」という意欲を持ち、「どんなことをするのかな」と期待に胸を膨らませている。だからこそ、この時期に何よりも生き生きと表現することの楽しさを感じさせたい。学校での学習が楽しいと感じられ、主体的に学ぼうとする意欲も育てることができ、自己肯定感も上がる。この意欲が、この後の様々な学びにも影響していく。一方、行儀よく静かに座っていること、先生の目を見て話を聞くことというような態度面のことばかり求めているのでは、学習は面白くなくなり、どんどん意欲もなくなっていく。そのように育ててはいないだろうか。

》 日常の繰り返しの中で育てる意識を

　生き生きと表現できる子どもたちを育てるには、「この単元で」「この学習で」「この時間で」といった短いスパンでの実践をイメージすると難しい。「話すこと」「書くこと」を子どもたちの日常の活動として位置づけ、教師も焦らず温かく見守る姿勢で取り組むことが重要である。

①話す楽しさ、聞いてもらう喜びを感じられる「みんなに見せたいもの」の発表

　1年生はとにかく自分の話をする機会を多く持つとよい。「みんなに見せたいもの」と題して、見せたいものを持ってきてそれについて話をする。持参できないものについては、各自のタブレットで写真や動画を撮り、それを教室で見せながら話す。自分の見せたいものだから、自分の個性が生きる話になりやすい。聞いている子どもたちにとっても、新しいことを知る機会となり、とても興味深く楽しんで聞くことができる。聞いている子どもたちには、発表に対

するおたずねをするように促す。「なにをおたずねしようかな」と考えながら聞くように指導する。発表者はおたずねされたことに答えねばならないから、そこでも思考が働く。

　この取り組みはどの教室でも、いつからでもできる。以前、9月から1年生の教室でこの実践を取り入れた公立学校があった。子どもたちはみんながその時間を毎日楽しみにしたという。12月になってもその活動は続けられていた。参観した学習では、子どもたちは算数で自分の考えを丁寧に具体的に説明し、聞いている子どもたちも一生懸命に考えながら聞いていた。「みんなに見せたいもの」の実践を通して、話すこと、聞くことの楽しさ、みんなで聞き合うことの楽しさがわかり、意欲的に学習することへと繋がっていく。そのことが算数の学習にも生きていたのである。

②生活を見つめ、思考を繋ぎ、学習を深化させる日記

　書いて表現する力を高めるにも、同様に日常的に書く活動を取り入れるとよい。本校で日常化されている「書く」活動には、毎時間の初めの「めあて」、終わりの「ふりかえり」、書きながら考えを創る「独自学習」、学習や自分と向き合う「日記」などがある。それぞれについて、その質を高める教師の指導が各学級、各学習で行われているが、日常の活動として位置づけられているため、教師も焦らずに指導することができる。

　本校では、1年生から卒業の日まで毎日日記を書く。1年生は10マスや12マスのノートから始めて徐々にマス目を増やし、6年生では18マスや10ミリ方眼のノートになっていく。1日に各ノートの見開きの2ページにまとめることを基本にしている。

日記というと、その日の記録として書くイメージが強いかもしれない。本校の日記も基本的には何を書いてもよいのだが、私はできるだけ学校のことを書くように促している。1年生ではその日の出来事を並べる内容から始まる。初めから多くを求めることはしていない。毎日書くだけでも大変なこと。書くだけでも十分に力はついていく。そうしながら徐々にその日の学校の学習や生活をふりかえる内容、自分と向き合う内容を求めるようにしていく。

4年生のある児童の10日間の日記について、題名と概要を紹介する。

6月29日 「すべてはつながっている」
（片付けがいいかげんになると他もいいかげんになる）
30日 「気にしていたら」
（身の回りの差別について考え合った学習から思うこと）
7月1日 「好きかってな草」
（野菜を育てている学級園に生える雑草の話）
2日 「心で勝つ」
（体育での野球。試合中の声掛けについて考えたこと）
3日 「笑うは魔法」
（真剣勝負の中の怒りを笑顔に変えることの良さについて）
4日 「電気の強さ、大きさ」
（理科の実験をふりかえって）
5日 「一週間のふりかえり」
（1週間の自分を見つめなおし、次週へつなぐ）
6日 「Oさんのなぞの枝豆」
（花がないのに実ができるのはどうしてかという話題）
7日 「言葉に注目、二人の発表」
（国語 「それで」という言葉について）
8日 「うまくつながる」
（算数 少数の「かくれている0（ゼロ）」について）

子どもたちが日記を通して、自分の学習や生活と向き合い、自律的な学びを創ろうとしているのを見とることができる。また、日記は「書き慣れる」という捉え方での「書く力」の育成だけではなく、「どのように書くか」という「書き方の工夫」を学ぶ機会にもなっている。

紹介したものを見るとわかるのだが、それぞれの題名が書かれている内容に触れたものになっている。よくありがちなのは、「野球」「理科の実験」「算数」など、教科や活動の名称をそのまま題名にするものだが、「好きかってな草」「Oさんのなぞの枝豆」などは読みたくなるような表現の工夫と見とることができる。国語学習でも「題名の工夫」が話題になる。そのときには「みんなの日記の題名ももっと工夫がいるんじゃないの」「読みたくなる題名にしているかな」という声かけに繋げている。こうして子どもたちは、作者や筆者のつける「題名」にも工夫がなされていることを意識し、自分の文章でも工夫するようになっていく。

同じようなことが、文章構成や構造にも見られるようになる。説明的文章の学習で「初め・中・終わり」という構造を学習すると、「日記でもできるかな」「今日は、初め・中・終わりを意識して書いてみよう」などということに繋がっていく。「段落」について学習すれば、「段落はどうやって変えるか」という問題が生まれ、段落を意識しながら書いてくるようになる。各段落の初めの言葉に注目して学習すると、その言葉を使った日記が書かれる。初めに「問いかけ」や「問題提起」がされている日記も多く見られる。最初に結論を書いてから次に内容が書かれているものや、最後にまとめとして結論を書いているものもある。子どもたちは、説明的文章の学習で学んだ筆者の工夫や「書くこと」の学習で学んだことを、日記を書くことに生か

し、自分ごととして深化させているのである。

» すぐに目に見える結果ばかりを求めない

今年の1年生の教室では、5月半ばから6月にかけてノートに「めあて」と「ふりかえり」を書き始めた。すぐに書ける子もいれば、なかなか書けない子もいる。しかし、教師は焦らない。今日書けなくても、明日書ければよい。明日もできなくてもまたその次の日がある。決して「書かなくてよい」としているのではない。個々に対応した要求をしつつ待っているのだ。「今日の学習で一番心に残ったことを書くといいなあ」「おもしろいなあ、初めて知ったなあ、すごいなあ、そんなことはなかったかな。先生はあったけどなあ」どのように書くとよいのかももちろん指導しながら毎時間書かせる。「音読の速さによって、おじいさんの様子も違うように感じたのですね。すごい」。コメントはできるだけ具体的に書く。子どもたちの意欲も自己肯定感も高まっていく。うまく書けている子のノートはどんどん紹介するとよい。「あんな風に書けばよいのか」「あれなら自分もできるぞ」。こうして子ども同士で伸びていく。

ある児童は書き始めの頃、「ふりかえり」とだけノートに書いて、中身は書けていなかった。「なにかおもしろいこと、こころにのこったことはなかったですか」とコメントを書く。次の日も中身は書けていない。「せんせいは○○の

ことがすごくこころにのこったよ」とコメントを書いて、次の日は何か書けるかなと期待して待つ。すると、「わたしはにしだせんせいのこくごがすきです」と書いてくるようになった。「わあ、うれしいなあ。せんせいもみんなとこくごのがくしゅうができるのがうれしいです」とコメントする。何か書いてくるようになったことがまず成長だと捉え、評価し、声かけもしながら待ち続けた。7月になって、「おじいさんがおちるところがおもしろいです。どうしてかというと、すべりだいみたいにシューっとすべっているからです」と初めて内容について書けるようになった。「すごい。おもしろいところがかけていていいね」とコメントを書き、直接に声もかけた。その児童はとても嬉しそうな笑顔を見せ、その後も意欲的に学習に取り組んでいる。

目に見える結果を短期間で求めると、できる子はいいが、苦手な子にとってはこれほど辛いことはなく、自己肯定感も下がってしまう。また、教師が教える通りに書くことでそのときは一定の形に表すことができたとしても、その後の生活の中で生かされねば力として定着しにくい。人は「涵養」というようにじわじわと成長していく。すぐに出る結果ばかりを求めず、活動を日常化させ、じっくりと温かいまなざしをもって、その子の力が伸びていくのを支えたい。

（西田　淳）

子どもが自ら主体的に
表現したいと思える環境づくり

» 1．自らの思いを主体的に表現する

　本校の学習で行われている相互学習においては、子どもらが自らの思いや考えを表現することが必要だ。この場合の表現とは、自分の考えを他者に伝えたり認めてもらったりするための行為であり、例えば「話す」「書く」がよく取り上げられる。その他に絵や立体物、演奏や曲作り、タブレット端末やパソコンなど電子上の創作を通して表現することもできる。ここでは、子どもたちが自分らしく意欲的・主体的に、様々な表現をするために必要な学習環境づくりについて紹介したいと思う。

» 2．主体的に表現するために

　ある子どもが自らの言葉で主体的に表現できるということは、その子どもの表現を受け入れる環境があるということだと言える。「受け入れてもらえないかもしれない」「聞いてもらえないかもしれない」という不安感は子どもの表現しようという気持ちにブレーキをかけてしまうことになってしまわないだろうか。相手に受け入れてもらえる安心感から、子どもは表現することができるのではないかと考えている。そのために、我々教師は、自由に表現できる環境をつくり、子どもらしい表現を受け入れられるような学級づくりをしていくべきではないだろうか。

　ここでの「環境」とは、学級の掲示物や準備物のような目に見える物による環境だけではない。教師や友だちの言動やカリキュラムなど、

子どもたちを取り巻く全てのものを環境と言える。表現というと、それをするための技術などを身につけさせるべきだと考えられがちで、実際そのような指導が行われている。確かに、考えていることを正確に伝えるために、また興味関心を持って聞いてもらうためには技術がないといけないのは事実である。表現をするために知識技能が不要であるというつもりはなく、むしろその知識技能は幅広く持っておいた方がよいとさえ思っている。例えば、低学年であれば声を大きくしましょう、身振り手振りを付けましょうといった基本的なことや、プレゼンテーションソフトなどツールの使用方法、絵を描くための技術や演奏のための技術など、学校の学習中にも教えることができる。これは技能の指導法の話になるのでこの辺りの紹介は割愛させていただくが、授業以外にも子ども同士で情報を共有したり、子ども自身が書籍やインターネット上から見つけ出したりすることもできるだろう。

　表現するための知識技能を身につけさせるのと同時に（理想的にはその前段階として）、本人たちが伝えたい、聞いてほしい、知ってほしいと思えるような環境をつくるべきだと考えている。次項ではそのことに触れていく。

» 3．子供の表現を尊重する

　子どもが意欲的に発言しようとしたり発表しようとしたりしたときに、それに水を差すような行為があっては気持ちが萎縮してしまう。例えば、表現を否定的に批判するような言葉や雰囲気は表現者にとって気持ちのよいものではない。子どもたちには、本当はそのような雰囲気にも負けず自分の表現をすることができるように力をつけてほしいが、小学校低学年の子どもたちには難しいだろう。やはり、自分の発言や

表現が否定されないという安心感を持たせられるような学級の雰囲気づくりを優先するべきである。

例えば、子どもの表現について教師があれこれと指摘するような姿勢では、子どもが自由に表現しようという気持ちを持つことはできないだろう。教師が子どもの行為に対して軽い言葉で否定的な「ツッコミ」などを入れるような学級は、子ども同士でも否定的な言葉で指摘し合うような雰囲気になる傾向にあるように思う。子どもは教師の発言やふるまいをよく見ている。言動・行為全て子どもの手本になるということを念頭に置いて日ごろ子どもと接するべきであるだろう。これは、何も教師は聖人君子たれという意味ではない。子どもたちの手本となるべき行動を心掛けることで子どもたちにもその気持ちが届き、子どもたちの行動も変わっていくのではないだろうかということである。

» 4．表現の内容や方法を修正する

しかし、子どもが表現の内容や方法を間違えている場合はどうすればよいのだろうか。例えば発言であれば、明らかに認知がずれていたり、普遍的な価値から外れていたり、音楽であれば楽器の運指を間違えて意図していない音が鳴っていたりする場合などである。私が子どもたちのそのような表現に出会った場合、明らかに間違っていても最後まで表現させるようにしている。そのあとに修正が可能であれば声をかける。全体に周知する必要があれば全員に聞かせる形で、そうでなければ個別に取り出して指導することもある。こういった教師の姿勢から、聞き手側の子どもたちが学ぶことで、表現を守り、表現を受け止める雰囲気が学級内に醸成されていくのではないだろうか。

ただ、これには例外がある。表現の自由はなんでもありというわけではなく、公序良俗に反するような内容や、他者を傷つけるような内容であった場合は即時やめさせることも必要だろう。

» 5．すべての人に自由な表現の権利がある

E.B.ホールは著書の中で「あなたの言うことには賛成しませんが、あなたがそれを言う権利は死ぬまで守る」ということを登場人物に発言させている。日本国憲法でも21条で表現の自由が認められている。古来より、表現は弾圧されたり保護されたりを繰り返しながら歴史が積み重なってきた。自由に表現することが許されるようになった現代は、表現者が表現するための技能を身につけたというよりは、社会、つまり表現を受け取る側が成熟したことで表現者の権利が守られるようになった。表現は内容に関係なく表現そのものが尊重されるものだということを、子どもたちにもわかっておいてほしい。自分の表現は内容に関係なく守られていて、安心して自由に発表することができるということを子どもたちには実感してほしい。表現者が表現をすることは守られているのだと実感することが、子どもたちが自らの思いや考えを主体的に表現できるために必要なことではないだろうか。

自分が他者の表現を受け取る側になったときの心構えや言動が、自由な表現を守り保証することにつながる。自由な表現を守るためには、発表者ではなく受け取る側の教育が必要である。発表者の権利を守れるように、受け取る側としての力をつけさせられるようなかかわりをこれからも模索していきたい。　　　　（中村　征司）

本校におけるダンスの価値

» 毎週あるダンス学習

　本校の特色の一つとして、1〜3年生の間毎週1回、「ダンス」がある。開校以来、体育の学習の一環として「ダンス」の授業が日常的に続いている。なぜダンスの学習が絶えることなくこの学校で続いているのかというと、日常のダンス授業で子どもたちが育ち変わる場面を常々見せてくれるからに他ならない。

　ここでの「ダンス」は、作品にまとめて踊ることを前提とした創作ダンスではなく、主に即興表現を扱う。創作ダンスは、発表する側の身体表現に受け手である観客が共感するコミュニケーションが存在する[1]ことが、よく知られている。学校で学ぶダンス領域の内、表現系における一つの完成形であろう。

　ダンスの分類については様々な仕方があろうが、舞踊を修練し、その熟達した踊りを観客に作品として見せるという芸術としての舞踊に対して、それとは対照的に見せることを前提としない、勝手気ままに感性のおもむくままに踊るのが即興表現である。これは、学習指導要領解説でいう「表現遊び」[2]である。

　授業内容は、子どもたちの日常にあふれる身近な題材や、他の教科で学習を深めたことを題材にして、個人のイメージを優先させ即興的に踊るのだ。子どもたちは、毎週ダンスをすることで、テーマから得るインスピレーションに、自分の感情を乗せて自らの身体で表現するすべを獲得するようになる。ここでは、既成の動きを習得するのではなく、常に自由表現の獲得を目指す。

　個々の持つイメージは、子どもたちの体験や経験、知識によってちがっており、既に固定化された概念によるイメージしか持ち合わせなくなった大人と比べ、多様である。子どもたちが持つ発言されたイメージは、すべてホワイトボードに書く。中には言葉では伝えきれず、ホワイトボードに線で書きこむ子もいる。そして、書かれたイメージは全て一つずつみんなで動きに変えてみる。子どもたちはこの段階で、正しいか間違っているかの評価は待っていないというルールを理解する。自分のイメージを持てない子どもも、ホワイトボードに書かれた他者のイメージをもらって動いてみることで、自分なりのイメージを掴んでいく。

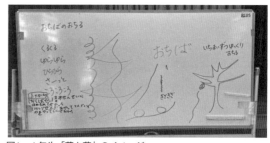

図1　1年生「落ち葉」のイメージ

　イメージがないことや、課題そのものを知らないことはダメなことではなく、わからないことをわからないと言える勇気を讃える。ここで求められているのは、今の自分を受け入れ強い気持ちでその場にいることと知ってほしいからだ。

　やがて子どもたちは、安心して自分を表現できる場の中で、何かがほどけていくように柔らかく場に身をゆだねるようになり、全身を使って物事への感情や意欲を表現するように変わっていく。一つの言葉では表しきれないものを瞬時に動きにしていく。そこに、迷いやためらいはほとんど見られない。内面の動きを自己の身体を使って表現できるようになっていくのだ。自分のやりたい表現が明確になってきており、

言葉と身体のまとまりがみえる。強い気持ちと豊かな表現力が育っていることがわかる。

　ダンスのことをその日の日記に書く子も多い。どんな動きをしたのかという記憶とともに、どんな気持ちでダンスをしていたのかという記憶も書き記す。身体表現の輪郭が鮮明となる。そこには表現過程をふりかえり、自分の言葉でその体験を表わし直す学びがある。幼児期には身振り手振りが多いことでもわかるように、未分化であった言葉と身体表現であるが、この時期には言語能力が高まり既に別の表現手段となっている。その二つに分かれた表現手段を自由に往来させているのだ。

　自分の身体の動きである表現を、自分自身で感じて、新しい世界に眼を開く。そこに喜びを感じることは、ダンスを学習する一つの意義だと考える。

》身体を通したコミュニケーション

　このように自由表現をするに至った子どもたちは即興的なダンスにおいて、お互い無関係に踊っているのかというと、そうではなく、様々な形で関わり合う。本校のダンスの学習は、本質的に自己をみがく「けいこ」に位置づけられているが、同時に相手を生かし、自己を生かして互いに協同する人間としての結びつきを育てる「なかよし」の側面も併せもつ。

　入学当初の1年生の頃は、思惑が一致した子と関わり合うだけだ。発達に伴い客観的な視点が持てるようになり始めると、やがて友だちと自分のイメージが違うことに気づき、動きで自分を主張する。そして、お互いイメージを交換し始めるようになるのだが、動きの主張が相容れず、友だちとぶつかってしまうことも多い。時には大揉めになり、お互いぷいとそっぽを向いてしまうことさえあるのだが、そういったこ

とが起こるときほどよいダンスができる。当たり障りのない譲歩より、互いの主張をぶつけ合う方が、お互いのイメージを理解し、認め合う結果が起こりやすいのだ。

　一方で、子どもたちはダンスの中でゆらゆらと形が変わるように融合をみせる。融合のきっかけとなるものは、目配せであったり、言葉であったりといった誰にでも見える具体的なサインではない。フォルムや動作の同調から目の前にいる他者のイメージを取り出し融合することもあれば、他者の表現行為そのものから内なるイメージを感じて、それを自分のダンスに取り入れることもある。図2.3は1年生11月に「落ち葉」を踊ったときの様子である。教師は前方の二人のみが感じ合っているのだと当初捉えていたが、よく見ると全体が感じ合っていることがわかる。

図2　「落ち葉」の1場面

図3　図2の45秒後

　図2では、全体が下方へ動いており、図3では全体に上への動きが多く、葉っぱが落ちていったり舞い上がったりを、全体が感じ合っている。ひとかたまりになるメンバー構成も図2と図3では変化している。

　クラスという場を共有している子どもたちには、その中での動きを形成するメンバーが変化

していくことは、たいしたことではないのかもしれない。それゆえ、誰とも関わらず踊っているように見える子も、場を共にするクラスの面々は、その子が心地よく自分のイメージを放出することを、受容する。ダンス学習が安心して自分を表現できる場となっていくと、子どもたちは自分のイメージを放出する喜びに溢れる。

　子どもたちは、1曲の即興ダンスを踊る間に、一人で踊ったり他者と踊ったりする。自分のイメージを動きに変え、他者とそのイメージを交換し、再び自分のイメージの広がりを動きで確かめる。本校における独自学習と相互学習を、ダンス学習では、わずか3分ほどの間に、自らの意志で自在に何度もやってのけるのだ。

» ダンスで何が育つのか

　平成29年、小学校学習指導要領改訂の学習指導要領解説によれば、「『表現遊び』と『リズム遊び』の両方の遊びを豊かに体験する中で、中学年からの表現運動につながる即興的な身体表現能力やリズムに乗って踊る能力、コミュニケーション能力などを培えるようにする」[2]と、そのねらいが明確に記されている。学習指導要領解説においてコミュニケーション能力について直接言及している「領域の内容」は、「表現リズム遊び」の箇所のみであり、この時期のダンス領域への期待度が推し量られる。

　ここでいうコミュニケーションは、一般的に考えられている、ダンス作品をつくるために話し合う言語活動ではなく、即興ダンスをする最中に踊っている者同士の間に起こる身体を通した相互交流を指す。

　即興表現は、「人と共に即興表現する時には、他人が仕掛けてくる偶然のアクションに反応したりしながら、事前に考えて創作するおもしろさとは異なる発見をすることがある」と片岡

(1991)[3]は述べているが、片岡の言うように、即興表現では半ば偶然に次々と予測しないことが起こり、他者との直観的な動きの反応とでもいうべきやり取りによって他者を受け入れ自分を主張しそれを継続していく、共に踊る者同士の動き即ち身体の動きによるコミュニケーションが存在する。

　人類学においてはそのような身体の動きについて、人の発達初期のコミュニケーションを始めとする、様々なごくありふれた日常的な場面で身近に起こっている現象で捉えている。[4][5]これらの事例で共有しているものは一義的な記号としての言葉（概念）ではなく、生まれながらにして、もち合わせていると言えるような、共通感覚とも言えるものである。子どもたちは他者と共に即興的に踊る経験を通じて、他者の身体の動きに同期し、同調し、共鳴し通じ合い、共感する。ごく原初的なコミュニケーションを学ぶのである。

　友だちの動きのよさを認め、もらったイメージにより自分のイメージを広げる。そのことで深まった自分のイメージを新しい動きにして応える。お互いのイメージをぶつけ合い、混ざり合い、それが何度も繰り返され、みんなのダンスにしていくのだ。その都度つくった動きを躊躇わずに壊し、一つの言葉では表しきれないたくさんの情報を瞬時に動きでやり取りするようになる。他者の動きを受け入れていた子どもたちは、他者そのものを受け入れるようにと変化していく。当初教師が思い描いていたイメージを軽々と超えたところへ到達する。そこには、本校ならではの「なかよし」が育つ様子が伺える。

　この経験を多く積むことによって、共感する感覚を培いコミュニケーションの下支えとなる他者理解を感覚的に身につけることができると

考える。同時に、自分との相違点を具体的に認識したり、他者の視点から自分を見つめたりする力が育つものと考えられる。

友だちの動きに応えるためには、たった今起こっていることに対して、幅広く理解するための高い感受性が必要である。月日を追うごとに呼応した動きが増えることで、その育ちが感じられる。図2.3のダンス後、子どもたちは感じ合えた瞬間の喜びを次々に語り、当日の日記にも記した。そこには、豊かな共感を経験した喜びがある。言葉、他者（一人・複数）、音楽（リズム・曲調）、空間など、自分の周囲の環境から何かを感じて動き、そして、表現を行ったことで自分の内面を感じている。ここでいう「感じる」とは、市川（1992）がいう「対象に対する内面的な〈感応〉あるいは〈同調〉をともなっている他者を感じる体験」であろう。

相互交流が1名対1名にとどまらず、大きく移動する子たちに対して、じっとして動かなくなる子たちとクラス全体の動きが二分されたりと、他者との動きの交流の対象が複雑に変化しているが、自分と他者のイメージが違っていることも承知の上で他者の動きを受け入れており、子どもたちは予想しなかった展開が起こっていることを楽しんでいる様子が窺え、即興表現の本質的な特性に触れていることがわかる。また図2の右側の2名（図3では前方の2名）の表現には、相補と同型の同調が認められる。異質

で対照的な動きである。市川は、同調には相手に感応する同型の同調と、相手に応じる相補的な同調があり、その二つが円環することによってより深いレベルの同調に達する可能性を秘めているという（市川、1992）。最初は様々なイメージが混在し他者の自分とは違った表現であったとしてもお互いがそれに感応し、イメージの中で補完し広がり深まったイメージとして捉えるように変化している。

このような他者の存在を受け入れ感受し共感する行為こそが、学習指導要領に表しきれていない小学校低学年のダンスで学ぶコミュニケーションであり、本校がダンス学習で追い求める育ちなのだ。そしてこの豊かな経験が、子どもたちの中で澱のように重なり、身体を通した他者理解の方法として根づいていく。ささやかながらも確かな人間形成の場としての価値を見出すことができる。

（青木　恵子）

文献
1) 頭川昭子（1991）舞踊学講義，代表・片岡康子　大修館書店　pp107.
2) 文部科学省（2017）　小学校学習指導要領解説「体育編」．東洋館出版社：東京pp.4，pp.18-19.
3) 片岡康子　前掲1）pp8.
4) やまだようこ（1996）　共鳴してうたうこと・自身の声がうまれること　菅原和孝・野村雅一編　コミュニケーションとしての身体．大修館書店　pp.40-70.
5) 今村薫（1996）同調行動の諸相―ブッシュマンの日常生活から―，菅原和孝，野村雅一編，コミュニケーションとしての身体．大修館書店　pp.71-91.
6) 市川浩（1992）精神としての身体．講談社：東京，pp.184

3人組で走る歩走納会

» はじめに

本校は、学校行事を積極的に実施している。それは、行事をきっかけに子どもたちが自らの力を思い切り発揮し、大きく成長していくと考えているからである。ちょうど気温が下がり、季節も秋から冬へと移りかわる11月。近くの陸上競技場を使って、毎年「歩走納会」(マラソン大会)が行われている。この歩走納会を通して、子どもたちの「知・徳・体」がどのように育まれているのか、行事を通して見られた子どもの姿を中心に述べていきたい。

» 3人組で走る意味

歩走納会では、各学年で定められた距離を3人組で走る。長距離走といえば、個人で黙々と取り組むイメージが強いが、本校の歩走納会はそうではない。事前に学校で歩走練習を行い、だいたい体力が同程度だと思われる子どもたちで3人組を構成する。そして、そのメンバーで最後まで走り切ることを目指すのである。3人組で走る以上、自分だけの心地よいペースで走るわけにはいかない。自分以外の2人とペースを合わせて長い距離をこつこつと走り続けることが重要である。子どもたちにとって、長い距離を3人組で力を合わせて走るのは、なかなかに難しい。だからこそ、個人で行うマラソン大会では見られない、子どもたちが力を伸ばす瞬間が多く見られる行事だと考えている。

» 歩走練習・納会で見られた子どもの姿

歩走練習や歩走納会を通して、子どもたちがどんなことを感じ学んでいったのかを、日記の記述を中心に紹介していく。

> ぼくは歩走納会で、もとは2人だったけれど本番に3人で走ることになりました。ぼくたちのチームは、チームで走るより個人が少し強かったと思いました。なぜかというと、521のチームをおいかけ続けたからです。今回は走りきることではなくて1位になることを強く考えすぎていたので、みんなに声をかけることやチームの人にあわせることができませんでした。だから、来年の歩走納会では「チーム」ということを意識しながらも上位を目指せるようにしたいです。歩走納会が終わった後にくわしくふり返ってみると、全体的にぼくのチームは1人の個人走の団体だと思いました。なぜなら、チームの3人全員がすこし速い人だとおくれている人にあまりあわせようとしていなかったし、すこし遅いひとは前の人にあまりあわせようとしていなかったからです。これをしてしまったので、1位にこだわったのだと思いました。5年生の歩走納会の反省を来年の歩走練習のときからちゃんと気をつけて、6年生のときは絶対前にも言ったように「チーム」が意識できるようにしたいです。そうするために、速い人も遅い人もどちらもチームにあわせる意識がもてるようにしていきたいです。

自分たちの走りを客観的にふりかえられている。やはり、子どもたちにとって3人組で走り切るということは、なかなかに難しい課題のようだ。どうせ走るのであれば上位を目指したい。しかし、そのために残りの2人を置いていくわけにもいかない…。ここに、子どもの葛藤が感じられる。また、一緒に走る3人組も個人走をする3人が集まるだけでは不十分であり、互いに思いやり全員が全員のために力を合わせるこ

とが重要であると気づくことができている。この気づきは、「自分だけがよいのでは、歩走納会を意味のあるものにできない」という考えに繋がり、結果として個人でのマラソン大会では育むことのできない、子どもの「心」の部分が育まれているのではないかと考えられる。他者への意識や思いやり。そんなことの大切さを、3人組で走ることによって実感しているのだ。

「がんばれ！」
これは、私が歩走納会当日に一番多く発した言葉です。歩走納会に向けて練習が始まった日、みんなは一生懸命に記録を伸ばそうとしていました。そんな中、数人が「がんばれ！」と声かけをして走っていました。その後、帰りの会のみなさんの良いところを伝え合うコーナーで、声かけについての話題になり、互いに励まし合うことの大切さを認識しました。この時、私は5星全員の声かけに対する認識が変わったと感じました。実際に次の日から、みんなが声をかけ合うようになりました。私の声かけについての考えを書きます。私は声をかけてもらうととても嬉しくなり、前を向く気持ちになります。そしてその気持ちが走る原動力になり、苦しい中でも最後までやり切る力になると思いました。私は積極的な声かけを心がけました。するとみんなが、「ありがとう」や「Yさんもがんばって」と声をかけてくれて、いつも以上に頑張ろうという気持ちになりました。そしてこのような声かけの連鎖によって、クラス全員が頑張って走ろうとする気持ちになるのだと実感しました。歩走納会当日も、同じチームはもちろんのこと、みんなで声をかけ合うことができました。だから全員が頑張って走り切れたのだと思います。声かけは普段の学校生活の中でもできることだと思います。これからの様々な機会において、歩走納会のように5星全員で乗り越えられるよう、声をかけ合い互いに励まし合いながら、日々学びを深めたいと思います。

声かけの意義や、仲間と声をかけ合う大切さについて書かれた記述である。何の意味も感じずにただ声をかけ合うのではなく、「どうして声をかけ合う必要性があるのか」「声をかけることでどんな気持ちが生まれるのか」ということについて、詳しく分析し自分の考えを書いている。子ども自身が3人組で走ることの意味や、仲間と力を合わせたり支え合ったりすることの重要性を捉えられれば、自ずとその心も育っていくのだということが考えられる。また、行事を行事だけで終わらせず、そこで学んだことを自らの生活に活かし、学校行事と学校生活、その両方を磨こうとしていることも伝わってくる。子どもなりに行事の意義を感じ、自分の力を伸ばそうとする姿である。

≫ おわりに

前述してきたこと以外にも、納会当日にはカーブや走るコースによって巧みに3人の位置を入れ替え、最短コースをできるだけ負担が少なくなるように走る姿も見られた。これは、コーナリングや走る場所に合わせて身体を上手く操作し自分たちの走り方を工夫していく、という体育の技能的な一面であったように思う。そして、当然のことながら子どもたちは長距離を走り切ることで身体を鍛え、しなやかでたくましい身体をつくっていく。歩走練習・納会という行事を通じて、確実に自らの「知・徳・体」を伸ばしていったのだと考えられる。

近年は、新型コロナウイルスの感染症により、行事のあり方を考慮せねばならないことも多かった。そんな中でも、行事を通して子どもの「知・徳・体」が育まれることを忘れず、手段を講じて実施していきたい。　　　（武澤　実穂）

ICT活用における
教師の役割

» 1. GIGAスクール構想で加速した
教育のICT化

　2019年度に開始された文部科学省のGIGAスクール構想は、2020年ごろより始まった新型コロナウィルス感染症拡大で、日本国内の教育現場におけるデジタル化の遅れが顕在化したことを受け、急速に進んだ。

　本校でも、2020年度には全児童への貸与と校内LANの高速化および安定化を進めたことにより、教育のデジタル化を行うことができた。本校では、タブレット端末にiPadを導入した。ChromebookやWindows端末といった選択肢もあったが、低学年の子どもたちが直感的に操作できること、代替ができない機能を持ったアプリケーションソフトがiPadでのみ使えたこと、費用とスペックや安定性を重視してiPadを選定した。この辺りの経緯は本校が刊行した学習研究第501号に掲載してある。

　本校では、以前より1学級の人数分のPCを導入し、その使用法について学習をすすめてきた。Macを使用していた時代もあったが、現在ではWindowsの端末が配備されている。

　これは子どもにPCを使えるようにするための学習であり、主に情報分野に詳しい教員が専門的な技術を中心に教えてきた。PCはどんな風に使うのか、何ができるのか、について学習してきた。学習指導要領において、情報機器については数学科や技術科で使用方法を教えられるといった位置づけだったため、本校でもこのような扱いで学習を進めてきた。

　現在においては、デジタルツールをどのように使っていくかという視点に変化している。本校でも、1年生の子どもたちが生活の中で見つけたものをタブレットで写真に撮って大画面に映して友だちに発表したり、高学年の子どもがプレゼンデータを作成して、自分が調べたことを友だちと共有したりといった使い方を、教師が積極的に指導せずとも自然に行っている。

　一部の授業でのみ使用させて、休み時間はキャビネットに大切に収納されている学校もあるようだが、それではいつまでたっても子どもも教師も使えるようにならない。少々のトラブルは覚悟の上で日常的に端末を使用させることで、子どもたちの知識、技能やリテラシーも向上していくと考えている。

» 2. 教育のICT化と個別最適な学びの
関係

　さて少し話がずれたが、本項では教育のICT化によって「個別最適な学び」が実現可能であるかについて取り上げる。

　昨今「個別最適な学び」という言葉をよく耳にするが、個別最適な学びにはアダプティブラーニングとパーソナライズドラーニングの二つがよく取り上げられる。

　一つ目のアダプティブラーニングとは、個々の学習者の理解度に合わせて学習内容や学習レベルを調整して適切な学びをさせるというものである。アナログでも一人ひとりのプリントをつくり変えるなどして対応可能かもしれないが、かなりの労力を要する。タブレット端末などに学習アプリを導入し、それぞれの学力や習熟度を判定し、最適な課題を提示するということができる。一斉授業においては、理解が進んでいたり、その学習が得意だったりする子どもは、すぐに問題を解き終わって待つ時間が長くなる。

反対に、その学習が苦手な子どもにとってはいつまでも問題が終わらないし、先生は近づいてくるし、友だちはさっさと終わって暇そうにしているし、といった状況になり気分のよいものではない。意欲も低下してしまう。習熟度別、理解度別に問題や課題が提示されるようなシステムがあれば、「学級の進度」ではなく、「個々の進度」に応じた進め方ができる。

二つ目のパーソナライズドラーニングは、学習者の興味関心に合わせて学習内容やその方法を調整するというものである。それぞれの学習者が現在の興味関心や将来の目標などを勘案して学習計画を立てるものである。本校が大正期より行っていた合科学習はこれに当たるが、教師のスキルや知識、学校で用意できる資料や用具でその幅が制限されてきた。だが、情報ツールを使用することで、図書室にない資料でも探し出すことができ、実験方法や調べ学習の見学先なども自分で見つけ出すことが容易になった。ICT化で世界中の情報にアクセスできることができるようになった現在、パーソナライズドラーニングは大きな恩恵を受けたと言える。また、専門家や先行研究をしている人などに連絡を取ることもできるかもしれない。世界中の情報や人々と容易につながれることも、この情報化された社会における学習のあり方だろう。

» 3．別の角度から見たICTの活用と個別最適

ここまでは、世間一般的に言われているICT化による個別最適な学びに与える影響である。ここからは、少し違った視点で個別最適な学びを実現していくために、デジタルツールがどのように役に立っているかということを考えていきたい。

まず、アダプティブラーニングもパーソナライズドラーニングも、結局のところ教師がそれぞれの子どもを観察し、理解することが大前提にある。いくらAIが子どもの学力を分析し、現在の学力に最適化された課題を提示できるとはいえ、それがその子どもの将来にどのような影響を与えるのか、また今後の見通しなどを立てるのは最終的に教師が行うことになる。ここがAIに取って代わられるまでにはまだ時間があり、その時が来るまでは教師がやらなければならないだろう。問題をつくったりコンテンツを教えたりということが教師の仕事から少しずつ離れていっている現在、子どもを見取ってそれぞれに応じた対応をするのは人間の教師に残された重要な仕事である。

デジタル化によって、教師が資料を集めたり、それを配布したり、問題を作成したりといったことが以前に比べてかなり楽になった。楽になったということはその分時間に余裕ができるということである。時間の余裕は心の余裕である。子どもをじっくり観察し、困っている課題や足踏みしてしまっている問題を共に解決するのは教師であり、気持ちや体力・時間的に余裕がある教師の方が子どもと向き合ったときのパフォーマンスが高いことは容易に想像できる。

教師という仕事がブラック化していると言われてしまっている現在、デジタル化によって様々な校務・教務が省力化可能になっているのだから、空いた時間でゆとりを持って子どもたちの書いた文や日ごろの作品、進度や子どもたちの悩みに向き合うことができるのではないだろうか。一人ひとりの子どもに向き合うのは機械ではなく教師である。教師に余裕がない状態で子どもと個々に向き合うことはできない。「教師の気持ちに余裕があること」それが個別最適な学びにつながっていくのではないだろうか。

（中村　征司）

楽しくて便利だから使う
学級なかよしでのタブレット端末の活用

» 学級なかよしで楽しく使う

「次回はこの作品の続きをつくるよ」

「いいなあ。私も次は映画をつくろうかな」

　学級なかよしの時間に、筆者の学級（5年生）でお楽しみ会を終えた後に聞こえてきた子どもの声である。

　このときは総勢10名の映画グループが立ち上がり、学級なかよしの時間や休み時間を利用して、脚本づくり、撮影、編集を行った。そしてお楽しみ会当日に上映したのである。映像はオープニングのタイトル表示、エンディングのスタッフロールまであるこだわりの作品だった。

» タブレット端末で変わるお楽しみ会

　お楽しみ会では、子どもたちが企画を持ち寄って出し物や、クイズ大会などをして楽しんでいる。そのようなお楽しみ会での子どもの姿は、タブレット端末が配布されたことで大きく変わった。例えば先程映画についてつぶやいていた子のいる筆者の学級で行われたお楽しみ会のプログラムは以下のようだった。

〈お楽しみ会での出し物〉

　ダンス発表、YouTube（動画を撮映・編集してみんなに見てもらう。インターネットでの公開はしない）、マジック、あるある大会（大会に出場した子は、お題に基づき即興でネタを披露する）、映画、イス取りゲーム

　これらのプログラムの内、タブレット端末が使用されなかったのは、あるある大会という出し物一つだけであった。この出し物は自分の発想と演技力をその場で披露する内容であったのでタブレット端末を使う必要がなかったと考えられる。多くのグループがタブレット端末を使用したということはつまり、子どもたちにとって、タブレット端末は必要に応じて使って当たり前となっているのだ。

» 便利だから使う

　ダンスグループは、インターネット検索で踊ってみたいダンス動画を探していた。踊りたいダンスが決まったら、個々に練習するのにタブレット端末を使用したり、グループで集まって練習したりするのに使用していた。

　マジックグループはマジックのネタ探しをタブレット端末で行い、その後動画を見ながら練習していた。

　YouTubeグループも動画撮影した映像を切り取り、複数の映像をつなげて、文字を画像に入れたり、音楽をつけたりして編集した。

　映画グループは、データの共有をしながら共同作業で脚本や動画の編集を行っていた。

　イス取りゲームグループは、YouTubeでイス取りゲーム用音楽を見つけて、音楽の再生スピードを変えると楽しみ方が変わるのか実験していた。自分たちは審判になったり、イスを少しずつ減らしたりするルールづくりへと、運営に力を入れていた。

　このように、使うと便利だと思えるような状況があって、目的に沿った使い方であれば自由に使ってもいいという環境があれば、よりよい表現のために子どもたちは力を発揮する。タブレット端末を活用した表現力が身についていく。

》「タブレット端末あり」お楽しみ会での教師の役割

お楽しみ会に向けた準備中の教師の役割をあげてみると以下が考えられる。

・活動時間の設定
・活動場所の保障（子どもから教室以外も使いたいと聞いたら認める）
・タブレット端末使用に目的意識を持たせる

以上である。最後の項目以外は、タブレット端末がなかったときと変わらない。

具体的な準備場面での子どもへの関わり方は、全てのグループを順番に見て回りながら、「おもしろい」「よくできているね」と言いながらほめることである。そうして、子どもたちが自信をもって、みんなの前で発表できるように励ましたり、勇気づけたりしていく。これもタブレット端末がなかったころと同じだ。

異なるのは各グループの準備の様子を見て回りながら、タブレット端末の使用の仕方についても気を配るようにすることである。

活動が停滞すると、関係のない写真を見たり、ネット検索したりという使い方をする。しかし、お楽しみ会が近づくと、どの子も準備、練習等、活溌に動くようなるので、そのタイミングを見逃さずにほめるようにする。もちろん、出し物の準備と無関係な使用をしていた場合は短く、簡単に注意をする。

お楽しみ会当日は、発表した子どもがやってよかったと思えるように、教師は発表を聞いて子どもたち以上に楽しみ、喜び、一番の聞き手になるよう努める。

また映像や音響でトラブルがあって、子どもだけで復旧するのが困難なときはフォローに入る。時間がかかりそうなときは、司会の子どもに「少し時間がかかりそうだから、発表の順番を入れ替えてあげよう」と助言する。あくまで主役は子どもたちなので、目立たないように裏方として働く。

》楽しいから子どもは動く

子どもたちは面白いと思える他の子の発表に出会えると、どうやってつくったのか知りたくなるし、自分もやってみたくなる。

本稿の冒頭に出てきた「私も次は映画をつくろうかな」がやってみたいことに出会えたときの子どもの姿だと感じる。

この楽しい経験が、子どもたちが自分で動く環境づくりになる。

準備にかかる時間や手間にやりがいを感じられるので努力できる。

タブレット端末を用いることで、発表をつくる方法や、発表方法の選択肢が増えた。つまり、より創造的に表現することができるようになったと言える。

楽しく準備ができる。自分が発表することでみんなが楽しんでくれる。そして発表することに達成感を得ることができる。そうして、人前で発表することに抵抗が減っていく。

以上のように、子どもたちは便利な表現手段として、タブレット端末受け入れている。教科学習の枠にとらわれず、子どもたちの興味にあった発表がしやすいお楽しみ会だからこそタブレット端末を利用した表現する力が身についていくのではないだろうか。　　　（中野　直人）

「かがやく」の時間で、豊かな人生を切り拓く子どもを育てる

» はじめに

「かがやく」の時間は、令和4年度から4年間にわたり、本校が研究開発学校の指定を受けて研究する新設教科である。

本校の学習の様子を参観した先生方から「自分の思いや考えをよく話す子どもたちですね」という声をよく聞く。「私の学校の子どもたちはこんなに話せない」という声と共に「優秀な附属小の子たちだからできることでしょう」と言われることも多い。その度に私は「そんなことではありません。そのように育てているのです。どの学校の子どもたちも同様に育てることはできます」と答えている。すると必ず「ではどうすればこのように子どもたちは育つのですか」という問いを受ける。「まず、教師が教える、教師が説明するなどの教師の話す時間よりも、子どもたちが話す時間を多くするように意識しましょう」というような答えをすることが多い。「教師が教えなくては子どもは学ばないという教師の奢りを捨てよ」という考えのもと、日々の学習においても、「独自学習」と「相互学習」の往還によって、子どもが自分の学びを創り、互いに考えを交流することによって自らの学びを深めていくことを大事にしている。このことがまず、本校の子どもたちの学びに対する主体的な態度を支える大きな要因である。また、本校において、日常的に行われている「元気調べ」や「自由研究」などの果たす役割も非常に大きいと考えている。

ところが、本校の実践を他校にそのまま置き換えて実践を行ってもすぐに成果に繋がるかと言うとそう簡単ではない。なぜなら、各実践においては教師の教材研究の成果や教科特有の見方・考え方が働いており、環境設定も含めた教師の支援によって本校児童が力を伸ばしているからである。

そこで、今回の研究開発学校指定に関わる研究を通して、それらが明らかにされ、共有され、整理され、他校でも実践可能になるような形にまとめることを目指したいと考えた。

本稿では、研究開発学校実施計画書にある4つの仮説に沿って、児童の様子も例に挙げながら「かがやく」の時間について述べる。

» 1 研究開発課題

様々な社会的変化を乗り越え、豊かな人生を切り拓く子どもを育成するため、自らの生活を語る「かがやく」の時間を新設し、力強く自分の考えを伝えようとできる言語能力を育成する教育課程と指導法を研究開発する。

» 2 研究の概要

本研究は、学習指導要領総則の第2の2-（1）に示された学習の基盤となる資質・能力の言語能力について、より高度な言語能力の効果的育成を目指す教育課程を研究開発することをめざす。具体的には、新教科「かがやく」の時間を設定し次の4点について研究を進める。

①教科書の文脈ではない子どもの文脈を重視したパフォーマンス課題の学習により、効果的に言語能力を育む。

②一人ひとりの学びの文脈を重視することで「自分の目標・知識・可能性を発達させ、社会に参加する力」「学びを人生や社会に生かそうとする力」といった学びに向かう力・人間性等を涵養する。

③「教わってから考える学習」から「考えてから教わる学習」への転換をはかり、そこでの効果的な指導法を究明する。

④国語科を中心とした教育課程全体の授業時数を削減しつつ、効果的に言語能力を育む新教科「かがやく」の時間の教育課程を明確にする。

» 3　研究の目的と仮説等

本研究の目標は、「現在十分になされていない言語能力の効果的育成を目指す教育課程を開発し、その効果を確認すること」である。この目標の達成のために「かがやく」の時間を新設し、そこにおいて次のような目的を設定する。

目的１．一人ひとりの子どもの学びの文脈を重視したパフォーマンス課題を設定することで、効果的に言語能力を育成できることを確認する。

目的２．一人ひとりの子どもの学びの文脈を重視するからこそ、「自分の目標・知識・可能性を発達させ、社会に参加する力」「学びを人生や社会に生かそうとする力」などの学びに向かう力・人間性が涵養されることを確認する。

目的３．一人ひとりの子どもの学びの文脈を重視した「かがやく」の時間で、「考えてから教わる学習」の効果的な指導法を究明する。

目的４．「かがやく」の時間では、教科横断的なトピックを通して言語能力育成に寄与し、その結果として従来の国語科の内容のおよそ40％を削減する他、全教科を合わせた総時間が削減できることを確認する。

研究仮説

本研究では、言語能力を効果的に育む新教科「かがやく」の時間を設定する。言語能力の育成は、「国語科を中核としつつ、全ての教科等での言語の運用を通じて論理的思考力をはじめとした種々の能力を育成するための道筋を明確にしていくことが求められる（言語力育成会議

資料５）」とされてきた。しかし、国語科の学習指導の中で、「話すこと・聞くこと」、「書くこと」の指導を充実させることができず、結果的に十分な言語能力を育成できていないことや、言語の運用を通じて教科横断的に言語能力を育むことも十分な成果をあげられているとは言えないことが指摘されている現状に鑑みれば、「話すこと・聞くこと」や「書くこと」を国語科から移管し、必然的に教科横断的な学びを展開できる新教科として扱うことが相応しいと考えている。この新教科「かがやく」の時間について、以下の４つの仮説を設定して研究開発を進める。

> **仮説１**
> 「学びの文脈を伝える言語能力」「文脈を受け止め深化発展させる言語能力」の育成のためには、「学びの文脈を伝えるパフォーマンス課題」を設定し、反復して自分らしさを表現することに取り組み続けさせることが有効である。

仮説１の「言語能力」の育成は、次の２段階から成り立っていると考える。

第１段階

一人ひとりの子どもの学びの文脈を伝えるパフォーマンス課題として、例えば低学年の「自己紹介」「宝物を紹介しよう」や中学年以降の「最近、ぼくが気になっていること」「自由研究発表」などを想定している。こうしたパフォーマンス課題に取り組む中で、子どもたちは次図で示されるプロセスを経て言語能力を高める学びを重ねていくと考えている。

子どもたちは、まず、自分の中で発表できることは何かを見つめる作業を始める。そして、発表できそうなことの中で何を伝えるのかを探り始める。時にはこれまでに知っていることに

自分の発表の中で何が発表できるのか	得意なこと 好きなこと 熱中していること 調べたこと 見てきたこと …	⇒	その中で一番伝えたいことは何か	やり方の説明 好きな理由 その面白さ おどろいたこと 不思議さ …	⇒	どのように伝えるか 伝え方の工夫	模造紙に書く 文章、絵、図表、 グラフ、写真、 身振り・手振り 実演、実験、映像 …

加えて調べたり、資料を集めたり、試してみたりと様々に探究活動も行う。その過程で自ずと言語活動も活発になり、語彙等も増えていくに違いない。「僕は、大好きな恐竜のことを発表しよう。恐竜が生きた時代は中生代白亜紀だから…」と、曖昧であった知識を確認して語彙や知識も増やしていく。友だちが知らないことを発表するのだから、正しくわかりやすく伝えたいという意識も働く。発表するために、模造紙にまとめたり実演や実験の準備をしたりするかもしれない。一人に一台配付されたICT機器を調査や表現のツールとして活用する子も出てくるだろう。実際の発表に向けては、身振り手振り、絵や図表を使う、実演・実験を交えるなど、よりわかりやすい発表へ向けてのシミュレーションや練習も重ねていくことになる。こうした学びの中で「学びの文脈を伝える言語能力」を育んでいく。

第2段階：

　十分な準備を重ねた友だちの発表を聞くことは、他の子どもたちにとっても楽しい学習となる。そして、その発表を聞いた後に自分たちが「おたずね」をし、そのことによってさらに発表されたことが深まったことを実感できるようにすることがとても重要だと考えている（下図）。

　本校では、子どもも教師も、発表や話の後に「おたずねはありませんか」という言葉を盛んに使う。一般的に使われる「質問」が硬い雰囲気の言葉であるのに対し、「おたずね」は子どもの学びの世界から生まれた応用力のある優しい言葉だからである。

　子どもたちは、友だちの発表を興味津々で聞く。その際には、自分がその発表に「おたずね」をすることを想定して発表を聞く。自分が「おたずね」できるためには、聞きながら発表の中心や発表のよさを意識することが重要であ

友だちの発表を聞く	発表の中心は何か 面白さ、不思議さ 発表のよさ 資料や手法 分かりやすさ	⇒	友だちの発表に「おたずね」する	・自分の関心につなぐ ・友だちの考えとつなぐ ・前回や友だちの発表とつなぐ ・発表のよさにつなぐ	⇒	発表を深める「話題」をつくる	・発表内容の中心に迫る ・面白さ、不思議さに迫る ・発表のよさに迫る

る。「おたずね」するにあたっては、自分の関心とつなげたり友だちの考えにつなげたりその発表のよさにつなげたりと、様々なことにつなげることも意識させたい。こうしたことを意識づけながら、その友だちの前回の発表や別の友だちの発表、さらには他教科の学習内容などと、その日の発表内容を俯瞰して「おたずね」できる力を育んでいく。「おたずね」とその応答によって、内容を深めていくことへの意識も重要である。そのためには、発表内容の中心、その発表の面白さや不思議さ、発表のよさなどに迫る話題を形成していくことも意識させたい。こうした学びの中で「文脈を受け止め深化発展させる言語能力」を育んでいくことができると考えている。　　　　　　　　　（計画書　仮説1）

〈仮説1から私は次のように考えた〉
「教科書ありきでない、自分らしさを生かした自分の学びを創る」
　国語科の教科書の「話す力・聞く力」を養うことを目的とした学習活動が例示されているページは、全国すべての児童を対象に仕組まれているため、そこに示された課題にそって行われる発表内容は、個々にとっての必然性がどうしても弱いものになりやすい。必然性の弱い発表は、発表者本人の思い入れも弱くなる。すると聞いている側にとっても伝わりにくく、つまらないものになってしまう。発表者側にとっても聞く側にとっても必然性の弱い、つまらない発表では、一定の形としての学習は成立するかもしれないが、その時間で完結してしまい、そこで得たものが今後の生活の中で生かされたり、更なる学習に発展したりするようなことになりにくい。今、教室内で行われる学習の多くが、教科書の内容をなぞり、期限までに終わらせることが一番の目的となっているため、子どもに

とっての必然性が弱く、主体的でもない、形だけが整ったもので終わっているのではないか。
　もちろん、教科書編集者側の意図としては、あくまでも一つの形を提案しているのであって、それぞれの学校や学級の実態に合わせて工夫してほしいという考えであろうが、現場ではほとんどその提示通りに実践が行われているのが実態であろう。「かがやく」の時間では、自分の生活と発表の内容につながりが見られるような課題設定を考えるため、児童の個性が発揮されやすくなる。
　また、教科書の単元構成では、数か月ごとに「話す力・聞く力の育成」を目的にした単元が配置されるが、時々ではなく、日常的、継続的に力を育成する活動を行うことが重要であると考えている。

> **仮説2**
> 　一人ひとりの子どもの学びの文脈を重視した学びの反復で、「自分の目標・知識・可能性を発達させ、社会に参加する力」「学びを人生や社会に生かそうとする力」といった学びに向かう力・人間性等を涵養することができる。

　仮説1で設定したパフォーマンス課題に取り組むことで、「自分の目標・知識・可能性を発達させ、社会に参加する力」「学びを人生や社会に生かそうとする力」といった学びに向かう力・人間性等を育むことができると考えている。その理由は次の通りである。
　子どもたちは、友だちの個性的な発表を聞くことで、一人ひとりの「その子らしさ（個性）」を見つめていく。そして、それぞれの友だちのよさに気づく中で、自分も、「自分らしさ（個性）」を持ちたいという願いを強くしていく。そして、「自分らしさ（個性）」を見つめ

る個性的な追究に取り組み発表しようとする経験を重ねる。同時に、子どもたちは今の自分の個性がどのように、これからの人生や社会と関連するのかに気づくこともできる。

こうした経験の積み重ねの中で、子どもたちは少しずつ自分への洞察を鋭くし「自分らしさ」に磨きをかけていく。だからこそ「自分の目標・知識・可能性を発達させ、社会に参加する力」「学びを人生や社会に生かそうとする力」などの学びに向かう力・人間性等を育み、「力強く自分の考えを伝えようとできる」言語能力を、効果的に育成することができると考えている。

これらの積み重ねの根本には、幼児期の教育も大きく影響してくると考えられる。1対1の対話から1対多の対話へ、また自己中心的思考から客観的思考へと変容していく幼児期において、周囲の大人や友だちの助けを借りながら、自分の考えを言語化する経験の中で、学びの連続性を捉えることが「力強く自分の考えを伝えようとできる」言語能力の育成につながると考えている。　　　　　　（計画書　仮説2）

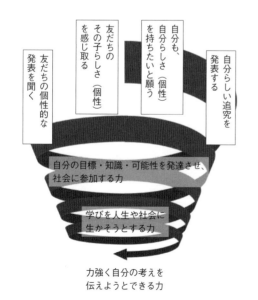

自分らしい追究を発表する

自分も、自分らしさ（個性）を持ちたいと願う

友だちのその子らしさ（個性）を感じ取る

友だちの個性的な発表を聞く

自分の目標・知識・可能性を発達させ、社会に参加する力

学びを人生や社会に生かそうとする力

力強く自分の考えを伝えようとできる力

〈仮説2から私は次のように考えた〉

「友だちの考えや活動のよさがわかり、他者の学びを自分の学びに取り入れ発展させることができる子どもを育てる」

友だちのよさを見つけよう、認めよう、尊重し合おうという意識が、自分のよさをも尊重してもらえる環境づくりにも繋がり、そのことが「自分らしさ（個性）」を発揮することへの意識の高まりへと繋がっていくと考える。自分の思いを表現しても受けとめてもらえるという安心感があると自己表現がしやすくなる。教師がまずそのような環境を整えることが重要である。教師はことある毎にその環境を創ることを意識した促しや、誘いなど出方を考えねばならない。

また、学びの文脈への意識を高めることについては、めあてを持って学習に臨み、後にはふりかえりを行い、また次時への意識を高めるというような日々の学習活動が繰り返されることが重要だと考える。特に、本校の児童が毎日書き続けている日記が、そこに大きな影響を与えることができると考えている。

ある日の2年星組の「かがやく」の時間で、一人の児童が自分の飼っているかたつむりについて発表を行った。「かたつむりはコンクリートを食べます」という内容に多くの児童が興味を示し、発表後のおたずねでもそのことが話題となった。発表を聞いたある児童はその時間のふりかえりとして、次のようにノートに書いていた。

> コンクリートにカルシウムが入っているから食べると聞いて、どうやってカタツムリはコンクリートにカルシウムが入っていると分かるのか気になりました。そのことについて自分でも調べてみたいです。

まず、友だちの発表をただ何となく聞くだけ

でなく、この児童のように心を寄せて聞けるように育てたい。本校での「おたずね」「つけたし」「かんそう」といった他者の発表に対しての聞き手の次の行動は、心を寄せて聞くことに繋がる手立ての一つだと考えている。先のふりかえりを書いた児童も、「どうやってカタツムリはコンクリートにカルシウムが入っていると分かるのか」という自分なりの問題を持つことができた。しかし、一般に子どもの中に生まれるこのような問題は解決されずに捨て置かれることも多いだろう。しかし、この児童は自分の中から生まれた問題を放置せずに追究を行っていった。

　次はそのことに関する日記である（読みやすいように漢字に変換して載せている）。

4月22日（金）「カタツムリ」
　今日、Hくんの話を聞き、どうやってコンクリートにカルシウムが入っているのか不思議になりました。私は1年生の時、カタツムリのことを調べました。大きい触角は明るさや暗さがわかるのと、小さい触角は味とにおいをかぎ分けます。それを繋ぎ、カタツムリにはカルシウムのにおいがわかるのかなと予想しました。
　このことをどうやって調べたらいいのか、考えてみたいです。自由研究発表にしてもいいかもしれません。

5月12日（木）「カタツムリの触角」
　今日、かたつむりを見て、触角をさわりました。すると、すぐに触角を引っ込めました。
　引っ込めたとき、殻ではないのどの部分に黒いのがありました。それは引っ込めた触角です。引っ込めた触角は、のどの所に入っています。
　触角の一番上の場所には、横幅1mmの半分の丸い穴があります。もしかすると、その穴からにおいが入り、体に何かわかるようになっているのだと思います。どうやってその実験をすればいいのかな。

5月14日（土）「カタツムリの触角」
　今日、カタツムリの本を四冊借りてきました。前の日記で、「小さい触角は暗さがわかる。大きい触角はにおいをかぎわけるもの」と書きました。でも私が見間違えたのです。小さい触角はにおいをかぎ分ける。大きい触角は危険がないかさがすのと、目で少し見える役割があります（見えるのは少しだけ）。借りてきた本のどれにもそう書いてあるので、それは合っていると思います。
　ちなみに、大きい触角のことは、大触角という名前で、小さい触角は小触角という名前があります。
　私の疑問は「コンクリートの中にカルシウムがあると、どうやってわかるのか」です。きっと、小触角で、においでわかるのだと思いますが、『元そがわかるじてん』で調べても、カルシウムににおいがあるかわかりませんでした。
　カルシウムににおいがあるか実際に私がカルシウムのものを集め、においをかいでみますが、カタツムリにはカルシウムのにおいがわかって、人にはわからないにおいなのかもしれません。

　その後もこの児童は、次のように自分で本を調べたり、観察や実験をしたりしては、そのことを日記に綴っている。

5月18日「かがやくの発表」触角と、のどのこと
5月24日「かたつむりのたまご」
6月1日「かたつむりがすきなたべもの」
6月4日「かたつむりがすきなたべもの大じっけん」
6月5日「かたつむりのじっけんのけっか」
6月8日「かたつむりの一番好きなもの、ダンボールと紙」

　4月22日の日記に、その日の「かがやく」の時間のことを書き、その中でもう一度学習をふりかえりながら、自分の中から生まれた問題を

明確にできたことが、このような1か月以上に渡る追究を続けられることへと繋がったと考える。

　日記がなければ、この児童の疑問や生まれた問題は学習のふりかえりの時間だけのこととして、捨て置かれることになったかもしれない。その日の学習をふりかえり、「かがやく」のことを書こうと考え、もう一度学習を思い起こしながら、自分の考えを整理し日記に綴る。この作業を通して、学習時に沸いた疑問や問題がより明確なものになっていき、自分ごとの学びとしてさらに深化させることへ繋がった。このように本校の「日記を毎日書く」という活動は、個々の学びの深化に大きく影響していると考える。本研究を通して、本校での日記のあり方、教師の関わり方も含め、日記がもたらす効果や影響についても整理し明らかにしていきたい。

> **仮説3**
> 「教わってから考える学習」から「考えてから教わる学習」への転換を実現することで、効果的に言語能力を育む指導法が究明できる。

　平成27年に国立教育政策研究所から出された「資質・能力を育成する教育課程の在り方に関する研究報告書1〜使って育てて21世紀を生き抜くための資質・能力〜」の中で、「子供は失敗から学ぶ力を持っている（生産的失敗法）」という教育手法について報告されている。「子どもは教えないと考えることはできないのか」との疑問から行った実験の結果として、「考えてから教わるクラスでは、教わってから考えるクラスより、概念を深く理解し、応用問題で優秀な成績を収めた」ことが報告されている。必要な知識を教えてから考えさせるよりも、教わる前に自分たちで考え、その上で必要なことを教わった方が概念を深く認識できることが示さ

れているのである。

　仮説1で設定したパフォーマンス課題での発表は、予め必要な学習内容を教わってから考えられたものではない。子どもが考えた発表内容に合わせて、学級として学び取るべきことを教わる学習を実現することができれば、予め必要事項を教わってから考える学習よりも、より深い概念理解が得られると考えられる。

　「教わってから考える学習」から「考えてから教わる学習」への転換を目指すにあたっては、発表内容に合わせて学び取るべき能力を抽出し、その能力の指導系統を明らかにしていく必要がある。研究の過程で明らかにすべき能力ではあるが、例えば次のような能力を想定している。

・伝えたいことの中心を捉える。
・伝えたいことの構造を俯瞰する。
・伝えるために必要な情報を収集する。
・情報を正確に理解し必要なことを取り出す。
・わかりやすく伝えるために、必要な資料や手法を選択する。
・伝えたいことの論を組み立てる。
・組み立てた論を効果的にプレゼンテーションする。
・算数科、理科、社会科など様々な領域から、必要な概念を見つけ出す。
・既得の知識や経験と結びつけて分析・評価し、自分の考えを練り上げる。

　これらの能力の指導系統を明かにするとともに、子どもたち自身が自覚的にこれらの能力に迫っていくことができる指導法を究明していきたいと考えている。　　　　（計画書　仮説3）

〈仮説3から私は次のように考えた〉
「すぐに目に見える結果を求めると教えてしまう。しかしそこで目に見える結果は本当の生きてはたらく力になるのか。じわじわと伸びてい

くという人が成長することの本質に目を向ける」

2年生星組での「かがやく」の時間の一幕を紹介する。

（その時間の発表者である一人の児童が、自宅で育てている白いいちごと赤いいちごについて発表を行った。発表後、それに対する感想やおたずねを聞き合うやりとりが行われた）
C：白いいちごがどうしてできるのかなと思って考えました。たぶん、お日様があたっていないから白くなるんじゃないかなと思いました。
発表者：この白いいちごは、種類がそういうものなので、お日様があたるかどうかは違うと思います。

日当たりと植物の成長についての発言内容もよく考えていると思うが、私はこのとき、次のように言った。

T：（板書で「どうして」→「たぶん」と書いた所を指しながら）友だちの発表を聞いて「どうしてかなあ」というのを見つけること、大事にしてほしいなあ。しかもね、〇〇さんは「どうしてかなあ」で終わらせずに、「たぶん」で自分の考えを言えたよね。これ、すごいなあ。

教科書の単元をなぞるように、「教わってから考える学習」としてこの場面を考えるなら、発表時や意見の交流時、対話的な学びの場面での一つの話型として「どうして〇〇なんだろう。たぶん□□だからだと思います」という書き方や、話し方を決めてから全員に考えさせる、書かせる、発表させるという学習活動が行われるのだろう。しかし、そこには子どもの必然性がない。子どもたちにとっては、その一時の学習、

練習として活動は終えられていく。それでは、次にその話型を生かす場面がイメージされない。だから定着しない。もちろん、この時間の私（教師）の出方によって、果たしてどれぐらいの児童に私が注目した内容が伝わり、生きて活用できるようになるかは未知数である。しかし、少なくとも本校ではこの学びを生かすことができる場面は日々設定されている。意識があればこの話型を発表や発言に生かすことができる。自分が忘れていても、意識がなくても、まわりの誰かが生かすことで、繰り返し教師が取り上げたり、注目させる出方をしたりすることで、またその都度考える機会が持てる。するとそのうちに自分に取り入れることができるようになっていく。人が成長するということはこのようなちょっとしたことの繰り返し、積み重ねによって成されていくものなのだ。

これまでの日本の教育では、あまりに短期、もしくはその場で見える結果を求め過ぎてきた。「学びに向かう力・人間性等の涵養」とあるように、じわじわと水が染み入るように力を伸ばしていく我々教師の捉えが必要である。

> **仮説4**
> 「かがやく時間」の学習は、教科横断的なトピックを通して言語能力育成に寄与し、その結果として従来の国語科の年間授業時数のおよそ四〇パーセントを削減する他、総授業時数を削減することが可能である。

仮説1で設定したパフォーマンス課題においては、それぞれの子どもが自分の文脈に沿った追究を進め、その結果を発表していく。発表の内容は、子どもの遊びの延長であったり知的好奇心に基づくものであったりと多岐にわたるため、必然的に理科的な分野や算数的な分野や社会的な分野など、多方面での教科横断的な学び

が展開できる。年間を通しての発表内容を分析し、教科横断的に取り組む内容や他教科から削減する内容の検討を進める。

具体的には、仮説3に例示した言語能力に関する内容の他、「表とグラフ」等の統計資料を扱う内容、自然観察や実験を扱う内容、訪れた場所の地理等を扱う内容など、毎年必ず発表内容として現れるものを抽出し整理することで、他教科から移行できる内容や教科横断的にカリキュラム・マネジメントする内容を検討する。

（計画書　仮説4）

〈仮説4から私は次のように考えた〉
「『かがやく』の時間を中心とした児童主体の学習によって、『話す・聞く』『書く』力を効果的に育成できる。それにより、国語科の教科書の内容削減を図り、カリキュラムオーバーロードの解消に繋げる」

先述のように、一般的に多くの公立学校で行われている、教科書で設定された「話す力・聞く力」の育成を目的とした活動では、どうしても児童にとっての必然性が弱くなってしまいがちである。そのような学習で得た知識や技能が、その後の生活に生かされていないという実態に対して、私は「かがやく」の時間の学習によって、その生きてはたらく力の育成ができると考えている。

また、「かがやく」の時間に行う資料作成を通して「書く力」の育成もできると考えている。「書く力」を育成する学習は、子どもたちにとっての「書かされる」活動にならないようにしたい。「教師の求める一つの形に書きあげた」という成果重視の活動による、画一的な指導に偏らないようにしたい。それは、皆が同じような形の文章を求められるのでは、子どもたちにとっての面白みもなく、学習の個性化も図られないと考えるためである。これでは学習への意欲的な態度も伸ばせないであろう。自分が発表したい、自分だけの発表のための資料づくりだからこそ必然性も生まれる。国語学習の、主に低学年における説明的文章を読む学習で学んだ「わかりやすく伝える工夫」も生かされる。これでこそ本当の力に繋がるのではないだろうか。

私たちは「かがやく」の時間に加え、本校で行っている「日記」「めあてとふりかえり」「独自学習と相互学習の往還」といった活動が、子どもたちの生活で日々繰り返される環境を設定することにより、それらが一体となって「話す力・聞く力」「書く力」を効果的に育成できると考えている。これにより、まずは国語科の授業時数の削減に取り組み、その後、全教科に渡るカリキュラムオーバーロードの解消へと繋げていきたい。

（西田　淳）

私が見た奈良女附小

　私は令和4年度に、この奈良女子大学付属小学校に赴任した。4月1日、初めて出勤する日のこと。「どんな学校かな」「どんな先生方がいるのかな」不安と期待半々で、門のインターホンを鳴らした。職員室に入ると…あれ、人が少ない。主幹の先生が、学校の様子を説明してくれた。私がこれまで勤務していた京都の公立小学校の4月と言えば、職員会議で学校長から目標とその意図を聞き、校務分掌を決め、学年会を行うという流れが一般的であった。それが、この学校にはなかった。最初の衝撃である。このような一般的に行われている年度当初のパターンは、この学校には必要がないのだ。これは、後に少しずつ先生方の姿を見てわかってくる。先生方の中には共通した育てたい子ども像のようなものが既に存在しているのである。

　赴任して数か月が経つが、これ以外にもいくつか衝撃を受けたことがある。そのことについて書いていこうと思う。

　一つ目は、先生方の姿である。学習中、どの先生も前に出ない。子どもたちに寄り添い、ときに支援しながら、子どもたちと学習を創っている。子どもたちを粘り強く見守ることで、子どもたちの自律的な学習力を伸ばしていこうとしている。アクティブ・ラーニングや主体的・対話的で深い学びといったキーワードが出てくるよりはるか昔から、学習の主体は子どもたちであるという文化が受け継がれてきているのである。それぞれの先生によって少しずつやり方は違っていても、どの先生も目指すゴールは同じであることのすごさを感じている。なぜこのような文化が受け継がれているのか、非常に興味がある点である。この答えは、子どもたちが教えてくれてるように感じている。私自身、子どもたちの行動を見ることで、なんとなくこうかなと理解できた部分が大きいように思う。

　二つ目は、子どもたちの姿である。子どもたちは、自分たちで学習を創る力をもっている。一人ひとりがしっかりとめあてを設定し、それを解決するために独自学習を黙々と進めていく。独自学習の後は、相互学習で調べてわかったことやわからなかったこと、疑問に思ったことなどを聞き合う。友だちの考えにおたずねをしたり、新たな自分の考えをつけ足したりする。そうすることで、発表した子どもの思考が深まっていく。このような独自学習と相互学習を繰り返す中で、学習がどんどん進んでいくのである。

　三つ目は、日記について。この学校の子どもたちは、毎日日記を書く。内容は、放課後遊んだことや友だちのことなど、子によって様々だが、もっとも多いのが学習のことである。「今日、ダンスの学習がありました。見学していた友だちにしなやかさがないと言われました。次は、しなやかさを出すために足はしっかりと安定させて、手をなめらかに動かそうと思います。」これはある子どもが書いた日記である。1日のうち、心に残った学習についてふりかえり、次の時間のめあてが考えられている。自分が小学生のとき、家に帰って学習の内容をふりかえることがあっただろうか。きっとなかったと思う。子どもたちは、日記を書くという言語活動を通して、自分を内省し学習を繋いでいっているのだ。

　学習の主体は子どもたちで、子どもたちは優れた学習者であるというのは、私自身もこれまで大切にしてきたことである。その思いが形として表れているのが奈良女子大学附属小学校であると思う。このような先生方の願いを受けて、子どもたちは本当に楽しそうに学ぶ。自分の知らないことを教えてくれる仲間の話を、ワクワクしながら聞いている。このような姿が主体的に学んでいるの姿なのかなと思う。この学校で学ぶことはたくさんある。他の先生方や子どもたちに置いて行かれないように、学び続けなければいけないと感じている。　　　　（樫原　貴博）

個別最適な学びと協働的な学びを
一体的に育む「奈良の学習法」

私たちは、「独自―相互―さらなる独自」という学習展開を大切にしてきている。

まず、独自に追究を行い、自分ならではの考えをつくる。すると、自分の考えがどうなのか友だちの考えと比べたくなる。そこで、相互の追究（友だちの学びを聞き語り合うこと）が必要となる。自他の考えを語り合うと、必ず自分だけでは見えなかった新たな気づきや観点が生まれる。だから、新たな見地からさらなる独自の追究が進んでいく。

一人ひとりの個の追究を進める独自の（個別最適な）学びだからこそ、切実に友だちの学びを聞き合うことを求めるようになる。そこに相互の追究（協働の学び）が働き、一人ひとりに新たな見地がうまれ、さらに個の学びが深まっていく。個別最適の学びと協働の学びの往還を通して、力強い個の学びを育むのが「奈良の学習法」であると言えよう。

ここでは、そのような、力強い個の学びの力を育む学習の実際について、「しごと」（総合的な学習にあたる）・「けいこ」（国語や算数や体育など、教科にあたる）・「なかよし」（子どもの学習生活を自分たちでつくる時間）の部面からその実践の様子を紹介する。

〈「しごと」の学び〉

聞き合うことで深める

実際に体験する

ICTを活用

奈良にリニア（4〜6年）

清水 聖

1 題材との出会い

4年生の4月、新しい学級になり、「しごと」学習の題材について少しずつ話し合いを始めた。奈良市内でときどき見かける「リニア新駅を奈良市に」の横断幕について話す子どもがいた。県内では、生駒市や大和郡山市もそれぞれ各市内にリニア中央新幹線新駅の誘致を進めている。それぞれにその必要性と妥当性を主張し合い県内では未統一である。立場が違えば主張も異なることを学習するよい機会と考えた。

2 独自学習をはじめる

まずは、リニアについての独自学習から始めた。その一つを紹介する。

（T助）「候補地の観点別評価」

各市が誘致に取り組んでいることから、T助は観点別に各候補地を評価付けし、表にまとめることにした。奈良市、生駒市、大和郡山市、京都市の四市に加え、大きなショッピングモールを有する奈良市高の原も候補に入れて評価した。交通アクセスについてはお父さんに聞いて、各観点（直進性や人口、観光など）で順位付けし、点数の小さいものが最も相応しいと考察した。

3 リニアの候補地について考える

調べたことを発表し合う中で、JR東海によると、名古屋一大阪間の中間駅については「奈良市付近に」と計画されていることがわかった。

中間駅はどこにすればよいのか考え始めた。考察の観点はT助の独自学習がもとになった。様々な観点から各候補地を評価していくと、それぞれに一長一短があることがわかってきた。

4 現地視察

子どもたちは、候補地となる現地の視察を望んだ。そこで、奈良市、生駒市、大和郡山市の3市に電話をかけ、それぞれが考える誘致の詳しい地名や場所とその理由についておたずねしたところ、回答を得た。

奈良市は、①JR奈良駅と近鉄奈良駅の地下案②JR平城山駅に接続する案。

生駒市は、高山地区という山間部につくる案。

大和郡山市は、JRと近鉄の線路が交差する場所に新しく駅をつくり、リニアをつなげる案。

都合4か所について、実際にバスで出かけて現地を視察してきた。視察の過程で、各地にいる住民や観光客におたずねもした。

この現地視察を通して、大和郡山案や生駒案に賛同する子どもは減ったようだが、奈良の中心地型案についてはやはり遺跡の存在の可能性が気になるようだった。

5 先に進むために

ここまで、観光面、工事の難易度、自然への影響、災害時の影響、直進性、人口、ホテルの有無といった、多観点で候補地を評価してきた。優先する観点を決めるにあたり、「誰にとって」を考えるよう指導した。

自社の利益はもちろん国自体の発展のために建設を進める「JR東海」、国の経済活動の発展のためJR東海に3兆円融資した「国」、「リニアを利用する人々」の三者にとって優先すべき観点を絞り込んでいくことになり、改めて独自学習に取り組んだ。

そして、上述の三者にとって優先すべき観点は何かを話し合った。そして、話し合いの結果、「直進性」「JRの儲け」「観光」の3つの観点に絞り込み、再度4候補地の検討に入った。

最後まで残ったのは奈良市内の2つの案（近

鉄 ‐ JR奈良駅地下案とJR平城山駅案）だった。一方で、議論の過程で、東大寺や若草山などの地下を通すことで「奈良らしさ」が失われ、県外から奈良への観光に悪影響がでるのではないかという懸念が学級に広がった。そして、3観点のバランスをとり、JR平城山駅を学級としての候補地として選択するに至った。

もちろん、その時点でその他の候補地にこだわりをもっている子どももいるため、それは大いに認めつつ、学級としての決定はJR平城山駅案が採用となった。

6　移動を体験してみる

子どもたちは学級の案として、中間駅を「JR平城山駅」と定めた。そして、平城山駅であるべき根拠をより明確にするため、懸念材料だった平城山からのアクセスのチェックをすることに決めた。県を代表する観光地である東大寺までの移動を実際にしてみた。

JR平城山駅から奈良公園まで移動する手段を調べると、タクシーによる移動を除いて、主に二つの手段があることがわかった。一つは、JR線とバスを使うルート。もう一つは、バスを乗り継いで行くルートである。二つのチームに分かれ、二つのルートで実際に移動してみた。

それぞれの移動の実際や感想を聞き合い、まとめをする段階で、平城山駅に停車する電車の本数は少なく観光客にとっては不便なため、平城山駅に中間駅をつくるべきではないのではないか、と述べる子どもが現れた。

そこで、今回のフィールドワークを踏まえ、学級として中間駅の候補地に選んだ「JR平城山駅」を候補地から外し、もう一度他の候補地から選び直すかどうか、考えることとした。一度学級として決定した「JR平城山案」だったが、調べれば調べるほどに、その都度後退するような気がした。

7　交通事情をもとに、平城山案を再検討する

再検討の前に、幾人かの子どもたちが関係各所におたずねをしてきた。

奈良県内の路線バスを運行している「奈良交通バス」と平城山駅の管轄であるJR西日本に対して、それぞれバスや電車の本数が増やす予定があるか、たずねてきたようだ。聞いてきた内容は、増やす「かも」しれないという不確定なものだった。

不確定だった要素を踏まえ、奈良市リニア推進課の方々をお招きして、おたずねした。

はじめに、奈良市として提案している2案（近鉄 ‐ JR奈良案・JR平城山案）を主張する理由についてお話しいただいた。それぞれのメリットとデメリットについては、子どもたちがこれまで考えてきた内容と奈良市の方々のご説明はほとんど同様だった。そのことについて、リニア推進課の方々も驚いておられるようだった。続いて、おたずねをさせていただいた。

Q　平城山案は現時点で観光客にとって不便だと思うがどう考えているか。

A　電車やバスは利用者の数に合わせて考えられている。駅ができたら増便した事例はあるが、現状だけでは判断できない。

Q　近鉄 ‐ JR奈良案では、春日山原始林や東大寺の地下を通るがどう考えているか。

A　現時点で観光地が近く、インフラが整備されている。大深度地下（地下40m）を通すことは不可能ではない。一方で奈良市として、歴史や文化は守らねばならないと考えている。

これらのやりとりを通して、子どもたちは、「奈良にとっての世界遺産とは？」「奈良のよさとは？」と考えたようだった。

8　学級としての結論

これまでの話し合いや活動を通して、「奈良

のよさ」や「奈良らしさ」とは何かに意識が向き始めたようだった。奈良に住む子どもたちが何を「奈良らしい」と感じているのか興味があったので、子どもたちに「奈良らしさ」とは何かを問うてみると、やはりはじめは、シカ、大仏、東大寺などが挙げられた。

なるべく早く、学級としての結論を導き出さなくてはならない。それは、かねてより奈良市リニア推進課の方から打診をいただいていた学習発表が目前に迫っているからである。実は、奈良市の主催する「奈良市再発見フェスタ〜リニアが拓く奈良市の未来〜」というイベントの中で、約20分間、我々がこれまで学習してきた成果の発表を依頼されていた。

ここでの発表に向けて、残る2案「平城山か、奈良か」の決着が急がれた。最後の話し合いを重ね、子どもたちは平城山を選んだ。

9 奈良市再発見フェスタ 〜リニアが拓く奈良市の未来〜 への参加

そして、2018年年6月24日（日）、奈良市西大寺駅に隣接するショッピングモールのロビーにてイベントが開催された。発表原稿とプレゼンは全員で協力して作成し、当日は代表の6名が登壇した。内容を一部紹介する。当日までに、子どもたちが何に迷い、何を大切に考え、平城山に決めたか、発表内容に込められている。

（―前略―）平城山か、JR・近鉄奈良駅か、このどちらかに決定するため、僕たちは何時間も使って話し合いを続けました。（―中略―）

奈良の「よさ」や奈良「らしさ」とは、昔のままで残っている雰囲気や自然、現代の人々のくらしと歴史との調和だと思います。これらに魅力を感じて、多くの観光客が訪れるのです。奈良県にとって観光業は大切なものです。観光客が来たいと思う奈良を残し続けることが大切だと考えました。

奈良の「よさ」や奈良の歴史を未来に受け継ぐことと、駅周辺の発展、奈良市・奈良県全体の発展を考えること。この2つを両立させることが大切であり、それができるのは、「平城山案」だと思いました。これが、僕たちの結論です。（―中略―）リニアが平城山にくることで、「奈良のよさや奈良らしさ」と「便利さ」が合わさって、「古くて、新しい奈良」になってほしいです。

「発展」や「未来」を象徴するリニアと、「文化」と「歴史」を大切にしてきた奈良県。この狭間で子どもたちは何時間も話し合いを重ねた。

話し合いを重ねるうち、1300年前のものがそのまま残っているという事実そのものが奈良の「よさ」であり「らしさ」であることに気づくことができた。また、それらを後世に伝えていくことが奈良の「役割」でもあることに気づき始めたようだ。かくして、葛藤に葛藤を重ねて候補地の決定に至り、発信したのである。

10 駅ができてからの奈良は

中間駅の場所を「平城山駅」と決め、一段落した感のある子どもたちに、「駅ができたあとはどうするの？」と問うた。

周知のとおり、奈良県の観光業における最大の課題の一つとして宿泊率の低さが挙げられ、子どもたちもそのことは理解している。リニアができて、遠方から奈良への移動時間が短縮されれば、必然的に宿泊客も減少するだろうと子どもたちは見込んでいる。そこで子どもたちは、奈良での宿泊客の割合を高めるためにはどうすればよいか、という問いを立てて学習を始めた。

英語が得意な子どもが、休日に奈良公園に出掛け、外国人観光客にインタビューをしてきた。「奈良になぜ泊まらないのか」という質問をしたところ、「ワクワクするホテルがない」、「奈良の観光はすぐ終わる」、「一日で終わる」、「見るだけ」という回答を得たそうだ。

この結果を子どもたちは、「奈良はついで？」ととらえたようだった。さらに「見るだけ」と言われていることに反論できる者はいなかった。

11 奈良は子どもが楽しめるのか？

「ついでに奈良」「見るだけの奈良」から脱却することを目的に、改めて奈良県の観光資源の現状を見つめなおすことになった。

「観光客としての楽しさ」「子どもとしての楽しさ」を視点に据えて奈良県の観光を眺めてみると、子どもたちは、奈良県には子どもが楽しめるような場所がほとんどないことに気がついた。言うまでもなく、歴史的に価値のある建築物などは数多くあり、それらを求める観光客には魅力ある街である。しかし、自分たちのような子どもにとってはどうかと考えると、楽しいと感じるものを見つけることができなかった。

奈良市観光課の方に、観光戦略についておたずねした。奈良市もアジア諸国を中心に現地でのPR活動を行ったり、SNSを利用した情報発信は行ったりしている。国内旅行者のターゲットを、「奈良ファン」の中心層である「40代以上の都市部居住者」、その予備軍である修学旅行生としているとの回答を得た。

そして、話し合いを進める中で、子どもたちはこれからの奈良の観光に必要な観点を見つけたようだ。以下はある子どもの日記である。

（M子）今日の学習で、観光地選びの新たな観点が出てきたと思いました。一つは、モノのように持って帰れるモノよりもコトのように持って帰れないモノということです。持って帰れず家にいたら何度も体験できないコトが大切だと思いました。二つ目は奈良らしさと新鮮味です。新鮮味は若い人や子どもを呼びます。しかし、奈良らしさを大切にして奈良でしか味わえないモノで呼ぶというのも大切だと思いました。だから、古風さを生かして新しいコトをつくれないかなと思いました。

12 「奈良にリニア」のふりかえり

3年間に及ぶ学習のふりかえりを紹介したい。

（K女）リニアでも観光でも、JR東海、国、住民、観光客、それぞれの立場から見て考えるのが難しかった。でも、それぞれの立場の中ですべてにメリットのある点を探すことで考えることができた。リニアでも観光でも、「古さを守ること」「新しさ」を取り入れることのバランスがポイントとなった。リニアでは、JR─近鉄奈良駅付近か平城山駅付近かを考えたとき、最終的には「アクセスは変わる、歴史はつくり直せない」ということで、東大寺付近の地下をリニアが通ることはダメだろうということになり、クラスとしては、平城山を選んだ。やはり、「二度とつくれない歴史」はこわしてしまったらどうしようもないし、歴史のあるものが残っていることは奈良ならではの魅力の一つで、住民にとっても観光客にとっても必要なものだから、優先的に守るべきだと思った。

おわりに

3年に及ぶリニアをめぐる一連の学習はこれをもって終了した。この学習の過程をふりかえってみると、物事を計画し実行することの難しさを、身をもって体験したよう思う。現実に、着工中の工区内で地域住民や行政との対立により工期が遅れているところも出てきている。

名古屋─大阪間の駅がどこになるかわからない。しかし、子どもたちは悩み抜いて結論を出した。そして、奈良に駅ができると仮定して、その後の奈良の観光の在り方についても考えを巡らせることができた。

実際に中間駅の場所が決まったとき、この3年間の学習を思い出し、子どもたちが自分の考えを再構築してその決定に自分なりの評価を与えられる大人になってほしいものである。

みんなが過ごしやすい「校内の設備」を考える（5年）

服部 真也

「気づき」から「学び」へ

朝の会で「登下校で利用する駅の構内に、耳の不自由な方のためのマークがあること」について発表をしたA女。知っていることや考えたことを聞き合ううちに、駅や駅周辺には、点字ブロックや手すり、エレベーターなど、体の不自由な方やお年寄りの方のための設備があることが見えてきた。

初めは「駅は誰が利用するためのものだろう」という発言に対して、「体の不自由な方」にばかり目を向けていた子どもたちであったが、B男の「駅には鳥や生き物もたくさん棲んでいるよね」という発言から、「駅前に花壇があるのは、生き物たちのためではないか」「散歩にやってくる人はきっと花壇があるとホッとすると思う」などと、視点を広げて考えていく姿が見られた。そうして、初めて駅を訪れる人やカフェに来る人、通勤・通学で使う人、買い物に来る人など様々な方々のために、様々な設備があることに気がついた。

別の学習で、ダイワハウスの研修センター「コトクリエ」を訪れ、「ここが学校だったらいいな」「廊下の壁がホワイトボードだったら、合宿の実行委員で打ち合わせをするときに使いやすいね」など、学校に取り入れたらよりよくなる設備について気づいたことを聞き合っていると、「学校も駅と同じで、私たち以外にもたくさんの人が利用するね」とC女。彼女の発言から、①どんな人が学校を利用するか、②その人たちにとって使いやすい場所になっているのかを考え始めることになった。

個の「学び」を紡ぐと、学びが深まる、学びが面白くなる

学校にはどんな人が来校され、過ごしているのだろう。早速聞き合うと、学校に通う子どもたちや先生、職員の方だけでなく、赤ちゃん連れの方、妊婦さん、日本語がわからない方、体の不自由な方、初めて参観に来られた方、業者の方など、様々な人が過ごしていることが見えてきた。「この学校は、様々な人にとって過ごしやすい場所なのか」というC女の問いかけから、グループに分かれて校内の設備について考えることになった。

【グループに分かれ、校内の設備の使いやすさを調査する姿】

「車椅子で過ごす方について考えるグループ」「赤ちゃん連れの親御さんについて考えるグループ」など、グループに分かれて学校の設備や校舎の特徴について考えた後、それぞれの視点を持ち寄り、グループごとの気づきについて考えることになった。

ア）多様な角度から物事を捉える

「車椅子で過ごす方について考えるグループ」の子どもたちから、現在、昇降口には階段1段

分くらいの段差があり、車椅子を使う人には負担が大きいからスロープをつけてはどうかという提案があった。初め、ほとんどの子どもが賛成していたが、「それでは、スロープに近い靴箱の1年生・2年生が靴を履き替えにくいのでは」という意見から、見直すことになった。

————

C1　今の昇降口の形のままスロープをつけると、車椅子は通りやすくなるけれど、スロープの近くの靴箱の低学年の子は、靴が取りにくく、転んでしまうかもしれないな。

C2　では、職員玄関にあるように、一部分だけスロープにしたらどうだろう。

C3　あのスロープは、車椅子を押してもらったり、自分で車椅子を漕いで進んだりしたけれど、脱輪しそうで怖かったよ。

C4　ということは、ある程度幅がないと、通りにくいということだね。

C5　段差を取ってしまった方がいいのでは。

C6　それは一見よさそうに見えるけれど、外から校舎に入るときに土や泥が入りやすくなってしまうから不衛生ではないかな。

C7　雨の日になると、今でも廊下に泥が上がってしまうもんね。昇降口に段差をなくしてしまうと、生活しにくくなるかもしれないね。

C8　車椅子の方は使いにくいままだよね。

C9　駅員さんが持ち運べるタイプのスロープを使って、車椅子の方の乗り降りをサポートしていたけれど、それを使えないかな。

C10　簡単に取り外しができるなら、みんなが使いやすい昇降口になりそうだね。

C11　少し話がずれるけど、スロープの前後に点字ブロックを付けるのはどうだろう。目の不自由な保護者の方がいらっしゃった場合、点字ブロックがないと危ないと思う。

C12　駅の階段の前後にも点字ブロックがあるか

ら、実際に体験してみたけれど、階段やスロープの前に点字ブロックがあるのとないのでは、怖さが違ったよ。

C13　ぼくは、付けない方がいいと思うよ。車椅子を押していて気づいたのは、少しの段差でも体に負担がくることだよ。踏ん張りが効かないから車椅子を使っているわけで、少しの凸凹で揺れてしまうと、余計痛く感じてしまったり、落ちそうになったりして危ないからね。

————

スロープや点字ブロックも、立場を変えて捉えると、かえって移動しにくいものになることに気づいた子どもたち。様々な視点から物事を見ることの大切さを学んだのではないだろうか。

イ）必要な情報を適切な状況で取り入れる

校内で、赤ちゃん連れの保護者の方をよく見かけることから、お手洗いの個室に赤ちゃんを座って待たせる「ベビーチェア」の必要性を語る子どもたちに対し、必要な情報を適切なタイミングで扱い、検討する姿が見られた。

————

C1　ベビーチェアは確かに必要だと思うけれど、どこにいくつくらいつけた方がいいと考えていますか。

C2　必要になるのは、赤ちゃん連れの親御さんだから、職員用トイレだと思う。大人は、私たちが使うお手洗いは使わないからね。

C3　職員用トイレの個室は、私たちの使う個室より大きいのかな。

C4　どうして大きさの情報が必要なの。

C5　ベビーチェアを設置すると個室内が狭くなるからだよ。私たちの使う個室より大きければそんなに狭くならないと思ってね。

T1　なるほどね。同じ大きさですよ。

C6 では、難しそうだね。ベビーチェアは、親が使っている間に待たせるためだから、保健の先生にその間赤ちゃんを見てもらったり、ベビーカーに座らせたりしておけば必要ないんじゃないかな。

C7 校内で赤ちゃん連れのお母さんは見かけるけれど、ベビーカーを押す姿は見たことがないよ。抱っこ紐で移動しているね。

C8 附属幼稚園の先生にインタビューしてみたら、幼稚園の個室にはベビーチェアが一つあるようだよ。それよりも、おむつ交換台が必要と聞いたよ。

C9 職員用トイレを一部多目的トイレに変えたらどうだろう。そうしたら、両方とも実現可能ではないかな。

C10 多目的トイレはどのくらいの大きさが必要か調べたよ。2m×2mが標準サイズだね。実際には、このくらいのスペースが必要だから、職員用トイレの大きさからみても、今のトイレを改築するのは難しいと思うな。

【長さを測り、現実的に可能かどうか考える姿】

C11 学校を建て替えるなら多目的トイレを建てるべきだけど、建て替えないのなら、保健室で待たせてもらったり、おむつを交換させてもらったりするのが現実的ではないかな。いろんな方のために設備をどんどんつけていくと、かえって使いにくいと思う。

C12 「二人以上の兄弟が何歳離れているか」のデータを調べたよ。年子の割合は9％、2歳差は32％、3歳差は27％だね。4歳差以降は11％、5％と少なくなっていくよ。2歳、3歳離れている兄弟が多いということは、上の子が1年生だったら、下の子が年中さん・年少さんということになるね。

C13 ベビーチェアやおむつ替えが必要ということは、1歳や2歳くらいまでということだと思うから、それでは4歳〜5歳離れるということになるんじゃないかな。

C14 4歳、5歳離れる兄弟は、11％、5％と少ないけれど、このクラスにもそれくらい年の離れた兄弟がいる子がいるから、やはりベビーチェアやおむつ替え台は必要だと思う。実際、どうしているのかをその親御さんに聞いてみた方がいいね。

————

赤ちゃん連れのお母さんをしばしば校内で見かけるため、実際のところどうしているのか、何が必要なのかをインタビューする必要が出てきた子どもたち。問いを解決するために、どんな情報をいつ取り入れるのがよいか、考えながら聞き合う姿が見られた。

ウ）日記を通して、冷静にふりかえる

授業中に感じたことや考えたことを、日記を通して冷静にふりかえると、新たに考えが浮かんだり、思考が整理されたりする。初めて校舎に入った方にとってどのような校舎案内があるとよいかについて、音声案内を作成したグループの提案を受け、綴った日記である。

「音声案内」を制作したグループは、初めて来校された方のために、昇降口や職員玄関などに音声案内のタブレットを設置してはどうかと考えた。ちょうど外部の先生の参観があった時間

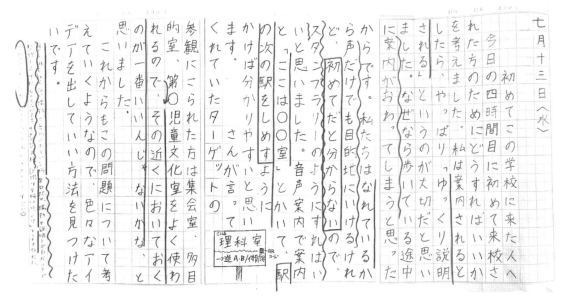

【家でさらに考え続けたD女の日記】

だったため、「この部屋までどうやって来られたのか」「初めて来校して、迷わなかったか」など、インタビューしながら考え進めた。

参観の先生とやりとりするうちに、大人はスマートフォンを持っていることが多いことに気がついた。音声案内のQRコードを作成し、それをスマートフォンで読み取れば、タブレットを設置するよりも使い勝手がよいと考えた。

どこにQRコードを置くのがよいか、話が進む中、「普段タブレットで地図を見るときは、縮尺が小さいからピンポイントで現在位置が表示されるけれど、校内など狭い範囲では、大まかな位置しか表示されず、どこにいるかはっきりわからないようだ」とE男。地図を拡大すると、現在位置が詳細には表示されないことがわかった子どもたちは、振り出しに戻ったように、「すでに校内に案内図があるからよいかもしれない」などと呟く姿も見られ始めた。

病院のように足元に矢印や足跡を設置する案や、学校案内パンフレットに地図を載せる案など、案を出し合ううちに授業時間が終わったた

め、次の時間に持ち越すことになった。

D女は、家でさらに考え続け、駅名板のようにするのが一番適していると考えた。ターゲットは誰か、ターゲットはどのように支えてもらいたいのかを冷静に考え、手立てを考えたようだ。子どもは、授業時間内だけで思考しているのではなく、授業と授業の間も思考し続け、学びの文脈を形成していくことがよくわかる。

子どもの育ちを焦らない

自分たちで考え、乗り越えた方が、学びは何倍も面白い。教師が、体験させたいことを先回りして綿密に計画しておいたり、本来子どもたちに気づいてほしいことを子どもたちに語ってしまったりすると、そこで育つはずの力は身につかない。子どもたちが葛藤を経験したり、物事を多角的に捉え、解決に向けて動いたりする中で、探究学習に必要な資質や能力たちがそれぞれ、じわりじわりと育っていくのだと捉える。探究学習において、子どもが育つのを焦らないことこそ、一番の秘訣かもしれない。

こんなもの こんなこと みつけたよ
―いきものの じじつから―（１年）

長島 雄介

はじめに

　正確な知識を増やすことよりも、新しい知識を創造し活用することが求められる今の社会を楽しみながら生き抜くためには、日々の授業の中で自分の思いや考えを他者に発信するための表現力を身につけること、自分とは違ったものの見方や考え方をしている他者の意見に耳を傾ける経験を積み重ねることが子どもにとって重要であると考える。

　ところで、学習意欲の個人差にかかわらず、一般に、生き物（動植物）に興味を示す子どもは多い。そこで、本稿では、入学後間もない１年生の子どもが自分で見つけた生き物を観察・飼育する活動を通して、そこから目の当たりにした事実をノートや日記、一人一台端末等を用いて記録したり、朝の会や授業の時間に発表したりしながら表現力を磨いてゆく姿（個別最適な学び）を取り上げる。

　同時に、一人ひとりが思い思いの生き物を飼育して得た事実についてみんなで聞き合うことを通して、たとえ種類が異なる生き物であっても、そこから見つかる共通点や違いを共有することによって、他者の気づきも自分の気づきもみんなのものとなり、新たな視点とそれに伴う必然的な学びが生み出されること（協働的な学び）によって、子どもがお互いに成長してゆく姿を紹介する。

事実を捉える

　まず、植物の観察による例である。入学式から１週間が過ぎた頃、朝の散歩として、校庭の周りに咲く花を観察した。その日に書かれたA児の日記には、次のように記されていた。

【A児の日記】
> つつじをみてみると、おはなをだっこしているようなものをみつけました。

　ツツジの花にじっと向き合ったA児は、「がく」の働きを捉えたのである。具体物を見て、「これはいったい何だろう」と思えば、必然的にその働きを知りたくなる。

　さて、がくの働きを捉えたA児に対して教師にできることは何だろうか。ほめるだけではなく、がくそのものをA児が生活の中でより身近に感じられる手立てはないものか。家でイチゴを栽培しているB児が、花と花托の両方を付けているイチゴの植木鉢を教室に持ってきたことから、具体物としてそのイチゴの株を見せることで、がくがイチゴの「へた」の部分であることをA児とB児だけでなく、学級全体で共有することができた（図1・2）。

　次に、動物の飼育による例である。梅雨の時期に入ってカタツムリを発見する頻度が高まったことや、昆虫に触れることには抵抗があってもカタツムリならば触れられるという子どもがいたことなどから、カタツムリを捕まえて飼育

図1　イチゴの花
（○内にがくがある）

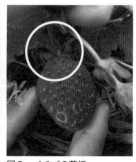

図2　イチゴの花托
（○内にへたがある）

をする子どもが増えた。虫かごに入れて大切に育てているカタツムリを抱えて、教室と自宅を往復しながら、カタツムリの習性やそれに伴う体の動き、よく食べるエサや排出されたフンの色などに目を向けて事実を捉えようとする姿が見られた。

【C児の日記】
　きょう、かたちゃん（飼育しているカタツムリの名前）はげんきですが、カタツムリはめのところがながいので、そこのくさにいくのがかんたんです。カタツムリは、はなれたはっぱへうつるときに、しょっかくをのばしてきょりをはかります。からだをながくのばしてはっぱをわたります。

【D児の日記】
　このまえみつけたカタツムリににんじんをたべさせたら、だいこうぶつでした。にんじんをたくさんたべたから、にんじんいろのうんちをしました。さくらんぼもたべました。きょうは、きゃべつをあげたので、みどりいろのうんちをするとおもいます。

　７月に入ってから、一人一台端末としてiPadを貸与した。１年生ということもあり、まずは、「映像（画像や動画）を撮影するカメラ機能」「自分のiPadに映している映像を学級のテレビに映し出すミラーリング機能」の２つのみに絞って活用させることにした。すると、家で固唾を呑みながらカタツムリを観察したのだろうと思わせるような、学級全員にとって興味深い映像を見せる子どもが現れた。

捉えた事実を表現する

　朝の散歩の時間に、校庭でツツジに興味を示した35人。ツツジを手にして日記に綴った先のA児のような子どもがいたように、「みつを吸ってみたいな」「お絵かきしたいな」などと、一人ひとりが具体物を見たからこそ、自分のやりたいことを生み出し、学習意欲を高めていた。そこで、翌日の朝の散歩の時間から、探検バッグ、白紙、鉛筆を持たせることにした。

【E児のスケッチ】

【F児のスケッチ】

【G児のスケッチ】

ツツジの花を見ながらスケッチした子どもの

うち、誌面の都合でE児、F児、G児の3人分のみを取り上げる。この3人の素晴らしいところは、花びら、めしべ、おしべ、がく、葉などについて、1枚ずつ（1本ずつ）描いているところである。例えば、チューリップの花を先割れスプーンのように描くようなお絵かきと違い、この3人の表現の仕方は、すでに観察記録になっているといえる。一人ひとりのスケッチを全員で見ながらよい点を共有することによって、1年生のうちから観察記録の取り方について学習することができる。

　一方、カタツムリの観察については、先に述べたように、飼育の時期がiPad貸与の時期と重なったことから、カタツムリが動く様子を子どもが様々な角度から撮影した。お気に入りの「スクープ映像」を撮った子どもの説明は真剣そのもので、ミラーリング機能を使って教室の大型テレビに映しながら、自分が見たこと、感じたことをできるだけ忠実に説明しようとしたり、理由を添えながら話をしようとしたりする姿が見られた。

【H児の発言（写真はH児が撮影した動画）】

むしかごのかべをカタツムリがあるくとき、あしのうらのしましまが、あたまのほうにうごいてみえます。カタツムリがとまると、しましまがみえなくなります。

【I児の発言（写真はI児が撮影した画像）】

アジサイのすごくほそいくきに、こんなふうにまきついていました。カタツムリのあしは、べたべたしていてぐにゃぐにゃだから、まきつけることができるのだとおもいます。

他者の気づきと自分の気づきをつなぐ

　学級では、カタツムリを飼育する子どもが多くいたが、もちろん、それ以外の動物に関心を示す子どももいた。

　マツモムシに興味をひかれたJ児は、なぜ後脚が前脚より長いのかということに疑問を持ち、マツモムシが泳ぐ様子を観察することによって、疑問を解消することができた。その一方で、タガメは獲物を捕らえる前脚が後脚よりも長いことを知り、マツモムシとタガメがお互いに対称的な関係であることを模型をつくって表現した。

【J児が作った模型】

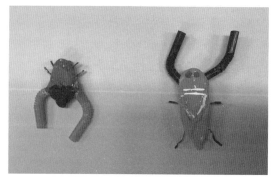

模型を用いながら、マツモムシとタガメの違いについて説明するJ児の話に熱心に耳を傾けた子どもからは、各々が飼育している動物について、マツモムシやタガメとは異なる種類であっても、共通点や違いを見出そうとする姿が見られた。

> 【K児の発言】
> わたしのバッタは、マツモムシとおなじで、うしろあしがながいです。バッタは、たかくジャンプするからです。

> 【L児の発言】
> ぼくのカマキリは、タガメとおなじで、まえあしがながいです。それは、カマキリはバッタをつかまえてたべるからだとおもいます。

> 【M児の発言】
> ぼくのカブトムシのあしのようすは、マツモムシともタガメともちがいます。

動物に関する聞き合いを重ねていると、脚に関する話題が続いたことから、学級内に「動物の『脚』ブーム」が湧き起こった。

> 【N児・O児・P児の発言】
> ぼくたちは、ノコギリクワガタのほうが、カブトムシよりも、あしに「ギザギザ」のかずがおおいことをみつけました。つけたしやおたずねはありますか。

> 【Q児の発言】
> あしにギザギザがおおいノコギリクワガタは、カブトムシよりきのたかいところにつかまって、おちずにいきることができるのだとおもいます。

> 【R児の発言】
> おなじ、きのたかいところにノコギリクワガタがすんで、ひくいところにカブトムシがすめば、けんかをしなくてすむのだとおもいます。

この、ノコギリクワガタの脚とカブトムシの脚の違いの件については、今後の観察報告を待つことにするとして、1年生でも、単なる思いつきではなく、理にかなった予想をしていることに驚かされる。諸感覚を生かして、具体物に触れながら学習を積み重ねてきた成果であろう。

おわりに

本稿では、自分の思いや考えを他者に発信するための表現力と、自分とは違ったものの見方や考え方をしている他者の意見に耳を傾ける経験の重要性について、1年生のしごとの学習を例に取り上げた。

具体物（もの）を直視し、そこからどのような事実（こと）が起きているのかを発見することによって自然事象に向き合う、という一連の学習の基本姿勢を教師が意識し、子どもに徹底してゆく必要があるのではないだろうか。

子どもは、このような姿勢を身につけ始めると、たとえまだ1年生であっても、書物やインターネットに掲載されている情報と、自らが具体物を基に発見した事実との区別ができるようになる。そして、具体物をもとに自ら発見した事実について、ノートや日記、端末等を用いながら自分なりの言葉で表現し、他者に伝えようとする。さらには、自らと同じように真剣に学習に取り組んでいる他者の考えを尊重し、それに耳をしっかりと傾け、自らの考えと照らし合わせることによって、それまでの考えを一層充実したものにすることができるようになるのである。

〈「けいこ」の学び〉

算数　1年　「3つの数の計算」

家庭科　5年「ミシンを使った裁縫」

音楽　1年　「音楽会の合唱練習」

算数　2年　「1の段の九九」

理科　4年　「もののあたたまり方」

体育　3年　「表現　ダンス」

国語　4年　「ぼくは川」

造形　5年　「ふれて　感じて　いい形」

理科　5年　「ふりこのきまり」

音楽　3年　「音楽会の合唱練習」

体育　6年　「自分独自の動きを表そう」

国語　6年　「やまなし」

題名の意味を考えよう「一つの花」
（４年）

井平 幸子

学びの捉え方

　国語学習では、一人ひとりが言葉の力をつけ、言葉が持つよさを認識して生活を豊かに創造していくことを目指している。そのために、日々の学習では、自ら言葉に立ち止まり、その面白さに気づいたり、意味を考えたりする子を育てたい。また、思考過程において、他者との関わりを求め、楽しみながら、よりよい自分の納得を引き出せる子を育てたい。これらの願いを持って、独自学習と相互学習を往還させる学習は、「令和の日本型教育」が掲げる「個別最適な学び」と「協働的な学び」に相通ずるものと捉えている。

学習の進め方

　文学的文章教材の学習では、音読や難語句の理解等、学習の土台ができ上がった頃に子どもたちから湧き上がる、「ここがいいなあ」や「ふしぎだなあ」といった心の動きを大事にし、一人ひとりの個性的な学びを支えたいと考えている。その上で、教材に応じて、教師からもテーマを示し、独自学習へとつないでいく。

　独自学習では、叙述から、気づいたこと、わかったこと、感じたこと、考えたことなどを増やし、想像豊かに読んでいくことを大事にしている。言葉と真摯に向き合い、自らの考えを明確にしていくことで、子どもたちは、切実に他の友だちの考えを聞きたいと、相互学習への心構えをもつように思う。

　相互学習では、友だちや教師の力を借りて、自分になかった考えに気づいたり、自身の考えを確かめたりできるようにしている。そして、ふりかえりでは、また自らの学びへと戻り、自分なりの意味や新たな問いを見つけられるようにしている。

　これらの過程で、子どもたちは、対象と言葉、言葉と言葉との関係を、言葉の意味、働き、使い方等に着目して捉えたり問い直したりして、言葉への自覚を高めていくと考えられる。

　では、子どもたちが学習の中でどのように自らの考えを創り、学び合っているのか、そして、その学びを支えるために、教師はどのように関わっているのか、「一つの花」（光村図書・４年上）の実践から考察してみる。

題名を考えるための手立て

　以前にも題名の意味を考えた経験のある子どもたちは、学習の当初から「一つの花」という題名に興味をもっていた。中には、「一つ」という言葉の響きに「悲しさ」を感じ、物語の背景にある戦争に関係づけようとしている子もいた。そこで、今回は、戦争中と戦争後に分けて、登場人物である「お父さん、お母さん、ゆみ子」の思いを独自学習と相互学習によって読み深めていった後に、題名の意味を考える時間を設けることにした。指導者としては、この学習によって、戦争中と戦争後の物語を再度結びつけ、全文を通して自分なりの意味づくりができることを期待した。

　ところで、これまでの経験から、題名を考える際には、「なぜこの題名なのか」という問いを持つことが多いと感じている。しかし、この問いは、ややもすると正解探しになりがちで、「難しいなあ」「書きにくいなあ」と思う子どもが多いことが予想できた。また、これまで題名

の意味を考えた経験のある子どもたちにも、新たな視点を持ってほしいと願い、「自分はこれなら考えられそうだ」「これで書いてみたい」と心を動かして取り組めるよう、4つの視点を示し、自由に選べるようにした。

「教師から示した4つの視点」
①なぜ、「一つの花」という題名なのだろう
②題名に込められた作者からのメッセージを受け止めよう
③お父さんは「一つだけのお花」と言ってゆみ子にわたしたが、題名は「一つの花」となっていることで考えたことを書いてみよう
④くわしく読むことで題名の印象が変わったことを中心に考えよう

①、②は、過去に別の物語教材で考えたことがある視点である。子どもたちは、これまでの経験から自信のある視点を選んだり、初めての視点に挑戦しようとしたりと、意欲的に取り組み始めた。

■ 独自学習の実際

では、子どもたちは示された視点からどのように考えを創り上げていったのだろうか。今回、選択した子どもが多かった視点①と視点③から一部を紹介したい。

「視点①」　なぜ、「一つの花」という題名なのだろう

・最後の三場面では、コスモスの花が「ゆみ子」のとんとんぶきの小さな家を包んでいて、その花の一つ一つがお父さんの思いだから、そこから「一つの花」だと思いました。（F児）

・お父さんが花をわたしたのは、食べたい物も食べられないようなときでした。このときの「ゆみ子」は、何もかも一つしかもらえませんでした。だから、そこからの変化がわかる

と思いました。それに、「一つの花」は、お父さんの思いでもあるし、お母さんの努力でもあるし、つらかった「ゆみ子」の一つもらえた喜びでもあります。すべてにつながるから「一つの花」という題名にしたのかなと思いました。（N児）

「視点③」　お父さんは「一つだけのお花」と言ってゆみ子にわたしたが、題名は「一つの花」となっていることで考えたことを書いてみよう

・今まで、ゆみ子は「一つだけ。一つだけ。」と泣いていたから、お父さんは、「一つだけのお花」と言ったんだと思います。「一つの」は、たった一つの花だから、とっても大事にしているゆみ子の花だということがわかるようにしているのだと思います。（J児）

・「一つだけ」だと、それだけという感じがします。しかし、「一つ」で止めると、二つ、三つ、五つと増やしていけそうな感じがします。三場面では、「一つの花」がいっぱいになっています。だから、「一つだけ」と決めつける感じではなく、「一つ」にしたと思います。（G児）

全体的に、視点①を選んだ子どもたちは、物語の中での花の役割から題名の意味を捉えようとしていた。一方、視点③を選んだ子どもたちは、「一つだけ」や「一つの」の語感に注目して題名を考えようとしていた。このように、視点を複数示すことで、一つの見方に留まらず、多様な考え方が教室の中に生まれるよさがある。これが、聞き合いの面白さにつながると考えている。

■ 相互学習での思考の深まり

相互学習では、特に視点③について注目していく様子が見られた。以下はその授業記録の抜粋である。ここで発言しているU児に注目して、

3章　個別最適な学びと協働的な学びを一体的に育む「奈良の学習法」

その思考の深まりを考察したい。

M児　　私は、作者からのメッセージについて考えました。「一つの花」の「花」は、コスモスのことだと思います。だから、コスモスのように、たくましく、どんな困難にも生き抜いて、あきらめずに生きてほしいという思いが、「花」のところには込められていると思いました。

（中略）

K児　　私は、Mさんの言ったことにつけたしします。「お父さん」は「ゆみ子」に、Mさんが言っていたように、たくましく、困難でも生き抜いてほしいと思っていると思います。でも、この題名で「一つだけ」を入れなかったのは、たぶん、「だけ」は、例えば「この掃除だけをしてください」と「この掃除をしてください」で、「だけ」をつけてしまうと決めつけてしまう感じがします。たくましく、もっともっとなってほしいのに、決めつけてしまうともっと上にいかない感じだから「だけ」をつけなかったんだと思います。

U児　　私は、Kさんにつけたしで、この三場面のところ、77ページは、たくさんコスモスの花が咲いています。そして、この三場面には、「一つだけ」という言葉が一つもありません。なので、作者の今西さんは、三場面は、絶対に、「一つの花」という「一つ」を入れたくなかったからという気持ちで、たくさん花を咲かせんだと思います。

T児　　ぼくは、Kさんの考えは少し違うと思いました。なぜなら、「一つだけ」の「だけ」というものは、別に制限ではなく、「数」を表しているものだと思いま

す。だから、あまり、その「ゆみ子」が育つことを制限したりするようなことがあると思うから付けなかったということは違うと思いました。

O児　　私は、Kさんにつけたしです。最初に「お父さん」にもらったのは、一輪の花だったから、そこは「一つだけのお花」になっています。でも、最後の三場面76ページと77ページを見ると、77ページの絵だったら、コスモスの花がたくさん咲いていて、そして、76ページだったら、4行目の「でも、今、ゆみ子のとんとんぶきの小さな家は、コスモスの花でいっぱいに包まれています。」の「いっぱいに包まれている」だから、「一つだけのお花」だと、一つだけしかまだ咲いてない花みたいになってしまうから、お父さんにもらった一つの大切な花というのになったんだと思います。

（後略）

U児は、独自学習で①の視点を選び、「この題名になったのは、お父さんがあげた大事なお花だから。でも、戦争後の三場面は一輪ではなく、百束ぐらいになっている。『一つの花』と『たくさんの花』を比べたときに、一場面でも二場面でも「一つだけ」とゆみ子が言っていたから、『一つの花』になったと思う」と考えていた。戦争中と戦争後のコスモスの花の描かれ方が違うことに何かヒントがあるのではないかと注目した一方で、なぜ、「一つの花」という題名なのかという問いに対しては、幼い「ゆみ子」の言葉と結び付けるに留まっていた。

相互学習が始まり、U児は、友だちやK児の発言を聞きながら、「一つだけ」や「一つ」という言葉自体に再度注目し、戦争後の場面を捉え直していたのだろう。独自学習の考えとつな

げて、「戦争後の場面には、『一つ』という言葉を入れたくなかった」と作者の思いを受け止めようとしていた。ここで、教師が「そのことから、作者からのどのようなメッセージを受け止めますか」と問い返せば、戦争後の生活が描かれている意味や、作者の思いについて、さらに考えを深めることができたかもしれない。

その後、頃合いを見計らって、教師から全体に「戦争によっても壊れなかったものは何かあるでしょうか」と問うてみた。ここで、U児は再度以下のように発言している。

・私は、絆とかじゃなくて、コスモスは壊れなかったと思います。なぜなら75ページの「わすれられたように咲いていたコスモスの花」というところで、忘れられたように咲いていても壊れていなくて、そして、最後の三場面でもいっぱい咲いていたから、コスモスは絶対に壊れなかったと思います。

U児の中で、戦争中も戦争後も咲き続けたコスモスがこの物語を象徴するものとして捉えられているように感じた。同時に、壊れなかったコスモスは何を意味するのか、U児の中でのさらなる深まりを期待した。

ふりかえりでは、友だちの「『一つだけの花』は、めずらしい、特別な感じがするが、『一つの花』は、『一つの』というところから寂しさや、心がこもった感じがする」という考えから、「なぜ、『一つの花』という題名なのか」に立ち返って、自分なりの納得を引き出そうとしていた。

> **U児のふりかえり**
> 　私は、Tくんの「一つの花」と「一つだけの花」では全然違うというのがすばらしいと思いました。そこで、私は、「一つの花」だと、戦争という感じがしました。

U児は、この相互学習を通して、戦争と平和が対比的に描かれていることを問い直してきた。先に注目した、戦争後の平和な生活について考えを深めたことが、結果的に、この物語の大きなテーマである戦争をより意識することにつながったように思う。

ところで、壊れなかったコスモスの意味については、最後の感想文の中で触れられていた。

> **U児の感想文（一部抜粋）**
> 　戦争後、ゆみ子はお母さんのためにお昼ごはんを作っています。だから、ゆみ子の家族はみんなやさしいです。この「やさしい」を作ったのは、お父さんがあげた「一つの花」だと思います。お父さんは、これからもお母さんとゆみ子に幸せな日が続くようにという気持ちもあったと思います。（中略）お父さんのこういう気持ちが一輪のコスモスにいっぱい入っていたんだなあと思いました。

物語に貫かれている、両親の優しさ、親が子どもを思う気持ちを学習を通してU児は確かに受け止めたようであった。

おわりに

独自学習の充実が相互学習への意欲を生み出し、相互学習での新たな気づきが、さらなる独自学習への力になる。この良好なサイクルを生み出すためには、その時々に応じた教師の手立てや関わりが欠かせない。紹介したU児のように、子どもたち一人ひとりの内に、自ら求める力や学びが積み重なる姿があることを自覚して、日々の学習に臨みたいと思う。

けいこ（国語）

つながりのある国語学習を目指して
「やまなし」（6年）

島袋 光

国語学習で大切にしていること

　私は国語の学習を通して言葉の力で自己を表現する術を身につけてほしいと願っている。音楽が得意で、声や楽器によって自分の想像した世界を表現できるのもいい。造形的な感覚が優れていて、心の内側に湧いてきたものを色や形によって表現できるのもいい。国語にも同じような感覚を持っている。大切なことは、「自分が表現したいことを相手に過不足なく伝えられること」である。ただ、日頃から言葉を使い慣れているからといって上手く自分の心の内を過不足なく語ることは難しい。また、相手が自分の考えを伝えるために語った言葉を、本当に理解することもまた難しい。

　それでも国語学習では、自分の心の内に沸き上がった気持ちや考えを大切にし、それを相手に的確に伝えるための言葉を試行錯誤して見つけてほしい。同時に、相手が伝えたいことを正確に受け取るために、言葉の力をどのように感じ取り、どのように歩み寄っていくかということも考えていきたい。そうして言葉の力によって、様々な対象とつながっていく経験をしてほしいと願っている。

　表題に「つながりのある国語学習」と書いたが、令和4年度に担任をつとめた6年生の学級での文学教材を扱った学習の実践を例に、「つながりのある国語学習」について述べたい。

学習の出発点

　5月から文学教材である『やまなし（宮沢賢治）』の学習を行った。まず、自分なりに作品にふれ、思ったことや感じたことを素直に書いてみることから学習は始まった。まず作品とつながる出発点である。6年生の子どもたちは、いつも自分の感じ方や考え方を素直に表出してくれる。それは、思うことや感じることは人それぞれ違うということを認め合っているし、その思ったことや感じたことを後で聞き合うことを楽しみにしているからこそできることである。子どもたちは、独自学習として初発の感想を書く。しかし、それは一人で書いているようで、もうすでに学級の仲間とのつながりの中で書いている。一人で孤立した学びをしているのではなく、学級の仲間の頑張りも感じながら自分の独自の学びを創っていく。

　私は独自学習のときには子どもたちの間を巡りながらノートをのぞき込んで感心したり励ましたり、鉛筆が止まっている子がいれば一緒にその子の興味を持った一文から寄り添って考えてみたりする。どの子にもその子のよさを伸ばしてほしいと願って話すことを心掛けている。

　ただ、今回の初発感想はどうも鉛筆の進みが思わしくなかった。ぽつぽつと子どもからつぶやきが出てくる。聞いてみると、「この作品から自ら学びを創っていくための糸口を探すのだけれど、どうもしっくりくるものが見つからない」ということであった。これまでの学習とのつながりも大事にしている子たちなので、登場人物の変容を切り口に、変容するきっかけとなった出来事や、題名とのつながり、登場人物の人物像などから最も興味を持てたところに焦点を当てて初発感想を書いてみようとしたのである。しかし「やまなし」は、かわせみとやまなしが川に飛び込んでくることによって、かにの兄弟の心情は大きく動くのであるが、そこから

どのように自分の学びを創っていけばいいのか、見通しが立ちにくかったようだ。

興味を持った対象とのつながり

そこで私は、「いつものように鉛筆が進む子は、そのまま自分で初発の感想を書き、どうも今日は何をきっかけにしていいかわからない子は、気になった対象がどのように描かれているかをみつめてみてはどうか」と促した。すると、急にクラムボンが子どもたちの注目の的の一つになった。また、小さな谷底を写した、2枚の青い幻灯が気になる子もいた。やはり興味を持ったことへの子どもたちの意欲的な態度は目を見張るものがある。つながる糸口はやはり自発的な興味である。ここで一つ初発感想を紹介する。Mさんの初発感想である。

> **Mさんの初発感想**
> 5月24日　「想像力をはたらかせて読み味わい、感じたことを記録しておこう」
> 　ぼくは、クラムボンというのは太陽ではないかなと思います。クラムボンが笑ったら、にわかにぱっと明るくなったからです。ただ、クラムボンはクラムボンのままの方がいい気がします。やまなしというのは実なのかなと思います。お父さんが熟すと言っていて、そこで食べ物だとわかります。でも、そのやまなしが、この物語の中心となるかというと、よくわからなくて、なぜやまなしという題名なのかも考えていきたいです。

クラムボンをきっかけに、鉛筆が動き出すとそこからまた自分らしい学びが創られ始めた。まだわからないことも多いが、考えていきたいという意欲が生まれていることが重要だろう。

友だちの考えとのつながり

次は初発感想を聞き合う相互学習である。も

ちろんクラムボンが何者なのかという話題が出てきた。様々な視点から意見が出るが、クラムボンの描かれ方を丁寧に読んだ子は、クラムボンが何かはわからないけれど、随所に光の描写が出てくることを発表した。また、そこにつながって、幻灯について考えていた子はここぞとばかりに、幻灯の説明と、幻灯も光を出すものだから、この作品の中で光は大切なものではないかという発表をした。

この初発感想の聞き合いによって、これから自分が考えていきたいことを見つけた子もいた。例えば「幻灯も光で映し出すものだから、これからの学習でも、光がどのように描かれているかをみつめてみたい」といった具合である。ここにも子どもの学習に向かう前向きな姿がある。心を柔らかくして友だちの意見につながり、そこから学びを創っていくことも大事なことである。しかし、これは相互学習のみによって生まれたものではなく、独自学習で、ある程度自分なりに考えた上で学習にのぞんでいるからこそ生まれることである。やはり独自の学びを欠かすことはできない。

自分のめあてと課題のつながり

初発感想を終えたあとからは、個々に考えたいことが違ってくる。「光について考えていきたい子」、もっと具体的に「5月と12月の二つの場面に出てくる光を比べてみたい子」、そして「これから何をしていいかわからない子」もいる。そこで出てくるのが教師の提示する「課題」と子どもの「めあて」である。私はまず、初発感想の聞き合いで話題の中心となったクラムボンを引き合いに出し、題名が『クラムボン』ではなく『やまなし』であるところから、「やまなし」の描かれ方を見つめる課題を設定した。これは次の相互学習の起点になる部分で

ある。どの子も、まず「やまなし」の描かれ方には着目するのである。ただ、その迫り方に個性が現れる。先ほど光が気になっていた子は自分の独自学習のめあてで、課題と自分の興味のある光のつながりを考えることを設定し、月明かりの様子や逆光で金のぶちができた「やまなし」の描かれ方をみつめるのである。そこからもう五月と比べたくなったり、かわせみとつなげてみたくなったりしている子は、そこも進めてもよいことにしている。どのような視点でもいいから描かれ方をみつめて、丁寧に言葉をなぞりながら徐々に物語の世界を想像していくことが大切である。

そして頭に浮かんだ世界やその場面の様子を、他者に伝わる言葉でノートに書いてみることに価値がある。もちろん言葉にならないことが世の中にはたくさんある。しかし国語学習では、そのもやもやしたものをなんとか言葉で表し、他者と共有できるようにしたい。

学習は「5月（かわせみ）の描かれ方をみつめる」「5月と12月の描かれ方を比べる」という課題で進んでいった。

作者と作品と読者のつながり

光村図書の場合『やまなし』の後に『イーハトーヴの夢（畑山博）』が資料として掲載されている。子どもたちが宮沢賢治の生き方や考え方に触れることができる資料である。私は今の子どもたちの実態をふまえて、単元の後半に『イーハトーヴの夢』を読むこととした。先に読んでも、この子たちはきっとしっかり考えて賢治の生き方や考え方と『やまなし』をつないで読んでいくと思う。しかし、私は『やまなし』の魅力的で豊かな表現によって広がる、谷川の底の世界に浸る経験を大切にしたかった。作者に敬意をもってまず作品の世界に浸り、そ

の上で作者を知れば、また新たな味わいを体感できるのではないかと考えてこの単元を計画した。

自らの学びのつながり

『イーハトーヴの夢』を読んだ後、改めて5月と12月の二つの場面を比較した。季節ごとに様々な表情を見せる小さな谷川の底で、賢治があえて5月と12月を取り上げた必然性について考えた。5月と12月を比べることは一度取り組んでいる。それでももう一度取り上げたのは、視点が変わればまた新しい発見に巡り合うことも大いにあるし、これまでの自分の学びとつないで、より深い学びへと向かっていけると考えてのことである。ここで、再びMさんの試行錯誤する独自学習を紹介したい。

> **Mさんの独自学習**
> **6月10日　「賢治が描いた川底の世界をみつめて、感じたことや想像したことをまとめよう」**
>
> かわせみは、魚を食べています。でも何かを食べるというのは、生きることだと思います。そしてやまなしは、木になって生きていたものが12月になって川に落ちます。それがまた食べられる。生きているということが結構重要になってくるのかなと思いました。
>
> やまなしとかわせみのちがいは食べるか食べられるか。食べるというのも生きているということで、食べられるというのも生きているということだと思います。なんだか自分でもよく分からなくなってきたけれど、命のつながりですよね。
>
> かわせみを見たとき、子がには怖い印象を持ったと思います。でもやまなしを見たときは、最初かわせみだと思いながらも、とってもよい印象に変わりました。そこの違い。かわせみの生きるとやまなしの生きるの違いが宮沢賢治さんの描いたやさしさだと僕は思いました。

相変わらずわからないことはあっても、初発感想のとき以上に、必死で自分の考えを言葉にしようとしている。何か伝えられる言葉はないか、上手く言い換えられないか、例えることはできないか。個々が悩み抜いたことで生まれた言葉が聞き合いの中に出てくると、その子の言いたかったことについて周りの子たちも真剣に考え始める。Mさんの言葉を受けて、周りの子たちも「食べること」「生きること」について考え、その考えたことを聞き合った。そして、彼は、自分なりに創った学びをこのように結んでいる。

Mさんのまとめ
6月14日 「5月で描かれていることや、賢治の理想について、あなたはどのように感じたか、最後に自分のまとめをしよう」
僕は、食べることも生きることで、死ぬことも生きることだと思います。そのことで言ったら、歩くことも生きること、遊ぶことも生きること、ジャンプするのも生きることだと思います。なんだか詩のようになりましたが、かわせみもやまなしもかにの親子も生きているのです。でも、誰かが生きるということは、ときと場合によっては誰かが死ぬことだと思います。かわせみは魚を食べて、魚は他の何かを食べて生きる。それは命のつながりだと思います。賢治さんの描いたやさしさ、それはやさしい心を通い合わせるためのものです。では、やまなしでのやさしさとは何なのか。それは生きることだと思います。前はかわせみとやまなしの生きることの違いでしたが、ちょっと縮まりました。かわせみとやまなしは、どちらも生きているので、生きるということはやさしい心を通い合わせることでもあるということを賢治さんは伝えたかったのかなと思いました。

Mさんは自分の言葉によって自分の考えをここまで表現することができた。きっと心の中で

はもっと広く複雑に考えが練り上げられていることだろう。全てを表出することができてはいないだろうが、言葉によって自分の考えを以前より、はっきりさせようと努力していることが伝わってくる。Mさんは初めからこのような深い問いを持って学習を進めてきたわけではない。課題に照らして自分のめあてを持ち、丁寧に言葉に触れてきたからこそ深い問いにもたどり着くことができたのだ。また、しっかりと自分の中で立ち上がった問いだからこそ、自分なりの納得を求めて考え続けられたのだろう。そして、自ら学びを創ったからこそ、この学習のみで終わらず、次の学習や生活に生かそうとするのだろう。

つながりのある国語学習の先に

今回、「つながり」ということに着目して国語での文学教材を扱った学習を整理してみた。「興味を持った対象とのつながり」「友だちの考えとのつながり」、「自分のめあてと課題のつながり」、「作者と作品と読者のつながり」、そして「自らの学びのつながり」と学習は様々なつながりの中でよりよいものに、自分らしいものになっていく。

はじめに述べたように私は、言葉を介して的確に自分の心の内にあるものを表現したり、他者の伝えたいことを正確に受け取ったりするためのけいことして国語学習があるのだととらえている。言葉を丁寧に紡ぐことによって言葉に力が宿ることは、国語学習で扱う作品が教えてくれている。この「けいこ国語」での学習を、自然と子どもたちが生活や生き方につなげたくなるように、子どものやる気に寄り添っていきたい。

場合を順序良く整理して　〜並べ方〜
（6年）

河田 慎太郎

相手を意識した学び

　昨年度は6年生を担任した。この子どもたちが4年生のときから3年間、メンバーを変えず持ち上がった担任である。4年生のときでも、それまで奈良女子大学附属小学校で3年間過ごしてきていただけあって、発表が好きな子が（話すことも、聞くことも）多いことが印象的であった。朝の会の元気調べや、自由研究発表で、自分の気がついたことや研究してきたことを生き生きと発表し、「おたずね」を受けたときも、喜んで答える子どもたちであった。

　ところが、算数の学習では、模範的な図や式を発表するが、「おたずね」がほとんどなく、問題量はたくさんこなせるが、深まりが感じられない学習となることがあった。

　算数という教科は、式や図などを使って簡潔に表すことができることがよさの一つであろう。ところが、私は、独自学習で簡潔にまとめた式や図であっても、相互学習では、丁寧な言葉を付け加えて説明することを大切に考えている。もし、式と答えだけを板書して「式はこうなので、答えはこうなります」と説明したのであれば、「どうして、その数をかけるのですか」「その式の途中の数はどこからでてきたのですか」などと、より詳しく説明するよう「おたずね」することを求めてきた。

　このような相互学習を繰り返しているうちに、相手を意識した丁寧な発表ができる子どもたちが育ってきた。発表者はもちろん、聞いている子どもたちもよりわかる説明について意識するようになるのである。

　このように、相手を意識して学習し続けてきた子どもたちが、6年生の11月の学習で、「場合を順序良く整理して」（啓林館）の「並べ方」の学習でどのように学びをつくったかについて、実際に子どもの説明を紹介し、自律的な学びのよさを検証したい。

自律的な学びの展開

　算数の学習では、題意を把握した後で、各自が「めあて」を立てる。問題に対して、自分はどのように取り組むかの見通しを持ち、ノートに書いておくのである。その後の独自学習の時間に徹底して自分の考えをつくるためにも、個人の「めあて」を立てることを大切に考えている。

本時の中心問題

1　あかりさん、かすみさん、さりなさんの3人でリレーのチームをつくります。

　　3人の走る順番をすべてかきましょう。

　　全部で何通りありますか。

個の「めあて」

> （S1）今日は、並び方をします。①の下の所に鉛筆くんが樹形図のことをかいてあるので、そのことを使って、樹形図はどうしてやりやすいのかというところも考えながらやりたいです。
> （S2）今日並べ方をします。前回までは組み合わせでしたが今回は順番も考えるので、そこに注目したいです。そして、前の学習で〇〇君が使っていた樹形図が今回使えそうなので、それを使って解きたいです。

　本時の教科書に書いてある「めあて」は、「順序良く整理して、並べ方を整理しよう」で

ある。しかし、子どもたちが発表した「めあ
て」と比べてみると、子どもたちの立てた「め
あて」は、より具体的で、その後の各自の学習
の方向性が表れていることがわかる。より具体
的だからこそ、独自学習が濃密なものになって
いくのである。

相互学習

　独自学習で自分の考えをつくった後、相互学
習に入る。高学年の相互学習では、子どもたち
だけで話が進んでいくことが多い。似たような
内容であっても、子どもたち同士でよりわかり
やすくなるように言い換えたり、図を加えたり
して理解が深まっていく。

　子どもたちは、自分の考えと友だちの考えを
比べるだけでなく、友だちの考え同士を比べて、
考えを整理していくのである。

（S3）

　僕は樹形図を使って解きました。教科書の図
でもよいですが、僕は初めに走る人を1番、次
を2番、その次を3番として、1番目にあかり
さんをもってきたら、2番目は残りのかすみさ
んかさりなさんになります。もしかすみさんだ
ったら、3番目はさりなさんになります。こう
考えると、1番目は1通り、2番目は2通り、
3番が1通りです。かけると2通りとなります。

　次は、かすみさんが1番目だとすると、2番
目はあかりさんかさりなさんになり、3番目が
わかります。これも同じように1×2×1で2
通りです。最後に、1番目をさりなさんとする
と2番目はあかりさんかかすみさんで、3番目
も決まります。これも同じで1×2×1で2通
りとなります。たしたら6通りです。

あかり―かすみ―さりな
　　　　　＼さりな―かすみ
かすみ―あかり―さりな
　　　　　＼さりな―あかり
さりな―あかり―かすみ
　　　　　＼かすみ―あかり

（S4）

　私は樹形図にかきました。あかりさんをあ、
かすみさんをか、さりなさんをさとおきます。
第一走者はあ、か、さがおけます。第二走者で
すが、第一走者で走っている人は第二走者で走
れないので、例えば第一走者があならば第二走
者はかさになります。第一走者がかとさの時
も同様に考えることができます。次に第三走者
を考えます。あが第一走者でかが第二走者なら
ば、第三走者はさしか走ることができません。

あ―か―さ　　か―あ―さ　　さ―あ―か
　＼さ―か　　　＼さ―あ　　　＼か―あ

　3人の並び順をすべて書くと、

あ、か、さ　　あ、さ、か
か、あ、さ　　か、さ、あ
さ、あ、か　　さ、か、あ

となり、6通りあることがわかります。

（S5）

（S3の書いた樹形図を指しながら）

　僕も樹形図でやりました。1番目に走る人は、
最初はあかりさんとして考えると、2番目を考
える時、あかりさんは1番目で選んでしまった
ので、残りの2人しかできません。それが、さ
りなさんとかすみさんです。そして、さりなさ
んを2番目に選ぶと3番目はかすみさんしか選
べないです。2番目がかすみさんならば、3番
目はさりなさんになります。

　次に、かすみさんを第一走者に選んだ場合は、
残りがさりなさんとあかりさんになります。第

二走者がさりなさんなら、第三走者は残りのあかりさんが、あかりさんなら残りのさりなさんが第三走者です。その方法で同じように考えると6通りになります。

（S6）

第一走者のところに3こあって、それぞれが第二走者で2こずつ分かれて、第三走者はそれぞれ一通りしかないので、式で表すと3×2×1で6通りと出せると思います。

（S7）

わたしは、第一走者をだれか1人にきめて、第二走者と第三走者を残りの2人でひっくり返すという方法でやりました。あをはじめにすると あ（か、さ）　 あ（さ、か）　となり、かをはじめにすると か（あ、さ）　 か（さ、あ）となります。このことから、第一走者を決めたら必ず2組できます。だから、さが最初ならば、さ（あ、か）　 さ（か、あ）ができます。
あ（か、さ）　 か（あ、さ）　 さ（あ、か）
（さ、か）　　 （さ、あ）　　 （か、あ）

（S8）

僕の考えは、あの分かれ道にかとさがあるように最初に3こあり、その分かれ道が2こずつあると考えて6通りと考えました。だから、3×2となり、さらには、残りが1こしかないので3×2×1となりました。

（S9）

S8君がかけ算で計算した理由を考えました。第一走者であかりさんを選んだ場合、残っている2人から1人を選ぶのは2通です。第三走者は残っている一人で確定になるので1通りです。これは、第一走者があかりさんの場合なので、他のかすみさんとさりなさんも入れると、それぞれが2通りになり、2通りの3倍で6通りになります。

適用題

適用題では、中心問題で学んだことを使って、全員が解くことができることが求められる。中心課題に比べると話し合いの時間は多く取れないが、学んだことを生かしてわかりやすくまとめられることが多い。

2　右の3枚のカードを並べてできる3けたの整数をすべてかきましょう。
全部で何個できますか。　　　1　2　3

（S10）

樹形図でやりました。1・2・3を並べ替えるので、1・2・3と左に置きます。次に、1のところは、1・2・3のうち1をつかっているので、残りの2・3が真ん中になります。右は、残った数をかきます。同じように順番にやっていくのですが、聞かれているのは3ケタの数字だから、123、132、213、231、312、321となります。また、今言った数字を数えれば6個できるとわかります。

何個できるかは、S8君が言ってくれたように、3×2でも答えが出ます。

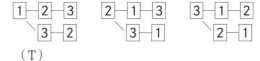

（T）

鉛筆くん（教科書のキャラクター）が言っているように、このような図を樹形図といいます。

数をすべて書くとき、S10君のように数の小さい順に書くか、逆に大きい順に書くと落ちや重なりに気をつけられます。

小さい順で答えた人、手を挙げましょう？
大きい順で答えた人、手を挙げましょう？

樹形図をかくときに、数の小さい順で並べるのであれば、百の位は三つ数字があるので1・2・3の順に書きます。百の位が1ならば、十

の位は残りの小さい順で2・3となります。百の位が2なら十の位は小さい順で1・3、同じく百の位が3なら1・2。一の位は残りなので決まります。このように解いていくと、上から小さい順に数が並ぶはずです。ノートを確認してみてください。また、[1]のように数字の並びではない場合は、問題文に出てきた順に書くようにするとよいですよ。

　子どもたちで、進めていく学習であっても、新しい視点を与える時や、学習が中心内容とずれたところで進んでいるときなどは、教師が話すようにしている。この学習でも、樹形図をかく時には、問題文に出ている順番に書いたり、数の小さい順に書いたりすると落ちや重なりを防ぎやすくなるという視点を伝えた。

個の「ふりかえり」

> (S11)
> 　今回は、初めて樹形図をかいてみました。一つひとつを基準にして求めるのでわかりやすいと思いました。だいちさん（教科書のキャラクター）が「並べ方を順序良く整理するには…。」と書いていたので表を使って解いてみると解くのは大変でしたが答えは求められました。

> (S12)
> 　今日は並べ方で樹形図をしました。樹形図は最初に何かを置いてからその後の並びを決めるという方法で分かり易かったです。

　学びの「ふりかえり」も、一人ひとりで考えてノートにまとめるようにしている。「めあて」に沿って一生懸命に独自学習で考えた内容と、友だちの発表を比べて学習になったことは

どんなことか。本時の学びで印象に残った内容はどんなことなのかをまとめている。

自律的学習の難しさと楽しさ

　今回のように、子どもたちの発言を文字に起こすと、本校の子どもたち一人ひとりの発言の長さに驚く。発表者は、聞いている子どもたちの顔を見ながら、自分の発表を友だちが理解できているか感じながら説明しているので、発表が丁寧になっているのであろう。

　樹形図のかき方やその意味を説明することは、非常に難しい内容である。教師だけが説明するより、多くの子どもが図の意味やその子の考えを話すことで、図をかくことが苦手な子も自分で樹形図をかくことができるようになっていくと思う。

　4年生のころ、「どうやって説明したら自分の伝えたいことをしっかり伝えることができるのだろう」と考え、算数は、ほかの教科より難しいと思っていた子どもたちも、このような学習を繰り返すことで、聞き手の聞きやすいスピードで、伝えることを楽しむようになった。そして、学習の中で算数が一番おもしろいと答える子どもが増えたことも算数を研究教科としている私にとってはうれしい限りである。

　学級の32人全員が、論理的に説明できるようになったのかというと、定かではない。しかし、発表が苦手な子も、徹底的に聞き手に回り、友だちのよいところをノートにまとめたり、自分が説明するとしたらどう話すのか、ノートにそのまま書いてみたりしている。

　算数は、式や図で簡単にまとめて表せてしまうからこそ、その式の意味や、図の意味について徹底的にわかるまで話し合うことを楽しむような学びを行っていきたい。

主体的に学ぶ力を育む「生活算数」
―くらしの中の対称な図形―（6年）

三井 栄治

1　題材について

子どもは、くらしの中でお店や銀行、病院のロゴやマーク、学校の校章、県章など対称な図形を目にすることが多い。また、線対称や点対称など「対称」という言葉も耳にしたことがあるだろう。しかし、その形について考えるといった機会はあまりないのではないか。

そこで、生活とつなげた算数学習を展開し、対称な図形の定義や性質を理解するだけでなく、対称な図形の価値や生活への応用について考え、その活用の仕方を身につけることができるようにしたい。

先に挙げたねらいに迫ることができるようにするために、次のように学習を展開する。単元の導入では、くらしの中にあるロゴやマークと出会わせ、そこから気づいたことや気になったことを話し合っていくことで、対称な図形への興味・関心を高める。次に、対称な図形が実際にどのようなものに使われているか、逆に使われていないかや、その価値、意味について追究する。さらに、自らロゴやマークをデザインする活動を通して、対称な図形の有用性についての考えを深めたり、活用の仕方を身につけさせたりしていきたい。

2　学習の実際

（1）学習の始まり

題材との出会いがその後の追究につながっていく。子どもの生活と題材をどのように結びつけるのかを、実践前から考え続けていた。そこで、身の回りにあるロゴやマークについての話題を意図的に朝の会などの会話の中で取り上げ

て、子どもが動き出す姿を待つことにした。

しかし、指導者がしかける前にある子どもが大阪万博のロゴマークが決まったことを日記に書いてきた。この日記を紹介すれば、身の回りにあるロゴやマークに目を向け、対称な図形について、主体的に学習をつくることのきっかけになるのではないかと考えた。

学級で日記を紹介し、大阪万博のテーマや概要、決定したロゴマークと他の最終候補作品を提示しながら「Aさんは、この大阪万博のロゴマークを気持ちが悪いと言っているけれど、みんなはどう思う」と投げかけると、「決まったものは大阪っぽいからよい」や「どうしてこんなマークになったのか」というような反応があった。続けて、「他の作品の方がよい。ぼくだったら○を選ぶ。それは、いちばんテーマと合っていると思うからです」などの意見があがった。

同日の日記には、大阪万博のロゴマークについてさらに調べたり、他のロゴマークなどについても調べたりした内容が多く見られた。

ロゴマーク

今日、ロゴマークについて調べてみました。日本のロゴマークは家紋にルーツがあることを聞いたことがあります。NHKの「麒麟が来る」の中で光秀の家紋が大きく映し出されているのが印象的です。今では、家紋はあまり身近にありませんが、お盆にお墓参りしたとき、墓の石に刻まれているのを見ました。そこで、家紋の歴史について調べてみました。
家紋は平安時代貴族の牛車に描かれたのが始まりだそうです。江戸時代になると武士が敵味方を区別するためや強さをアピールする

ために使われました。江戸後半は家の格式を
示すために使われました。そして、家紋の形に
なり、200〜300あまりあるそうです。家紋に
ついてさらに調べていこうと思います。

いるのだと考えました。
　そして、そのこととつなげて全国の附小マー
クを見てみると、附小マークも丸くて、線
対称のものが多かったです。みんながどんな
ことを見つけたのか話し合ってみたいです。

（2）形に目を向けていく

　大阪万博のロゴマークとの出会いにより、ロ
ゴやマークに関心を持ち、独自学習をはじめた
子どもが現れたものの、何をモチーフにしてい
るかや、どうやってできたかなど周辺知識に関
する独自学習がほとんどで、その形に目を向け
ている子どもがいなかった。

　そこで、次のように働きかけた。

　一つは、それぞれの独自学習を認めながらも、
その形にも目を向け学習をつくるように暗示す
ること。もう一つは教師が新たな資料を配布す
ることである。それは、本校の子どもなら何度
も目にしている本校の校章を含めた全国の72校
の附属学校の校章の一覧である。多くの学校の
校章は線対称や点対称であるため、そのことに
目を向けるようになると想定した。そして、日
記や学習ノートにコメントをしたり、資料を配
布したりするとねらいどおり、複数の児童が対
称に目を向けたことを日記に書いてきた。

都道府県の県章と附小マーク

　僕は都道府県についての県章を調べていて、
それぞれが何からつくられているかを考えて日
記に書きました。すると、先生がさらに形につ
いても共通点など気づくことがないのかとコメ
ントをくださったので、考えてみることにしま
した。すると、円を使っていたり、丸みがある
ものが多かったです。それはやわらかなイメ
ージを与えるからだと考えました。また、線対
称のものが多かったです。線対称はシンプル
な形なので、わかりやすくするためにそうして

　ここで、対称な図形としてロゴやマークを捉
える視点を学級全体に広げるとともに、対称な
図形がどういう形であるかを定義づけるために、
附属学校の校章を見て気づいたことや気になっ
たことを話し合う場を設けた。

　話し合いの前半は多くの子どもが目を向けて
いたモチーフが話題の中心となった。授業の半
ばごろ、対称な図形についての発言があったの
で、「線対称・点対称とは何ですか」と切り返
した。それに対し、自分なりの言葉で説明でき
たものの、あいまいな部分があったため、教科
書を使ってその定義と性質を確認することにし
た。

（3）対称という視点で図形を見ていく

　附小マークについての話し合いにより、子ど
もはロゴやマークについて対称の視点で捉える
ようになっていった。一方で、多くの子どもの
調べているものが大手企業のロゴマークや自動
車会社のエンブレム、家紋、県章などに限られ
ていた。そこで、さらに対象を広げられるよう
に、校内と学校近くの駅周辺ではどのようなロ
ゴやマークが使われているかを調査する時間を
設けた。実際に調査していくと、これまで以上
に学習の対象が広がっていき、対称な図形の価
値や活用のされ方についての考えを深めていっ
た。また、このころの日記は、多くの子どもが
ロゴやマークの独自学習の内容になり、「数理
的生活」を続ける子どもの姿も見られるように
なってきた。

独自学習を通して、多くの子どもが、家紋や校章、県章、自動車会社のエンブレムのように線対称が多く使われているものとピクトグラムや自動車標識のようにあまり使われていないものがあるという事実を捉えた。しかし、その共通点やその理由については明確にできていない子どもが多かった。そこで、共通の学習テーマ「どうして線対称が多く使われているものと少ないものがあるのか」を立てて追究していくことにした。

これまでの学習から自分の考えをつくり、相互学習を行った。

授業記録	
司会	今日は、線対称が多いものや少ないものの共通点や理由を話し合います。はじめに、線対称が多いものと理由について発表してください。
C1	線対称が多いものは、車のエンブレムや企業のロゴマークです。それは、誠実、安定、信頼などの効果があるからだと思います。
C2	天気記号も線対称が多かったです。覚えやすいことが大切だと思いました。
T1	車のエンブレムや企業のロゴマークとは違う理由なのですね。
C3	銀行のマークは線対称が多かったです。シンプルで見た目が美しいと感じる人が多いから、線対称にしていると考えました。
C4	家紋は植物をモチーフにしていたものが多く、線対称が多かったです。動物をモチーフにしているものは、線対称が少なかったです。見た目だけでなく、線対称は作りやすいというのがありました。実際に、作ってみると、線対称は作りやすかったです。
T2	実際にどんなものを作ったのですか。
C5	（前に来て作った家紋を見せる）
（中略）	
司会	次に線対称が少ないものの共通点や理由を発表してください。
C5	スポーツブランドのマークは線対称が少なかったです。スポーツブランドは躍動感を重視していると思うので、安定などより、そっちを重視していて線対称にする必要はないのだと思います。
C6	私は、形と色の関係を調べました。造形の先生にもアンケートをとると、デザインの印象は、①色②文字③形の順番らしいです。これは、アメリカの研究でも実証済みで、色や文字を重視しているものは、線対称にしていないと考えました。また、線対称をあえて少し崩した方が美しいという考えもあると教えていただきました。
T3	造形の先生に聞くとは、すばらしい学び方ですね。それに説得力があります。
C7	道路標識も線対称が少なかったです。道路標識は、意味が色で分けられているので、線対称にこだわらなくてもいいと思いました。
C8	ピクトグラムも線対称が少なかったです。ピクトグラムは、意味をわかりやすくする必要があるので、線対称のよさよりもわかりやすさが優先されていると思います。
（略）	

相互学習を通して、線対称は、安定性がある、わかりやすい、覚えやすい、美しいなど、その価値について考えを深めることができた。また、線対称はつくりやすいという考えが発表されたため、次時に、線対称の家紋を折り紙でつくる方法を共同で体験する場面を設けた。

（4）これまでの学習を生かして、学級エンブレムをつくる

単元の学習の最後に、これまでの学習を生か

して学級のエンブレムをつくることになった。学級の特色を考え、それぞれが線対称なものにしたり、部分的に線対称にしたり、あえて線対称にしなかったりしたものもあった。また、学校の学習時間だけでなく、家庭でも自主的にデザインを考える姿も見られた。そして、学級全体で鑑賞した後に、学級のエンブレムを選んだ。

学級エンブレムに選ばれた作品

作品のコンセプト

　線対称ではない形にしました。「6月」という文字を表現したかったからです。

　また、最初の方は、美しく見えるから、線対称のデザインにしていました。しかし、6年月組は個性的な人が多いので、線対称は合わないと思ったので、線対称ではないデザインにしました。

　「6月」の月は、月の色の黄色で塗り、「6」は紫色で塗りました。紫色には、高貴、想像力をかきたてるという意味があるからです。

　「6」の中の○は満月を表現しました。円満という願いを込めました。

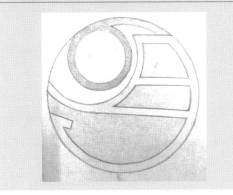

「対称な図形」の学習が終わった後も、身の回りのロゴやマークについて考え、日記の題材に選ぶ子どもがいた。

パラ陸上のロゴマーク

　二十七日に神戸市で開かれるパラ陸上の世

界選手権に向けて大会のロゴマークが発表されました。ロゴマークは線対称でも点対称でも全くありません。文字も入っています。パラスポーツの多様性を表すカラフルな波が神戸から世界に広がる様子を描いたデザインです。コンセプトは「躍動感と多様性」です。スポーツを通じた平和と多様性を感じてほしいというメッセージが込められています。

　私もこのコンセプトやメッセージだったら線対称でも点対称でもないロゴマークにします。躍動感とは生き生きとして動きがよく分かるような様子や雰囲気のことです。対称だとまとまり、きっちりした感じがして躍動感が伝わってきません。平和が大きいテーマなら対称にしたかもしれませんが、多様性なら形も様々である方がよいと感じました。みんななら、どんなマークにするか次の一言にでも聞いてみたいです。

　単元の学習が終わっても、その題材について学び続ける姿、この姿も主体的に学ぶ姿の一つと言えるのではないだろうか。

3　実践を終えて

　本実践を通して、ロゴやマークについて自主的に独自学習を続けたり、朝の会の一言の話題になったりする子どもの学びの姿が多く見られた。これは、生活と結びつけて、学習を展開してきた成果だと言える。また、教師の働きかけやねらいを明確にした相互学習を仕組むことで、単元のねらいに迫ることもできた。

　今後も、単元の本質を見極めながら、子どもの生活と算数の学習を結び付けた単元を構成していきたい。

けいこ（理科）

動物の生命を見つめよう
〜みんなで様々な動物を飼育しながら〜（5年）

長島 雄介

はじめに

　これまで、小学校の理科学習では、子どもが基礎的な観察や実験を行い、その内容を整理し考察することによって科学的な見方や考え方を培ってきた。しかしながら、時折、教科書等の中には単一の観察・実験の結果から結論を一般化しようとするような記述が見られることがある。そのような観察・実験のまとめ方は何とも性急であり、説得力に欠け、子どもがその過程で科学的な見方や考え方を十分に働かせることができないのではないかと考えてしまう。単一ではなく、より多くの観察・実験から結論を導き出そうとする学び方を日々の学習を通して子どもに身につけさせるべきである。

メダカとヒトばかりを扱う学習の現状

　第5学年「生命」領域の内容は、「植物の発芽、成長、結実」と「動物の誕生」であり、生命の連続性が大きなテーマとなる。特に後者では、主に「メダカの誕生」と「ヒトの誕生」について扱い、子どもは発生や成長の様子と経過について学ぶ。しかし、メダカの卵は解剖顕微鏡等で中が見やすいという学習上の利点がある反面、メダカという動物のみで学習を進めていくと、動物ごとの多様性・共通性に気づくことができない。それどころか、メダカの飼育方法や雌雄の見分け方、受精卵の変化の様子を記憶することが中心の学習に陥ってしまう。また、ヒトという動物のみで学習を進めていく場合も同様であり、ヒトの受精卵は何週目にどのような変化があるのか、胎児が育てられる母親の子宮内はどのようなしくみになっているのかを記憶することが中心の学習に陥ってしまう。

　一般に、子どもは普段の生活の中で様々な動物に興味を示すものである。このことから、各々が思い思いの動物を飼育・観察することによって生きた根拠を得て、一人一台端末等を活用しながら他者と交流することにより、動物ごとの多様性・共通性に気づくことができるのではないかと考える。

　さて、筆者が5年生の担任をした年、5年生に進級して間もなく、34人の子どもは校庭で生き物（動物）採集を行った。お気に入りの動物を見つけられずに自宅周辺で再挑戦する子どももいたが、全員が動物の飼育を始めることになった。その結果、学級教室はメダカの他、ダンゴムシ、アリ、トカゲ、カメ、キリギリス、ドジョウ、ザリガニ、カエル、チョウ、カマキリなどで一気に賑わいを見せることになった。子どもは自分で選んだ動物について、実物を観察したり、図鑑やインターネット等を活用して疑問点を解決したりしながら独自学習を蓄積していった。

雌雄の違いは何のためにあるのか

　飼育を始めて、子どもがまず興味を示したのは、雌雄の区別の仕方であった。そこで、自分の目で確認できた雌雄の違いを説明することに加え、なぜその部分に違いがあるのかについて、考えたり調べたりすることを大切にしながら相互学習を行った。以下は子どもの発言の一部である。

【A児（ダンゴムシを飼育）】
オスはメスに比べて、足の速さが速いです。

理由は、交尾の時にオスがメスを追いかけるからです。

【B児（メダカを飼育）】
オスは背びれに切れ込みがあります。それは、交尾の時にメスを引き寄せるためです。あと、尻びれの後ろが長いオスは、尻びれの後ろが短いメスを追いかけることができます。

【C児（ザリガニを飼育）】
腹部から出ている足がメスは長いので、赤ちゃんを守ることができます。

【D児（キリギリスを飼育）】
産卵管があるのがメスです。なぜなら、卵を産むのはメスだからです。

:

ほかの動物についての発言も出てくる中、この相互学習を通して、雌雄の違いは子孫を残すためにある、ということを子どもは学んだ。単に、同一種（例えばメダカ）における雌雄の表面上の違いのみで学習を終えてしまっていたら、この結論には至らない。「雌雄の形態や動きの違いには、きっと何か大きな意味があるのだろう」と捉え、さらに一歩、生命の本質に迫るためには、できるだけ多くの動物に、つまり、本人と周囲の仲間が全身全霊をあげて飼育しているそれぞれの動物に触れる必要があるだろう。

なお、この相互学習の数日後、次のように日記に記した子どもがいた。

【E児の日記（ダンゴムシを飼育）】
ダンゴムシの交尾を発見しました。はん点のないオスが、はん点のあるメスの上に乗っかっているのです！　もう一つ、オスがメスを交尾のために追いかけるため、オスが足が速く、

メスが足がおそいのは本当か、平たい容器にダンゴムシを乗せて見てみることにしました。すると、それは本当でした。オスの方が確実に速かったです。　　　　〈一部抜粋〉

相互学習で学んだことをそのまま鵜呑みにするのではなく、時期を捉えて自ら丹念に実証している。このような学びの姿は当校の子どもらしく、微笑ましい。

「ヒト」も動物の中の一つである

5月に入ると、メダカ、アリ、カマキリなど、複数の動物の卵が見られるようになったことが子どもの観察記録から明らかになった。そこで、卵や子を観察して気づいたことについて相互学習を行った。

【F児】カマキリやメダカは、一度にたくさんの子が生まれます。
【G児】アオスジアゲハは、1つの葉に1つしか卵を産みません。
【H児】ダンゴムシは、自分の体に卵を産みつけます。
【I児】それは、卵を守るためだと思います。
〈中略〉
【J児】メダカの卵は、1週間とちょっとで孵化しました。
【K児】カマキリは、半年以上かかることがあります。
【L児】ヒトは、約8か月で生まれると思います。
【M児】確か、お母さんの体の中で育って生まれるのが胎生動物で、卵の形で生まれるのが卵生動物です。

:

このとき、相互学習の中で初めてヒトについての発言があった。このことにより、以降、ヒトも動物の一種として学習を進めることができるようになった。ただし、哺乳類の胎児や出産

については観察をしながらの学習が難しい。そのため、内容をヒトという1種類の動物に限定せず、できる限り多くの動物と比較しながら学習を続けることにした。一例として、動物の子が生まれるときの共通点や違いについて相互学習をしたところ、次のような発言が出てきた。

【N児】メダカの卵やヒトの卵子は、最初は無精卵で、精子と結びつくと受精卵になります。

【O児】精子が卵子の膜を破って中にちゃんと入ると受精卵になります。

〈中略〉

【P児】ザリガニは卵生動物で、受精卵は黒く、無精卵は肌色です。100個から200個産み、数週間で孵化します。

【Q児】メダカも卵生動物で、6個から38個くらいの卵を産みます。そして、8日から2週間くらいで孵化します。

【R児】カマキリも卵生動物で、200個ほど卵を産みます。

【S児】カエルも卵生動物で、卵を1000個くらい生みます。約5日で孵化します。

【T児】一度にそんなに産んで大丈夫なんですか。

【U児】僕は飼ったことがありませんが、確かマンボウは10000個以上の卵を産むと聞いたことがあります。

【大勢】え〜っ!!

【L児】ヒトは胎生動物です。この前、僕はヒトが約8か月で生まれると言いましたが、訂正します。弟は、5月から3月までお母さんのお腹の中にいました。だから、約10か月で生まれます。

【V児】僕が好きなクジラも胎生動物で、1匹ずつ生まれます。受精して約10か月で生まれます。

【W児】ネコも胎生動物で、受精して60日ほどで生まれます。一度に6匹くらい生まれます。

【X児】ウマも胎生動物で、受精して300日ほどで生まれるそうです。

【Y児】この前、ニュースでパンダのことをやっていました。パンダも胎生動物です。受精して13週間から24週間ほどで生まれるそうです。パンダは1匹ずつ生まれることが多いそうです。

【Z児】ゾウも胎生動物ですが、生まれるまでに2年くらいかかるそうです。

【教師（筆者）】みんなが実際に飼育している動物だけでなく、みんなが大好きな動物まで話題に出てきました。ところで、「動物の生まれ方と卵の数の関係」、「動物の生まれ方と体の大きさの関係」から、何か気付くことはありませんか。

　　　⋮

　この相互学習により、多く卵を産む卵生動物ほどその後生き残れる可能性が低いこと、胎生動物は体内で子を育てるために卵生動物に比べて何匹も育てる必要がないこと、体が大きい胎生動物ほど妊娠期間が長いことなどに気がつく子どもが出てきた。このような発見は、メダカのみ、ヒトのみの学習からではほぼ不可能だと思われる。ちなみに、普段の学習ではどちらかというと大人しいa児が、卵胎生動物というものも存在することを調べ、後日、朝の会で生き生きと発表する姿が見られた。

動物を死なせてしまった経験から

　子どもが動物を飼育する過程において、残念ながら死んでしまうものが多くいる。自分で見つけた動物に愛情を注いで育ててきた34人は、なぜ動物が死んでしまったのかについても相互学習のテーマにした。

【b児（アリを飼育）】
水分が不足していたと思います。

【c児（カブトムシの幼虫を飼育）】
腐葉土を食べて減った分、足しておけばよかったと思います。

【d児（キンギョを飼育）】
1辺の長さが20センチメートルの水槽に、10匹も入れたのは多すぎたと思います。

【e児（チョウを飼育）】
ティッシュにスポーツドリンクを含ませて入れておいたのですが、自然界とは違ったのだと思います。

:

　この相互学習からは、子どもからたくさんの後悔と反省が出された。そして、動物を飼育する際に「水分」「えさ」「生活空間」「酸素」「温度」の5つの要素の中で、いずれかが不足すると死の原因になる、という結論に至った。

　なお、この学習がその後大きく役に立つことになる。それは、ヒトの胎児が母親の体内で育つことを学習する際、「子宮」「胎盤」「羊水」「へその緒」といった4つの言葉に出合ったときである。子どもにはあまり馴染みのない言葉ばかりであったが、先の5つの要素を思い出すことにより、母体にあるこの4つの部分の重要性と、ヒトが出産まで大切に育てられていることを子どもは実感することができたのである。

おわりに

　ここで取り上げたのは、4月から6月にかけて34人の子どもが創り上げた学習である。学習を一通り終えた後も、動物の生命を思いやる姿が、子どもの会話や日記から度々垣間見ることができた。最後に、トカゲを大切に飼っていたf児が、学習を終えて約半年後の12月27日に書いた日記を紹介して、本稿の結びとしたい。

【f児（トカゲを飼育）】
今日は、いつもとはちがうことを考えてみました。〈中略〉自分が育てていたトカゲはちゃんとにがした後、生きて卵を産み、子孫を残して冬眠できたかです。〈中略〉僕が飼っていたある日、トカゲの家を見てみると、白い玉のような物が見えました。そう、卵です。ついにトカゲは卵を産んだのです。僕はその時、涙しました。でも、トカゲはその卵を食べてしまいました。〈中略〉トカゲは弱っていたのでにがしました。僕はハ虫類が大好きになりました。それは、トカゲのおかげです。まだ生きていてほしい、そんな気持です。

写真はR児が飼育したカマキリの卵

理科で学ぶ子ども（5年）

中野 直人

自律的な理科の学び

大正期、本校主事であった木下竹次は、学習に必要な4つの性質を「発動的」「創作的」「努力的」「歓喜的」だと述べた。

筆者は、この4つの性質を、「自ら動きたくなる」「工夫や改善ができる」「努力を要す」「達成感がある」というように解釈している。

そして、発動的、つまり自らの意志で動くためには活動そのものを楽しいと感じる必要があると考える。人は、やらないと困るから動くこともある。しかし、困らなければその活動は自分でしたいと思えないし、続かない。

だからこそ、楽しいと思える環境づくりを教師は考える必要がある。

以降、4つの性質をそろえ、楽しいと思うことで発動的になるような学習を目指した5年生理科「ふりこのきまり」単元の実践について紹介したい。

5年　ふりこのきまり

ともすればこの単元では、先取りした知識のある子が「ふりこの長さを変えれば一往復する時間は変わる」ことを発表し、あとは実験で確認するだけの、新鮮さがなく、面白みのない時間に陥ってしまうことがある。

そうなる原因は、ふりこという自然の事物・現象との出会いで、ふりこそのものに興味を見い出せなかったり、問いを見出し解決法を考える楽しさを感じられなかったりして、自らやってみたい、調べてみたいという気持ちになれないことにある。やってみたい、調べたいと思えなければ努力の必要性は感じられない。

さらにこの単元では、実験の精度を上げる方法を、教師が事細かに指定することで、子どもには工夫や改善の余地がなくなることがある。

問いを解決する楽しさを見出せず、実験方法の工夫や改善の余地がなければ実験後の達成感も低い。

自分から動きたくなる環境を

以上のような課題を改善した学習環境や学習指導はどうあればよいのだろうか。

自ら動きたくなるには、子どもたちが楽しそうだと思える動機づけが必要である。そこで、単元導入では、ふりこの条件に目を向けられる遊びを学習活動に設定した。

理科室の天井からペットボトルのふりこが四個垂れ下がっているようにしておく。理科室の天井にフックがついていたので取り付けに利用した。

ペットボトルのサイズは112mL、500mL、2L。112mLサイズは水を満タン近くまでいっぱいに入れ、500mLのペットボトルは2つ用意し、一つは半分、もう一つは4分の1だけ入れる。2Lは深さ1cmぐらいだけ入れることにした。つまりバラバラである。ペットボトルに取り付けるひもの長さも、天井からの長さが、学級で一番背の低い子のひざの高さぐらいのものから、頭の高さぐらいのものまでとバラバラにしておく。

子どもが動き出したくなる

理科の学習に向けて子どもたちが理科室に移動してきた。

子どもたちは理科室に入るなり、

「なにこれ？」

「ふりこ？」

　と言ってふりこに触ったり、ふりこの下をくぐったりしていた。

　遠慮気味な子、慎重な子は、「勝手に触ったらだめかもしれない」と思ったのだろう、触らずに見ていた。

　理科の学習が始まる。

　教師から糸などにおもりをつるして振れるようにしたものをふりこということ、理科室の天井からぶら下がっているペットボトルもふりこであること、ふりこの長さ、おもりの重さ、ふれはば、1往復するとはどのようなことかを短く簡単に伝える。

　その上で子どもたちに「ふりこを使って楽しい遊びをしようか」と提案した。子どもたちからは歓声が上がる。「4つのふりこに当たらない遊びだよ」と伝える。子どもたちは天井からぶら下がったペットボトルのふりこが気になっていたのだ。楽しそうだと思えるとやってみたいと感じ、自分で動きたくなる。

　4つのふりこを揺らす。揺れたふりこに当たらないようにして理科室中央の通路を通り抜ける遊びだ。

　まずは、教師がやってみせる。わざと4つ目のふりこに当たっておく。ふりこに当たっても怪我をしない、安全だということを見せておくためである。

　早く自分でやりたかったのだろう、子どもたちはすぐに並んだ。そして、次々とふりこの通り抜けを楽しんでいった。

■ おかしいと思うから調べる子ども

　一人2回通り抜けた後に、教師から「4つのふりこのうちどれが難しかったな」とたずねた。難しさを聞くのは、あくまで遊びの中で感じた

ことをたずねることで、発言しやすくするためである。

　「ふれはばの位置が高いところが難しい」「ペットボトルに水がいっぱい入っていたところがはやくて難しい」という発言があった。難しさについて考えながら、子どもたちは条件に目を向けていると感じた。次第に「全部のペットボトルが、大きさや、ひもの長さや、水の量がバラバラ過ぎてわからない」と言い出した子がいた。この子は複数の条件があることを問題視している。教師は、条件を制御する必要さを他の子どもたちにも気づかせたいと考えた。

　そこで、「別にバラバラでもいいじゃないですか」と教師が言うと、

「バラバラはだめ」

「バラバラだと何が原因かわかりません」

　と子どもたちが口々に言い出したのである。

■ 工夫・努力・達成感のある学習

　さらに条件を制御した実験方法を子どもたちが考えていけるように、

「それでは、ここにあるおもりとひもを使ってバラバラではないようにするにはどうしたらいいのか考えてみましょう」と伝えた。

　おもりは10g、ひもは50cm程度の長さのものを、どちらも全員分用意した。

　子どもたちは条件を制御するためにはどうすればよいのか、糸とおもりを操作しながら考え始めた。

　ある子は、「ふりこを手放すときに下敷きを使えばいいと思う」と言い、下敷きを使って何度か試していた。手で持ってふりこを揺らすと、手の力がどうしても加わってしまうからだと言う。ある子は、「ふれはばを揃えるためにも分度器を当てておいたらいいと思う」と言い、またある子は糸をどこかに固定した方がいいかも

しれないと言い、理科室のぶら下げられそうなところに取り付けてみたりした。そうやって、より精度の高い実験方法を見つけていった。

子どもたちが見つけた条件を揃える方法は、発表の時間に共有されていった。条件を揃える方法を自分で見つけることも、自分が見つけたアイデアを伝えることも楽しくて達成感があったように見えた。

次時以降は、ふりこの通り抜け遊びを難しくする原因は、ふれはばを変えたことにより1往復する時間が早くなったからなのか、それとも重さやふりこが原因なのか調べていった。

ふりこの重さを変えることで1往復する時間が変化するか調べる実験では、ふりこを縦連結にして長さと重さの2つの条件を意図的に同時に変えて工夫して調べる子どもたちがいた。そのおかげで、条件について再度子どもたちは吟味できた。

単元終了時にはもう一度、単元導入で行ったふりこを揺らす遊びを行い、どうやったら難しくなるのかもう一度考えるよう促した。
「ふりこが1往復する時間を変えるにはふりこの長さを変えたらいい」
「長さが影響するけれど、重さを変えるとあたるとこわいから重くしよう」
「ふれはばを変えても1往復する時間は変わらないということは、ふりこは速く動くということ。だからふれはばを変えたらいい」
という意見が出てきたので全て試した。子どもたちはふりこが1往復する時間を変える条件は長さしかないことを理解した上で話していた。さらには、中学以降の理科の学習へとつながる要素も含まれていたこともよい。

教師から「これでこのふりこの単元を終わります。みんなよく頑張りました」という話をし

たときには「えー！」「もっとふりこの学習を続けたい！」という声が上がった。子どもが楽しいと思いながら学び続けられた証拠である。子どもたちの頑張りを改めて称えた。子どもたちが十分な達成感を味わえているときに終わるのがいいと思い、単元の学習を終了した。

「理科」で学ぶ「人との関わり方」

子どもたちは理科学習の中で、人との関わり方も学ぶ。理科の知識や技能が身につき、思考力等の力がつくことは素晴らしいことであるが、それだけでなく、仲間と一緒に協力して学べることも素晴らしいことである。自分の活動を優先してばかりの子どもが、周りに気を配れるようになるのはすごい成長だ。

だからこそ、本稿では、理科の学習を通じて子どもが、人との関わり方について学ぶことについても紹介する。

人と人との関わりの中で子どもたちは生活している。よりよい人間関係を育めるように、教科の中で積極的に子どもが人との関わり方を考え、相手や状況に応じた態度を身につけていけるように働きかけていきたい。

例えば先程まで述べてきたふりこの学習において、ふれはばは周期に関係があるのか調べていたときのことである。みんなが公平に実験器具を扱えるように、交代しながら道具を扱っていたグループがあった。これは偶然ではなく、そのグループの子どもたちが考えながら、互いに気づかいながら取り組んでいるからできるのである。こういうときに当たり前だと思わず子どもたちのよさを認めることが肝心だ。

あるグループでは、下を向いている子どもがいた。こういう姿は目立つのでわかりやすい。「どうしたの？」と下を向いた子に教師が聞い

てみる。何も答えなかったが、その子は何の実験器具も持っていなかったので、使いたい道具が使えず落ち込んでいるのだと思った。グループの子どもたちが意地悪をしているようにも見えない。きっと、使いたい道具を先に持っていた子がいて「自分もそれが使いたい」と言えなかったのだろうと思った。

教師は、「グループの子どもたちみんなが納得して道具を使えるようになるといいね」と言ってその場を去ることにした。この子たちはこの声かけだけでも自分たちで考えて行動に移すはずと考えた。

この学習の後、「グループみんなで協力して実験ができたと思う人?」と聞いてみた。先程のグループはもちろん手を挙げていなかったが、他にも数人手を挙げていなかった。

「みんなが協力して実験することは大切な学びです。大丈夫、次はできますよ」と励ましておいた。

別の日、前時には下を向いていた子どもが電卓を持って実験に参加していた。子どもたち同士で「ふりこを動かすよ」と声をかけ合いながら実験を進めていた。

もし、子どもたちに変化がなかったら、再びグループの子どもたちに声をかける必要があると考えていたが、子どもたちは前回の反省を生かしていたようだ。

「みんなが考え合って、役割分担できるようになったね」とグループの子どもたち全員に声をかけてほめた。

以降、このグループでは役割を交代して実験を行うことができた。

子ども同士の気づかいを捉える

理科の学習中、演示実験を見ようと集まった

とき、「自分の後ろの子が見えにくくないかな?」とチラッと後ろをふり返る子どもがいる。あるいは、実験機器を取りに行くため並んだときに、狭くならないよう上手く間隔をとる子どもがいる。自分ばかりが楽しいのではなく、みんなと楽しめるように交代して実験できるようにする子どもがいる。片付けを率先してする子どももいる。

このように子どもは仲間と気持ちよく過ごす方法を考えて動いているのである。

子どもを捉えるのは容易ではないが、単元の内容を習得することで終わらず、人とどう関わるか考えて動く、そんな子どものよさも見つけられるようにしたい。子どもは「理科を学ぶ」だけではなく、「理科で学ぶ」のである。

全員のよさをみつけられるか

簡単にはできないことだが、「あなたはここがよかった」「あなたは前よりここがよくなっている」「あなたはここを頑張っていた」と学級の全員に毎時間伝えられたら、どれほど子どもは喜び、伸びていけるだろうか。手段は対面でも、ICTでも子どものためになるのなら何でもいい。

あるいは「あなたが関わることであの子がよくなった」「あなたのいるグループはここがいい」「みんなの学級はここがいい」と伝えられたらどうだろう。

自分のよさを自覚して伸びていけるように、互いのよさを分かち合い認め合えるように、自分の所属するグループ、学級が素晴らしいと思えるような働きを心がけたい。　　（中野　直人）

よりよい表現を追求する音楽学習
～音楽会に向けた練習を通して～

中村 征司

1. はじめに

　本校では、毎年12月の初頭に「なかよし音楽会」を開催している。1年生から6年生までの全ての学級が、日頃の音楽学習の成果を発揮して、合奏や合唱などを発表する。曲の練習を通して音楽的な能力を身につけることももちろんだが、学級が力を合わせて一つの曲に取り組むこと、また他の学級や学年の発表を聴いてお互いのよさを認め合い、学級や学校全体のなかよしを深めることが「なかよし音楽会」の主たる目的である。新型コロナウィルス感染症拡大により、合唱を行わない年や開催方法を変更した年もあるが、通常は奈良女子大学の講堂を使用し、普段の学習では味わえないような緊張感や高揚感といった、非日常的な経験をさせることも貴重である。

　今回は、このような本校の音楽会に向けて子どもたちと取り組んだ実践を通して、よりよい演奏を子どもたちがどのように取り組んだのか紹介していきたい。

2. 目的が見える練習

　日ごろ、学習を子どもたちと進める中で、単元や課題によって子どもの学習意欲が大きく変わることを感じている。
「私たちは今何のためにこれを学習しているのか」
「僕たちがこれを学習すると、自分はどう成長できるのか」
「音楽を練習して演奏できるようになり、成長した先には何があるのか」
　子どもたちの学習は、教師から子どもへの一

方的な学習ではない。子どもたちにとって自分は何のために学び、何を目指すのかが見えにくい学習は、子どもたちも意欲を持って取り組みにくい。しかし、目的が明確であればあるほど子どもたちは学習に夢中になり、課題を解決するためのめり込んで取り組む様子を見せる。

　私は普段の音楽学習に目的を見出させることは容易ではないと感じている。子どもたちは何のためにリコーダーを吹けるようにならなければいけないのか。何のために楽譜に書いてあるリズムや音程を読めるようにならなければいけないのか。言い出せばきりがないが、音楽的技能を身につける理由を「教科書に載っているから、学ぶことが義務だから」といった消極的、受動的なものから、「弾けるようになって○○の曲を演奏するため」や「もっといい演奏をするため」といった積極的動機に置き換えられたら子どもたちは意欲的に知識技能を身につけていけるのではないだろうかと思っている。当たり前のことだが、学習活動において知識や技能を身につけることは目的達成のための手段にすぎず、知識技能を身につけることが学習の目的になってしまってはいけない。つまり、リコーダーを吹けるようになるというのは学期末テストでいい点数を取って通知表の点数を稼ぐためではなく、いい演奏ができるようになるために吹けるようになるということである。

3. 音楽会を目的として

　子どもたちに明確な目標を持たせるため人前で演奏する機会を用意するということは、学習に取り組む意欲を高めるために効果的であると言える。本校の行事の中の一つ、「なかよし音

楽会」は、音楽を学習する子どもたちにとって明確な目標になる行事である。昨今、授業時数の確保や負担の軽減という大義名分の下に文化的、体育的な行事が削減されている。確かに行事が多いとそれだけ子どもたちの生活も落ち着かないことにつながりかねない。ただ、本校でも行事が減っていく中で音楽会が開催されるということは本校の音楽科にとって大変ありがたいことであり、このありがたみを子どもたちと共有できることは幸せである。この「なかよし音楽会」が子どもたちの音楽学習における1年間のスケジュールで大きな柱となっている。

　音楽会で演奏するためには曲を選定しなければいけない。低学年では教師が曲を提示してそれを演奏させるが、高学年になってくると自分たちで音楽会の演奏曲を決められるようになってくる。そこで問題になってくるのが、子どもたちが音楽会にふさわしい曲を選ぶことができるだろうか、という問題である。ある曲が音楽会に相応しいかどうか、という点は子どもが判断できるように価値観を育てていきたいと考えている。

　ポップスやロック、アニメの曲が不相応でクラシックや映画音楽が相応かといえばそうではないだろう。日頃の学校生活の中で培われた、何が学習にふさわしいかそうでないかという判断基準は学級によって様々で、普段の話し合いの様子など学級のカラーが出てくる。また、その学級のカラーが選曲に影響して、いろいろな曲があると聴く側としても楽しめるだろう。子どもたちが知っている曲は、テレビや映画で見聞きした曲ばかりに偏る。もちろん、テレビや映画の曲でも構わないのだが、クラシックも含めた幅広い音楽の中から選んでほしいと思っている。そこで、曲決めまでに、色々な曲を聴く機会を持つことを心がけている。子どもが色々

な曲に触れ、自分の聴きたいと思う音楽を見つけてほしい。そのためには教師は普段から様々な曲の音源を聴いたり、楽譜を読んだりしておく労力を惜しまないことが必要になってくるだろう。

　候補に挙がる曲を見ていると日頃自分たちをどう思っているのかということがよくわかり、なかなか興味深い。

　ただ、どの様な曲が音楽会にふさわしいのかは、子どもだけで判断するのは難しく、教師が助言するべきだと考えている。特に、難易度の判断は子どもでは客観的に自分たちの演奏レベルを知ることが容易ではないので教師が判断してやればよいだろう。

　曲が決まれば楽譜を用意しなければいけないが、ここは教師が選んでやればよいと考えている。昨今、教育現場のニーズに合わせた楽譜がたくさん出版されており、子どもの演奏技術に合わせた編曲の楽譜を探せばよい。とはいうものの、子どもたちの演奏技術をある程度見極める力、練習を進める中で本番に間に合うのかという見通しは教師に求められている。このあたりは、技術どうこうというよりは、子どもの動向や学校内の行事日程、練習にかけられる時間や授業外に時間を確保して練習するような雰囲気のある学級なのかなど、様々な要因があり、一概にこうすればよいといった話ではない。経験を積んでも様々な要因を包括して見通しを立てることは毎回難しいと感じている。

4．子どもによる練習の進行

　曲の選定は教師が参加しつつ子どもが主体となって行うことができた。練習に関しても子どもが主体性を持って進める。しかし、練習が軌道に乗るまでは教師が前に出て指導を行うべきだろうと考えている。特に、合唱の場合は楽譜

を読みながら教師が音で示してやれば素早く歌えるようになる。

　ある程度楽譜通り歌えるようになった頃に、指揮者やピアニストも他の子どもと合わせられるようになってくる。ここからが本校の子どもの本領発揮である。ある練習場面を紹介する。

───────

指揮者：今の曲を、指揮をしながら聴いていると、○○〜♪（途中の場面を歌う）のところが、アルトのパートとソプラノのパートに分かれるんだけど、そこがアルトばっかり聞こえてきます。もっとソプラノが頑張るか、アルトがおさえたほうがいいと思います。

S児　：僕はアルトなんだけど、僕たちはこれ以上小さくすると元気がなくなったみたいに聞こえると思います。ソプラノも全然聞こえてこないし。だからソプラノが頑張った方がいいと思います。

O児　：そんなん言われてもソプラノ高いねんからあんまり声出ないし、そっちに抑えてほしいわあ。

教師　：お互いに譲らなかったら今日の学習時間はこの話し合いだけで終わっちゃうよ。ソプラノはあまり大きくできないみたいだし、どうしようかな。

指揮者：それだったら、ソプラノは今のままでいいので、アルトは少し抑えてみて下さい。練習してみます。

〜〜〜〜〜〜歌ってみる〜〜〜〜〜〜

指揮者：今のは両方のバランスがよかったと思います。今の大きさを忘れずに次からも歌ってください。

───────

　このように、合奏も合唱も指揮者が練習の中心になる。演奏している子どもからも意見が出てくる。自分たちの演奏をもっとよくしたい、もっと美しいものにしたいという願いや意欲が子どもたちを前に進める。指揮者の思いが正確に他の子どもたちに伝わりにくい場合や、楽器パートの子どもたちの意図が指揮者に伝わっていない場合などは、教師がフォローすればよい。

■ 5. 音楽会が終わっても学びは終わらない

　12月中旬ごろに音楽会が開催され、その後の音楽学習は学年末に向かって進むことになる。目標が見えにくい学習を進めるよりは、子どもたちに見える目標を引き続き持たせることで、子どもが主体的に学びを続けることができると考えている。

　そこで、私は学年末に学級内での発表会を行うことにしている。学級内で小グループを結成して器楽アンサンブルでの発表を行っている。保護者や友だちを観客として演奏会をするために、子どもたちは学習を進めていく。グループでのアンサンブルを通して、他のグループの工夫や、自分たちとの違いを聞き合うという学習は、音楽の教科書にも取り入れられ、すべてのグループが同じ曲に取り組むという課題が掲載されている。もちろん、違いを聞き取ることに主眼を置けば、同じ曲で比較することが条件として必要だが、ここで紹介する実践は違いを聞き取ることのみをねらいとしているわけではないので、曲についてはそれぞれのグループに委ねている。

　音楽会のふりかえりを終えて、冬休み前後の学習でグループを決め、グループで曲を決める。曲が決まればパートを決めて練習を始める。年度の最後の学習を発表会の日とし、都合が合う保護者には、参観にも来てもらう。余力があるようであれば、私も演奏して聴かせることもある。

6. お互いを意識し合える
グループ演奏のよさ

この学習では、音楽会で見られるような学級が一つの曲に集中して行うという学習に比べ、グループでの発表は個々人の音が演奏に大きく影響する。音楽会では埋もれていた自分の音がはっきり聞こえるようになり、より主体的に「演奏できる」ようにならなければいけないと感じさせることができる。

「学級全体での取り組み」というと、大きな目標に向かってみんなで一緒に取り組むといった意味合いが強く出るため、一体感があるように感じるが、何十人も同じ目標に向かって動く中では、子どもたちのかかわり方は様々である。もちろん、グループ学習での演奏だからといって、音楽が苦手な子どもは得意になることはないし、意欲が低い子どもが突然「やる気満々」になることはない。自分の演奏や取り組む姿勢を目の当たりにして自覚するには、個々の責任を重くすることが効果的であり、そういった意味でもグループ演奏は有効だと考えている。もちろん、大人数での演奏に比べて迫力に欠け、上手な子どもが、演奏技術が十分に身についていない子どもたちをカバーできるような余裕もない。当然、最終的な演奏のクオリティは音楽会のそれには到底及ばない。だが、グループでの練習を通して、音楽会では主体的に取り組んでいなかった子どもたちも主体的に取り組んでいる様子が見られる。聴き手にとっても演奏者一人ひとりが近く感じられ、それぞれの工夫や努力を感じ取ることができる。

7. グループ演奏の課題と今後

グループで演奏を行うときに音楽室で一斉に練習を行うとお互いの音が混ざってしまい、自分たちの音が聞こえなくなってしまうという問題がある。例えば、別室に楽器を運んで行って練習することができれば音は混ざることなくそれぞれのグループが自分たちの音に集中して練習することができる。しかし、これでは教室の確保や周囲の学級への騒音といった問題があるためなかなか本校の環境では実現しにくい。一度や二度程度だと周囲の学級も理解を示してくれるが、何度もお願いするわけにもいかない。

そこで、私が行っているのは、グループごとに合わせて演奏する時間を設けて、その時間は他のグループが音を出さずに待機するという形式だ。毎回の授業時間の中で1回だけ他のグループに音を出さないようにお願いできる時間を使う権利があり、その時間は合わせてもよいし、個人練習をしてもよいとする。

そして、その練習の様子をタブレットで動画撮影する。動画はそのグループのメンバーと共有し、他のグループが演奏している間や全体で一斉に練習するときに別室でヘッドホンを使用して観させる。演奏を客観的に観たり聴いたりすることで各楽器のバランスや自分たちの演奏の様子など、気がつくことがたくさんあり、そこから自分たちの今後の課題が見えてくる。教師も一緒に動画を観ながら改善点を見つけることもあれば、子どもたちから質問が出てくるまで待つこともある。

今後の課題としては、待ち時間の解消である。聴くことも学習になるとはいえ、自分たちの音をひたすらに練習する時間も確保したい。例えば、各自が使用している端末で音楽のアプリなどを利用して一斉に、しかもお互いが音を混ざらないように練習できないかと思っている。

けいこ
（音楽）

気づく力を育み、表現をひろげていく

天池 美穂

楽しみながら「気づく力」を育む

子どもが音楽を感じているときは見ていてよくわかる。歌っているときに、つま先や膝を音楽に合わせて動かしていたり、楽器を演奏しているときに休符のところで首を動かしてその休符を捉えていたりと、小さい動きでも自然に体でリズムをとっている。中には楽譜や演奏に対して苦手意識を持っている子どももいるが、音楽に合わせて自然に体が動いており、素敵な感性を持っている。そのような小さな動きにも教師が気づき、子どもが音楽を感じ取って楽しんでいるところを見逃さないようにしたい。

低学年では、簡単なリズムパターンから多様な表現の面白さや、リズムを使って友だちと合わせることの楽しさを感じ取らせたいと思い、常時リズム遊びを取り入れて、短いリズムでリレーや掛け合いを楽しむ活動を行っている。うまくリズムが打てない子もいるので、提示しているリズムを必ず全員で確認したり、教師も一緒にリズムを打ったりしながら、子どもたちが楽しく自信をもって活動できるようにしている。子どもたちが音符と休符に興味を持ち、楽しみながらリズムを感じ取れるようにしたい。

とくに休符による表現のよさも大事にしたいと思っている。楽譜を見ながら歌唱や演奏をするときに、音符を読むことは意識するが、休符の存在を無視して音を伸ばし続けたり、音を繋げたりしていることがある。休符や少しのリズムの違いによって、音楽の感じ方や伝わり方が変わるということや、休符にも作曲者の意図があることに気づけるように、低学年のうちから休符を意識させてリズム遊びを行っている。

リズムづくり（1年）

四分音符、四分休符、八分音符について学習した後、それらのカードを使って、四拍のリズムをつくる活動を行った。最初はとにかく何通りもカードを組み合わせて偶然できたリズムを楽しむようにした。

それから「なぜそのようなリズムにしたのか」「どんなところを工夫したのか」という意図をもってリズムをつくるように子どもたちに伝えた。すると子どもたちはわくわくしながらカードを何度も入れ替えては手で打って確認し、「もっと面白いリズムにしたい」「もっといろいろなリズムをつくりたい」と言いながら取り組んでいた。

音楽の構成として、同じメロディーやリズムを繰り返す「反復」によって心地よさや安定感を感じられるが、この4拍のリズムづくりでも、それを自然と感じ取って取り入れている子が多くいた。また、反復を取り入れた上で、「変化」をつけている子もおり、次のようにふりかえりをしていた。

―――――

ぼくのリズムは「タタ｜タン｜タタ｜ウン」です。くふうしたところは、くりかえしをしないところです。「タタ｜タン｜タタ｜タン」だったら、「タタ｜タン」でくぎっちゃうと、おなじリズムになっちゃうからです。

―――――

一度つくってみたリズムから、変化をつけたいと思い、音符を一つ休符に変えることで、自分の表現を工夫することができた。

その後の相互学習では、自分や友だちがつく

ったリズムについて考えを伝え合った。先程のふりかえりを述べた子のリズムについて、他の子どもたちから「1拍目と3拍目の音符を揃えたところがいいと思いました。」「同じペア（リズムの反復）ではなく、最後の4拍目を休符のウンに変えたところがいいと思いました」という感想が出た。

つくったリズムとそのイメージや工夫したところを発表して、友だちからも、そのリズムについて感じたことや、よいと思ったところを言ってもらうことで、子どもたちはさらに意欲的にリズムづくりに取り組めた。また、友だちがつくったリズムから「ここが面白いな」「次は自分もこうしてみよう」という工夫する意欲にも繋がった。このような活動を積み重ねて、どのように表現したら自分のリズムが楽しくなるかと考え工夫する力をどんどん育てていきたい。

一方で、相手がどのように感じたか知ることも大事である。自分の意図とは違うように相手が捉えることもある。相互学習を通して、一人よがりの音楽ではなく、「うまく伝わらなかったから次はこうしてみよう」と工夫する。その経験も学びとなる。

今回のリズムづくりは、既に用意されているリズムカードを組み合わせることによる活動であるため、自分で最初から全てを創作したわけではない。今回のリズムづくりを、今後の音楽づくりの活動へと繋げて発展させていく。リズム以外の音楽の要素も音楽づくりには不可欠である。そのために、メロディー、強弱、速度、音色など音楽の要素一つひとつに意識を向けた遊びや活動を常時取り入れていき、子どもたちが楽しみながら音楽の要素や構成について気づく力と表現力を体得できるようにしたい。

■日常に溢れている音楽の気づき（4年）

歌唱「ゆかいに歩けば」では、スタッカートで歌う部分と、裏声でのばす部分の対比が特徴的でわかりやすく、それぞれを生かした歌い方を練習することができた。そこから、日常生活の中で不意に歌を耳にする場面でも、様々な歌い方の違いに気づく児童が増えた。子どもたちは日常のふとした瞬間、何気ない出来事の中で音楽的な発見をする。教師が伝えるのではなく、何気ない子ども自身の気づきが、自ずと学習へと結びついていく。

子どもたちの気づきを大切にしたいと思い、音楽以外の学習場面や休み時間の子どもたちの様子や言動、日記の内容からも見えてくる子どもたちの音楽的に関する思いや発見を、音楽の授業に取り入れている。

子どもたちが流行りの曲を聴いて歌い方を真似している中で、様々な発声の違いに気づいて歌い比べていた。それを授業で取り組んでいる曲の中でも活かせられるのではないかと思い、子どもたちと試してみた。教師が説明するよりも、子どもたちが声のイメージを掴みやすく、それを真似ることで、表現したい歌声に近づけることができた。

また、校内放送で聞こえてくる曲の曲調を感じ取って歌い方を工夫している子どもの姿が見られた。低学年の歌の教材は明るく元気なものが多いが、学年が上がるにつれて、「切ない」「寂しい」といった気持ちになる歌を歌う機会も増える。以前、授業中ではない日常生活の中でそのような「切ない」曲を歌うときに「大きな声で歌って元気な歌に聴こえている」という違和感に気づき、「この曲はどのように声を出したらいいだろう」と考えていた子どもたちがいた。

「この曲は元気に歌う歌かな。違うのではないかな」という子どもからの疑問を音楽の授業でも取り上げ、子どもたちはどのようにすると表現したい歌声になるか、どのようにしてみんなで一つの音楽をつくり上げていくかということを話し合った。

　このような普段の子どもの何気ない言動を拾い上げて、子どもたちに返していくことで学習に結びつき、その繰り返しが子どもたちの中に音楽を感じる力、表現する力となって培われているはずである。そのために、教師も子どもたちの力に繋がる何気ない言動や思いに気づく力を持たなければならない。

他教科と関連づける

（1）言葉による表現力

　気づいたことから、曲に対する自分の考えや思い、表現の工夫などを友だちと共有するために、相互学習を繰り返しながら深めていく。

　そのためには、曲のイメージを発表し合う際に、子どもたちの言葉による表現力も育てていく必要があると感じた。「やさしい感じ」「悲しい感じ」「力強く」などの言葉が多く出るが、それだけではなく、自分のイメージをもっと具体的に友だちに伝えられるようにするためには語彙力が必要である。学習指導要領にも「言語活動の充実」として、言語活動が「表現及び鑑賞を深めていく際に重要な活動である」とされていることを踏まえ、他者と協働しながら、音楽表現を生み出したり音楽を聴いてそのよさなどを考えたりしていく学習の充実を図る観点から、「音や音楽及び言葉によるコミュニケーションを図り、音楽科の特質に応じた言語活動を適切に位置付けられるようにすること」とあるように、国語科とも結びつけて音楽に対する「どんな気持ち」「どんな感じ」を言葉でも表現

できる力を低学年から育てていきたい。

（2）学習や経験を表現の土台に

　また、4年生では避難訓練やしごと学習（ダム見学、災害、地震、命の学習）と関連づけて、東日本大震災復興のためにつくられた「花は咲く」を歌唱教材に設定し、歌詞や楽譜を通して情景のイメージや思いを話し合った。第一時で初めて歌った後に、どのように表現しながら歌いたいかと問うと、子どもたちはまず強弱記号に気づき、「ここはフォルテだから強く」「ここはピアノだから小さい声で優しく歌う」などの意見が多く出た。また、「悲しい気持ちがする」「優しい声で歌う」といった意見が出た。単なる音楽記号や譜面に書かれているものや、「悲しい」「優しく」の一言だけではなく、それらをもっと具体化して共有しながら、歌声での表現へと繋げられるようにしたいと考えた。

　そして、楽譜や歌詞をもっと深く読み込んで気づくことはないか再度聞いてみると、子どもから次のような呟きがあった。

> 1番の歌詞は「かなえたい夢もあった　変わりたい自分もいた」という、被災した人の気持ちを表している過去や後悔を表す言葉がたくさんあったけれど、2番にはそれがなくて、時が進んでいく感じがしました。
> 「だれかの未来が見える」という言葉もあるので、2番は未来に向かっている気持ちや希望を表したいと思いました。

　この言葉から、歌詞とフレーズを区切りながら歌い方の違いにも着目させた。歌詞からどのような情景を想像し、どのように感じ取ったか、また、それをどのように歌声で表現したいかということについて時間をかけて話し合った。

　出た意見を意識して全員でワンフレーズずつ何度も歌っていくことを繰り返していくと、言葉の一つひとつの発声の仕方も変わり、歌い方

を変えて様々な表現を試そうとするようになった。

その中で、「悲しい気持ちや、前に向かおうとしている感じはわかるが、それを、どのように歌声で表現していいのかわからない」と、ふりかえりの中で話す子がいた。学級全体でイメージは共有できてきたが、音楽として表現するにはまだそれが漠然としている子どもたちもいるので、わかりやすい例えに置き換えたり、具体的に「優しく歌うとは、このような声の出し方で」「悲しみや悔しさを表現するにはこのような声で」というように口の動かし方や発声の練習を繰り返したりした。これを、教師発信ではなく、児童が相互に伝え合ったり試したりできるように、発声技術を伸ばしていかなければならない。多様な歌い方を知り、自分の思いを音楽で表現する力を育ませたい。

このように、目の前にいる子どもたちが、他教科で学習したことや経験したことと結びつく題材を設定することで、子どもたちの音楽の学びは深いものとなるはずである。

土台（学習や経験）となるものがないと、単なる想像だけとなり、自分の内側から出てくる表現には結びつきにくい。他教科と関連づけて音楽に取り組むことは、子どもにとって表現力に繋げられる方法の一つと考える。他教科で独自学習・相互学習を経たことで、子どもたちは具体的にイメージしやすく、思いも共有しやすい。そのため、そこからさらに一歩先を掘り進められるのだ。

▌3. 相互学習による表現の広がり

楽譜を見て気づいたことや、どのように歌いたいかを話し合うときに、まず強弱に注目する子が多い。そして強弱さえつければ表現できた

と思ってしまう。もちろん強弱も大事ではあるが、他の音楽の要素にも気づける力を培っていきたい。速度が途中で変わることでどんな印象を受けたか、音の重なりが分厚くなったり減ったりすることでどんな効果があったかなど、楽譜に書かれていることだけではなく、自分たちが感じたことをどんどん出し合える相互学習を目指している。

また、前奏や間奏、後奏に対して自分で情景や意味を見出している子どもも少ない。作曲者が前奏・間奏・後奏にはどのようなメッセージを込めているだろうかと投げかけ、子どもたちにイメージを持たせたり考えさせたりして、相互学習で自分たちの考えを話し合い、学級全体で曲のイメージを共有する活動も行った。

自分の考えだけを伝えて終わりではなく、曲に対する思いや考えを他者と共有し、工夫へと繋げていく相互学習の積み重ねによって、子どもたちが友だちの考えのよさにも気づき、そこから自分の考えや表現を広げていくことができると考える。

今まさに様々なことを学んでいる過程にある子どもたちは、経験がまだ少なく、個人差もある。想像することや共感することが難しい場面もあるが、まずは音楽から「ここが不思議」「ここが面白い」「このような気持ちになる」ということを感じ取り、自分が感じたことや楽譜から音楽の面白さに気づいてほしい。そして他者と共に想像力や表現方法を培い、みんなで音楽をつくり上げていく達成感や喜びも経験しながら自分の思いを音楽にのせて伝え表現できるように子どもたちの学びを育んでいきたい。

【参考】
「花は咲く」岩井俊二・作詞／菅野よう子・作曲　氏家晋也・編曲

「子ども」から始める（5年）

服部 真也

子どもは「過程」でこそ、育つ

　この原稿を執筆しているまさに今、娘がリビングで絵を描いて遊んでいる。「うーん、猫ちゃん、うまく描けないなあ」。どうやら猫の絵を描こうとしているが、納得いかずに困っているようだ。父として娘にどう関わろうか。どうすることが娘のためになるのだろう。PCに向き合いながらぼんやりと考えを巡らせていると…。

・お父さんが代わりに描いてあげようか？
・お父さんが見本を描こうか？
・PCで猫の画像を調べて、真似したら？
・猫の絵を印刷して、写し絵にしてみる？
・頭から順に描き方を教えるよ？　紙の半分くらいに縦長の丸を描いてごらん。次に、その上に横長の丸を描いてみて。次はね…

　簡単に成果をあげるなら、上記のようなアプローチだろう。しかし、瞬間的に感じる。父としてそんなことをしていいものかと。「答えそのもの」を手渡すことで、まさに娘の期待する猫になるだけでなく、非常に短時間で解決する。一見、解決したように見える。

　しかし、それでは娘が今後猫の絵を描くときに、困ってしまうことには疑いがない。娘は、猫の絵を描いたようで、「ただ線をなぞっただけ」「見本や画像を真似しただけ」で、猫の体の構造や表情を捉える力はおろか、工夫する力や表し方を考える力は何も身についていない。もとより、「本当に描きたかったイメージ」とは少し違う猫を手に入れることになってしまったことになる。では、どうアプローチすればよいのだろう。

娘に造形的な思考力や表現力などを養うなら、

・自分が表したいイメージが、どのように表現できるのか探れるように、試せる紙を何枚も用意する。
・表したいイメージがより明瞭になるように、表したい猫のポーズや猫が何をしているかなど、イメージを聞き取る。
・今の自分に合った解決方法を選び、今後の解決への手立てにつながるように、どの部分で困っているのか聞き取り、どんな解決方法が取れそうか、幾つか案を示す。

など、彼女の今後を考えたアプローチがあるだろう。そう考えていると、学級の子どもたちが頭の中に浮かんできた。

　造形教育も同様で、「どの子」も「一斉に」、「見栄えのよい作品になるように」するには、前者のようなアプローチができるだろう。しかし、画一的に見栄えのよい作品ができたところで、造形的な資質や能力は何にも身についていない。次の題材でも同じように見栄えのよい作品をつくらせるなら、再び前者のようなアプローチを取り、「答えそのもの」を手渡し続けなければならない。<u>本当の意味で子どもたちが満足する表現を実現するのなら、これまでそうしてきたからと逃げず、一人ひとりの育ちのために「過程」を大切にしなければならない。</u>

【娘の描いた猫ちゃん】

子どもの内側で起こっていることに、目を向けると、「過程」が変わる

●「自分事」になることで、子どもは動き出す

「平成24年度学習指導要領実施状況調査 教科等別分析と改善点（小学校 図画工作）」において、導入時に表したいことを見つけられた子どもは79.7%で、その99%以上が自分なりに表し方を構想することができたと示されている。79.7%という数値を見ると、一見高い数値のように見えるが、導入後20.3%の子どもたちが表したいことを見つけられていないということになる。これは、表したいことを見つける場面において、うまくいっていない指導の実態があることを示している。

保育園などで0歳児が造形活動を行うとき、「この積み木を並べて遊ぼうね」「この色を混ぜたらどうなるかな」という問いかけはしないという。自然に触ってみたくなる、関わってみたくなる環境設定を行うようだ。それは小学校においても重要な考え方だと捉える。

段ボール板とビー玉を一人ひとりの机に置いておき、授業開始のあいさつが始まるまで少し子どもの様子を眺めてみてはどうだろう。すると、置かれた材料に興味を持ち、ビー玉を指で転がし始める子、段ボール板を両手で持ち、ビー玉が板から落ちないように板を傾けて遊び出

す子、隣の友だちと二人で板を持って、何やら話しながら発想を膨らませている子、友だちのビー玉を借りて2つのビー玉を同時に転がす子、とあちらこちらで発想の芽が顔を出す。「今日からビー玉を転がして遊ぶものをつくりますよ。まず段ボール板を電動糸鋸で色々な形に切り分けますよ。次は色を塗って、土台に貼ります。ビー玉がちょうど通るくらい隙間をあけて並べると、ほら、このように遊べますよ」と教師が目的や手順、見本を、取ってつけたように提示しなくても、子どもたちの中で自然に自分事になり、題材が動き出していく。

そのビー玉をどうしたいのかたずねると、「面白く転がるように、板の上に壁や分かれ道をつくりたい」「板に穴を開けて、転がるうちに穴から落ちるようにしたい」「二人で転がして、相手の方に落ちるようにして遊びたい」と泉のように発想が湧いてくる。「それはどう表すの」とさらに聞くと、「二人で板の両端を持って、前後左右に板を傾けて転がすの。ビー玉が釘とか壁に当たって予期せぬ方向に転がるようにしたら、相手の方に面白く転がりそうだから楽しそう」と構想が膨らみ始めている。発想を共有し、表し方に繋がるように導入を構成することで、「そのアイデアいいな。あっ、いいこと思いついた」「だったらこれもできそうだ。この材料が使えそう」などと、表したいことが

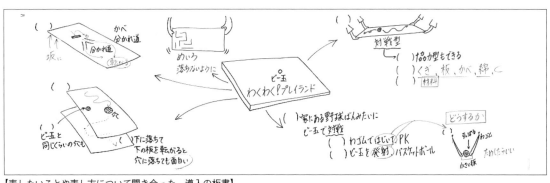

【表したいことや表し方について聞き合った、導入の板書】

3章　個別最適な学びと協働的な学びを一体的に育む「奈良の学習法」

145

見つかっていく。これは絵や造形遊びなど、どの領域・題材にも言えることだろう。題材の軸足が教師側にあるのか、子ども側にあるのかによって、発想・構想の広がり、深まりが変わると捉える。

●安心して表現できる風土から、環境を考える

どのような環境で活動するかは、表現の豊かさを左右する。材料・用具の置き方や時間設定、途中鑑賞、言葉かけなど、ひとくちに環境と言っても多岐に渡るが、大前提となるのは「学級の風土」であろう。「その色きれいだね、どうやったの」「次回は隣に座っていい」「面白いこと考えたね」と、友だちの考えや表現のよさを受容し合う風土づくりを大切にすると、安心して自分を表現できる子どもに育つ。

その風土を支えるのは、やはり教師である。例えば、座席については「子どもはどう学んでいくか」という視点で座席を考えることができるだろう。「見たいタイミング」で「見たい友だちの表現」に出合えるよう、子ども自ら座席を決められるようにすると、下の日記のように造形的な視点で座席を捉え、友だちの思考の特

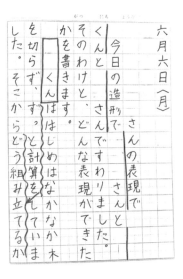

【座席についてふりかえる日記】

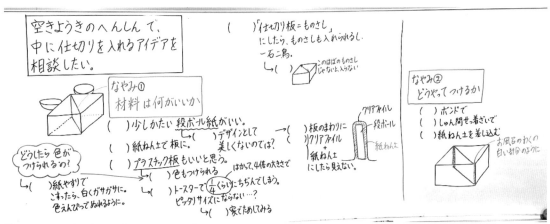

【友だちの相談を自分事にして捉える子どもたち】

徴や表現のよさに目が向くようになる。

　また、新学習指導要領にもあるように、自分の感覚や行為を通して習得した知識・技能を、生かし働かせる環境を設けることも、風土形成に大きく寄与するだろう。朝の会や題材の途中で、表現についての悩みを聞く場を設定すると、子どもたちはこれまでに経験してわかったことや予測できることを発信したり、共有したりして、友だちの悩みに真剣に向き合うようになる。それは「単なる表現方法の相談時間」ではなく、受容し協力する学級集団を育む時間になるのだ。

私たちは造形教育を通して、子どもの「何」を育てているのか

　先日、担任する5年生にとったアンケート結果を見ると、下のように綴られていた。

【造形の学習を通して、どのような力が付いたと思いますか。】（一部抜粋）
・「自分という世界」を創造する力
・何もないところから自分でつくり出す力
・自分のやりたいことを実現させていく力
・表したいことに合わせ表し方を選ぶ力
・表したいことを見つけ、納得した表現になるように工夫する力
・試行錯誤しながらイメージに迫る力
・身の回りのモノの美しさに気づく力

【造形の学習を通して、どのように考えるようになりましたか】（一部抜粋）
・答えは一つではなく、自分や友だち、世界中の人々の中に、それぞれある。
・夕焼け空が美しいと感じるようになった。
・「1から10をつくる」のもすごいかもしれない。でも、「0から1を生み出す」のは、もっとすごいことだ。
・絵に上手も下手もない。「自分が納得するか」、「自分にとって好みか」だけである。
・造形の時間は、試行錯誤をするし、よく悩む。でもうまくいったら幸せを感じる。だから「人生そのもの」のようだ。

【これらの力や考え方は、造形以外の生活で生かされていますか】（一部抜粋）
・自分の気持ちや考えを相手に伝える時、想像する力や表し方と考える力が生かされていると思う。
・本の世界に入るとき、場面がどんどん思い浮かぶから、すごく没頭できる。
・プロジェクトが行き詰まったとき、案を出し合って、よりよい案を練り上げられた。
・私は5年間、服部学級だったから、どれが造形からの力かはっきりしない。生活の中に、当たり前に入っているのだと思う。ただ一つ言えるのは、今、自分の意志を持って自分で行動する「自分の世界」にいる気がする。自信を持って自分を表す力が生かされていると思う。

　子どもたちは造形学習を通して、「生き方」を学んでいたと言えるのではないだろうか。私たちは「自分なりの方法で工夫して表現する力」や「自分の感覚や行為を通して形や色の特徴を理解する力」、「納得がいくまで表現し続ける強い思い」、「友だちの表現や生活の中の美しさを感じ取る心」、「自分事にして表現する力」など、表現する過程において造形的な資質や能力を育てようとしてきたが、実はその先があったのだと気づかされる。

　前述した力の先に、「自分なりの方法で模索する力」や「自分の感覚や行為を通して、物事の変化や特徴を捉える力」、「納得がいくまでこだわる、強い思い」、「友人の考えや思い、生活の中のよさを感じ取る豊かな心」、「自分事にして活動する喜び」などが見える。私たちは、造形教育を通して子どもたちに、生きていく上で必要な力や心を育んでいるのだ。

動きを高めよう！器械運動 (5年)

武澤 実穂

はじめに

本校では、子どもを学習の中心と捉え、一人ひとりがそれぞれの文脈のもと学びを展開していくことを目指している。本稿では、体育学習において子どもたちがどのようにやりたいことを定め自らの学びを展開していったのか、器械運動での子どもたちの姿を紹介したい。

自分の目指す動きを見つける

子ども一人ひとりが文脈を持ち、それぞれに探究を進めていく上で重要になるのは、「個の学びを充実させること」だと考えている。本校の体育学習では「子どもを学習の中心とし、一人ひとりに学びの文脈を持たせること」を大事にしている。一斉指導により、子どもが「教師から与えられた特定の課題を遂行すること」を目指すのではなく、「子ども自らがやりたい動きを見つけ、それを実行するための課題や問いを立てて、それらを乗り越えたり解決したりすること」を実現できるようにしているのである。そのため、個の学びを充実させるために必要なのは、子ども一人ひとりが、心から「やりたい」「できるようになりたい」と思えることを持つように働きかけることである。例えば本実践のような器械運動の単元では、教師が子どもの取り組む動きを決めるのではなく、子ども自身が自分の取り組みたい動きを決められるようにしている。単元の冒頭に一人用マットを使ったり（本校は、マットの種類が豊富である）、様々な器械（跳び箱、平均台、肋木等）に触れてみたりして「自分にどんな動きができるのか、どんな動きを見つけることができるのか」を子

ども一人でじっくりと追究させる時間を設けるのである。この器械運動の単元でも、「動き見つけ」をすることから始めた。

平均台では、かえるをやってみました。かえるみたいに台の上でジャンプします。かなりレベルが高くて、まだ1回しか成功していません（NK）。

ただ技をするだけでは「おもしろくないなぁ」と思いました。だから、テーマをつけてやってみることにしました。私のテーマは「だつごく」です。ろく木とかべの間に入るとつかまっている感じがしました。ゆっくり移動して音が立たないようにしたいです（IN）。

SHくんが平均台の上で側転をしたり、マットの上でKTさんがブリッジのような形で回っていました。それを見て、「みんな特技を生かして色々な動きをつくっているんだ…すごいな」と思いました（RM）。

初めこそ、子どもたちは具体的にどんな動きに取り組めばよいかわからず、戸惑い、動きが停滞してしまうこともあった。そんなときは、すでに動きを見つけられた子に動きを発表させ、それを全員で共有したり、テーマやイメージを考えそれをもとに動きをつくっている子を紹介したりした。全体での共有や友だちの動きに刺激を受け、少しずつ自らのやりたい動きが見えてくると、子どもたちは様々な場所で

身体を動かし始めた。

探究の始まり

　自らのやりたい動きが見つかれば、子どもたちは、それを安定してできるようになることを目指すようになる。何度も同じ動きを繰り返し、首を捻りながら「どうすれば、できるのだろう」と思考していくのだ。この単元では、子どもたちはマット、平均台、跳び箱、肋木の4ヶ所で自らのやりたい動きを見つけ、探究を進めていった。ここでは、マットでの「ハンドスプリング」という動きに挑戦した子どもの探究の様子を紹介する。

今日、ハンドスプリングをやってみると前転のようになってしまいました。それは、マットに頭をつけてしまうからだと思います。そこで、最初は倒立をイメージして「ピン」と足を伸ばすことを意識してやってみたいです。

　GIGAスクール構想により、子ども一人に1台iPadを持たせることができるようになった。体育の学習でも、意識的にiPadを使うようにしている。この単元では、子どもは自らの動きを撮影したり、撮影した動画とあわせて体育のふりかえりを残したりするのに「ロイロノート」を使用している。

　KY児は、自らの目指す動きを「ハンドスプリング」と定め、探究を進めている。この日の学習では、ハンドスプリングをやってみて自分の動きの改善点を分析している。KY児は動画を見て、動きが前転のようになってしまっており、自身の目指すハンドスプリングになっていないことに注目している。そのためには、頭を

マットにつけず、倒立の姿勢をつくることが必要だと考えている。

私は、倒立の練習を中心にしました。どうしても背中が丸くなってしまい、前回りのようなものになってしまいました。SYさんにやってもらうと、足から頭までピンッとできていたのですごいなあと思いました。次回は背筋もピンッとしてやってみたいです。しかし、前回撮った動画と今回撮った動画を見て比較してみると、足はピンっとなっていたのでよかったです。あと、手をつく場所を奥に置いているやわらかいマットにすると失敗してしまいました。次回は手前にある固いマットとやわらかいマットの両方で手のつく場所を比較して理由まで考えるようにしたいです。

　前回の分析をもとに、倒立姿勢を意識した練習を行ったことが伝わってくる。マットから頭は離れたものの、まだ背中が丸まり前回りのような動きになってしまっていることを反省している。この点について、友だちの動きを参考にしたり自分の動画を見比べ、手をつく位置を変えたりして改善しようとしている。前回に比べて少しは前に進めたものの、また新たな改善点が生じる。こうやって、追究がどんどんと繋がっていくのだ。

今日も、まず倒立の練習をしました。足、腕、背筋が伸びることを意識してやってみました。他にも、友だちの動きを見てみたり、色々な方法で試しました。例えば、手のつく場所についてです。固いマットに手をおくことで余裕を持って倒れることができました。しかし、やわらかいマットから遠すぎるところに手をおいてしまうと、頭が固いマットにぶつかってしまいました。そのようにやっているうちに、いつもより真っ直ぐ倒れることができました。しかし、時々しかできません。次回は何回もできるようにしたいです。SSさんやSYさんのようにブリ

ッジの形になってから立つ練習もしたいです。

　前回の課題意識をもとに、それを乗り越えようと試行錯誤している様子が伝わってくる。手をつく位置については、練習場所として設定している柔らかいマットと固いマットを参考にしながら、自分にとって最適な場所を見つけたようだ。また、この日のふりかえり（ロイロノート）を見ると、次の画像のようにまとめていた。

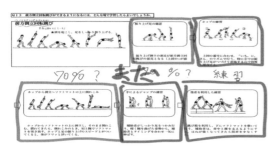

　ハンドスプリングの練習法をiPadで調べ、今の自分がどこまでできているのか、今後どんな練習をする必要があるのかを書いている。教師に与えられた学習課題や練習メニューをなぞるのではなく、自分の現状を客観的に把握し、これから必要なことを具体的に書いてまとめることができている。

> 今日、いつものように真っ直ぐ倒立を意識してやりました。すると、真っ直ぐできるようになりました。それは、しっかり両手の間を見ることができたからだと思います。次の段階について考えてみました。倒立の後、立つにはどうすればよいかということです。数回ですが、しゃがみ気味に立つことができました。しかし、途中から側転のようになってしまったり、足が曲がったりしてしまいました。その理由は多分、助走の仕方だと思います。動画を見てみると、跳ねるようにして右・右・左の順で足をついていました。もう1つ理由があると思います。手で地面をおすときに、垂直におせていなかったからだと思います。斜めの状態でおすと体

も斜めになってしまうのだと考えます。同じ動きをやっているRNくんが、「壁をおしたりして感覚をつかむといい」と助言してくれたので、どんな条件だと成功するのか友だちと一緒に考えながら学習したいです。

　これまでの様子から、「やりたい」と思う動きが定まれば、子どもは少しずつ目標に向けて自分なりに探究を進めていくことがわかる。目標の動きと今の自分の動きの違いを比較し、「どこをどのように改善すれば目標に近づくだろうか」「ここに手をついてみるとどうだろう」というように、仮説を立てたり見通しを持ったりして、どんどん試していくのである。そして、試したことの手応えや改善点をふりかえり、次回試したいことが具体的になっていく。自らの課題が少しずつ更新され、目標の動きに向けて試行錯誤が続いていくのだ。このように、子どもは自分の「個」の学びをつくっていくのである。

協働的な学び

　器械運動は個人種目である以上、子ども一人ひとりの「個」の探究が深まりやすい単元であると言える。しかし、「個」の探究が深まりやすいといっても、子ども同士の協働的な学びが全くないわけではない。ここでは、器械運動の単元において、「個」の探究が進む中でどのように協働的な学びが起こったのかについて述べていく。

アドバイスがほしい！

　子どもたちは、一人で黙々と学習に取り組む傍ら、周りで同様に取り組む友だちの様子もよく見ている。お互いに自らの目標へと努力する姿を刺激とし、励まし合いながら取り組んでいるのである。また、先の「個」の探究でも紹介したように、同じような動きに取り組む友だち

の姿や助言を参考にして、子どもは必要に応じて協働的な学びの場面をつくり出しているため、教師がわざわざ学級全体に対して「話し合いましょう」「交流しましょう」という場面を設定することもない。しかし、とある日にTK児が学級全体に対して次のようなメッセージを投げかけた。

TK：ぼくは、平均台を腕の力だけを使って渡ろうとしています。こんな動きです（全体にやってみせる）。平均台の3分の2まで行くことはできたのですが、最後までいけません。自分で色々試したのですが上手くいかないので、みんなからアドバイスがほしいです。

　自分の目標に向けて試行錯誤を続けていたものの、なかなか高い壁にぶつかってしまったようだ。それを打破するために、他の動きにも取り組んでいる子に助けを求めている。TK児の発言を受け、子どもたちは思いつく限りのアドバイスを返した。

YN：その動きはかなり腕の力が必要そうだから、腕の力をつける動きを練習してみたらどうですか。例えば、肋木を使う動きなどです。

RT：助走をつけて、勢いよく平均台に手をつくとよいと思います。

KH：ぼくは、跳び箱で同じような動きをやっています。しっかり腕に体重をかけ、バランスを取って進めると、体力の消費を抑えられると思います。

KM：ぼくは、同じ動きを一度やってみたことがあります。そのとき、腕で平均台を進みながら体を左右に揺らすと上手くできました。実際にやってみます（動きを見せる）。

　TK児の動きの難しさはどんなところにあるのか、今TK児がどこに課題意識を持ちそれをどうすれば解決できそうなのか、といったことを子どもたちはTK児の発言や、これまでの様子から感じ取ったようだった。腕の力を使う動きであることから、もっと腕の力を強化する必要性や、実際に似たような動きをやってみて得た身体感覚やコツを頼りにしたアドバイスを聞くことができた。これを受け、TK児は自信のなさそうな表情だったものの「みんなのアドバイスは自分では思いつかなかったものだったから、一つずつやってみようと思います」と答えていた。また、この後KM児がTK児の元に行き、自分が発表したアドバイスをより詳しく伝え一緒に練習する姿が見られた。一人ひとりの追究が強く出る単元においても、協働的な学びの機会が全くないわけではない。子どもたちは、自分の周囲にいる友だちの動きを参考にしたり、感じ取ったことを伝え合ったり、TK児のように全体に問いかけたりしながら友だちと協働する場面をつくり出している。自分一人だけの追究には限界がある。限界を打破したり、追究が深まるきっかけをくれたりするのは、やはり同じように追究に没頭する友だちの存在なのである。

■ おわりに

　一斉指導によって同一の練習メニューをこなしていく学習ではなく、子どもが自らの取り組みたい動きを見つける。そして、目標となる動きを目指して試行錯誤を繰り返し、独自の探究を進めていく。探究の深まりには友だちの存在が不可欠であり、子どもは自らの必要感に合わせて友だちと関わり、協働的に学んでいく。本単元における子どもの姿から、改めて子どもが学び進めていくために大切なことを考えることができた。今後どの単元においても、友だちと協働しながら独自の探究を深められる実践を目指すと共に、子どもの学びへの教師の関わり方についても考察していきたい。

自律的な学びを支えるけいこ（国際）の「相互学習」とは（2年）

朝倉 慶子

はじめに

　コンテンツ・ベースからコンピテンシー・ベースの教育へと転換していく中、現行の学習指導要領においても、「知識・技能」、「思考力・判断力・表現力等」、「学びに向かう力・人間性等」という資質・能力の3つの柱がバランスよく育成されることが目指されている。これらコンピテンシーを身につけていく先にある目標として、OECDが想定しているのが「ウェルビーイング」という考え方である。白井俊之の「OECD Educatin2030プロジェクトが描く教育の未来」において、『「ウェルビーイング」は、人それぞれによって、異なり得る「私たちが実現したい未来（The Future We Want）」を考える上での大きな方向性を示す枠組みとして理解されている。』と述べられている。OECDでは、'The Future We Want'を実現するために、エージェンシー（the capacity to set a goal, reflect and act responsibility to effect change）が重要な概念として位置づけられている。エージェンシー（変化を起こすために、自分で目標を設定し、振り返り、責任を持って行動する能力）は、まさに木下竹次が唱える自律的学習力のことであると私は捉えている。木下は次のように述べている。「自律的学習によって、児童の本性に徹することができるし、各自の能力に応じて優秀共に有効な結果に到達する。本性に徹するとは、自分の環境に依拠して種々の経験を積み、創意工夫をし、善かれ悪しかれ自分でなくては辿ることができない道を辿って、人間固有の本性を発揚し社会に貢献していく。（わが校50年の教育　奈良女子大学附属小学校）」

　よって、児童が自律的学習力を十分に伸ばすことのできるけいこ（こくさい）の学習をつくる必要があると考えている。独自学習・相互学習・独自学習の学習方法は、『奈良の学習法』として大正期から今日まで実践的に受け継がれてきた。自律的に学ぶには、学級での聞き合い、すなわち「相互学習」も重要である。奈良の学習法を提唱した木下竹次は学習原論にて、協働的な学びについて「徒に模倣もせずと徒らに他人の意見に賛同するでもなく徒らに受動的に働くのでも無い」、「皆独立自主の精神を以て能動的に協同生活に参加する」と表している。

　つまり、一人ひとりの独立した探究的な学びが相互学習においても想定されているのである。そこで、筆者は児童がけいこ（こくさい）において、自律的、協働的に学び「個」の学びを深められるよう、学習の中で生まれる問いや課題を追究していく「相互学習」を目指している。

英語科の本質を踏まえた手立て

　奈須正裕・江間史明編著の「教科の本質から迫るコンピテンシー・ベイスの授業づくり」にて、学習指導要領と照らし合わせながら英語科の本質が、「英語運用能力」、「意思疎通意欲」、「言語・文化理解」の3点にまとめられている。以上の3点を高めつつ、自律的学習力を伸ばしていく工夫を以下に記す。

（1）英語運用能力を高める工夫

　4技能（読む、書く、聞く、話す）における英語運用力を高めるには、反復練習が必要不可欠である。「聞く」と「話す」を中心とした活動が言語活動となるよう、練習方法に留意している。児童が伝えたい内容（ex.食べ物や生き物、

好きなこと）の写真を事前にGoogleクラスルームの課題に提出させ、それをフラッシュカードとして毎回の学習で利用している。それにより、児童は毎回の反復練習に飽きずに、自分や学友の好きなものを理解しながら、楽しく語彙や英語表現を増やしていくことができる。

また、Googleクラスルームに指導者とALTが撮影した自作の動画を配布している。動画は、児童が伝えたいと思い、学習中に練習した単語の復習や、児童が伝えたい内容としてあげなかったものの、小学校で履修されるべき英単語の予習用として配布している。家でも学習できるようにしたことにより、「今日、伝えようと思った○○、英語でなんていうんだっけ…」といった子どもの学びたい気持ちに寄り添うことができている。

（2）意思疎通意欲を高める工夫

発表の学習では、児童が外国語を用いた自身のコミュニケーションの様子を自撮りさせ、Googleクラスルームに提出させている。そうすることにより、児童は自身の発表を内省しながら学習を進められると考えている。

児童は、「あれ、声が小さくて聞こえにくかったな」、「スラスラ言えていないから伝わりにくいな」、「次は○○を言うと、相手もわかりやすくなるかな」など、自分のビデオの内容や表現方法を自己評価しながら相手意識を持って学ぶことができている。

また、児童がビデオをふりかえる際には、具体的に一人ひとりの伸びをほめるよう心がけている。「○○という内容が加わって、前より伝わりやすくなっているね」、「前より声が大きくなっているね」など、児童の中で納得いかないことだけに目を向けるのではなく、自分の意識や行動によって、「わたしは伸びているんだ！」と実感させることがよりよい表現を目指

し、自分だけの目標を立てて、学んでいく「自律的学習」につながると考えている。

（3）言語・文化理解に目を向けさせる工夫

指導者は「○○さんの好きな白米は外国でも食べられているのかな？」や、「○○さんのすきないくらは？」などの声かけを適宜全体に対して行っている。児童が予想を立てた後に、本校のアメリカ人のALTの先生にインタビューした1分ほどの動画を全員に配布している。

上記の白米の例の場合、児童はALTが話すワイルドライスに驚き、興味を示していた。また、いくらの場合、「キャビアなの！」など、日本語との言語的な違いに驚く様子が見られた。

また、文化理解を踏まえて「問い」をつくっていく児童も見られる。自ら進んで、その国の人たちが知っているのか予想したり調べたりして、伝わらない可能性のある内容をどのように伝えるか考えている。そのような日記を取り上げ、その子の問いや課題を学友と共有することで授業を展開していくことが、自律的に学ぶけいこ（こくさい）の相互学習であると考え、実践している。

実践の紹介

（1）題材について

「アメリカのみんなにお返ししよう」を設定した。「アメリカのみんな（Maratha Christian Academyに通う小学校2年生）」から届いたあたたかなメッセージは、児童の中から「返したい」という思いを生み、本当に伝えたいことを練習する意欲的な言語活動や、独自学習につながると考えたからである。また、本当に伝えたい思いがあるからこそ、児童の中から追究すべき「問い」や「課題」が生まれ、それらを共有する相互学習につながり、その相互学習の経験がさらなる独自学習の充実となると考えた。つ

まり、「ビデオのお返しをすること」が児童の生活の一部となり、自律的な「個」の学びが実現されることを目指した。

（2）児童について

2年生35名に対し、2022年4月〜2022年7月上旬の期間に行った。本校では小学2年生からけいこ（国際）の学習が始まる。6月上旬に行ったアンケートによると、英語塾や英会話教室に通っている児童は35名中9名であった。加えて、外国にルーツがあり、英語に親しんでいる児童が2名いた。しかし、多くの児童が週に一度あるけいこ（こくさい）の学習でのみ、英語を学習している状況であった。

（3）単元計画（総時数14時間）

第一次　お返しを考える（1時間）

第二次　お返ししたい内容の練習
（12時間）

・名前を練習しよう

・誕生日を練習しよう

・動画を見てなおしたいところを考えよう

・すきなたべものを練習しよう

・（子どもの問いから）

「味をくわしく伝えるにはどうしたらいい？」

・すきなことを練習しよう

・（子どもの問いから）

「会話を気持ちよく終えるにはどうすればよいのだろう？」

・（子どもの問いから）

「アメリカにはいない『サワガニ』の大きさを伝えるにはどうしたらよいのだろう？」

・（子どもの問いから）

「'I like grapes. I like cats.' だと、ねこがたべものに聞こえる…。どうしよう？」

・（子どもの問いから）

「'In food'というとき、空間があいてしまう…。どうしよう？」

・（子どもの問いから）

「アメリカのみんなは一りん車にのれるかおたずねしたい。なんと言えばいい？」

第三次　ビデオかんせい

・自分だけのビデオを完成させる（1時間）

・みんなでいいところを見つけ合う（1時間）

（4）指導の実際と個の学びの実態

毎回の学習の導入時、児童が自分や学友の困っていることから「課題」や「問い」を持てるよう、一人ひとりの気づきを取り上げてきた。以下に指導者の問いかけと具体的な学びの実態を記述する。

> 五月下旬、
> 「今日こくさいですきな生きものをいいあいました。わたしはさわがにがすきなので、さわがにをえいごで言うと、「サワクラップ」です。でもサワガニはアメリカにはいないかもと思ったので、サワガニを見たことがない人にはどうやってつたえればいいか、考えました。
> わたしは、サワガニのしゃしんを見せて、1年生のときじゆうけんきゅうでしらべた、かにはどれくらい（cm）をしらべたのでそれをつたえればいいと思いました。」

というF児の日記の一部を紹介し、6月1日の学習をスタートさせた。指導者は全体に「大きさを伝えるにはどうしたらよいか、何かアイデアはないか」と問いかけた。すると、児童から、「small,big,normalで伝える」といった英語表現での説明や、「実物を見せる」、「もの差しを見せて詳しく伝える」という国語科にも通ずる発表の工夫など、多様な考えが出された。その日の板書は次の通りである。

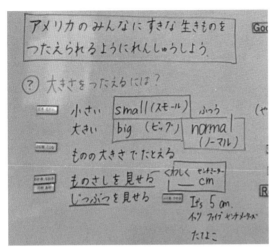

　F児はこの日の学習後、自分の英語表現を変えたようである。その日のF児の日記を以下に記す。

> 「今日ニじかん目にこくさいをしました。サワガニのよこは、「ファイブセンチメートル」です。サワガニのたては、「スリーセンチメートル」です。サワガニは小さいので「スモール」です。これでサワガニを見たことがない人がそうぞうしてくれたらいいな、と思いました。」

　このように、相互学習で独自学習でもっていた自らの問いをさらに深めていく。一方で、このような問いは他の児童にも新たな気づきを与えていく。H児の日記を紹介する。

> 「今日、こくさいがありました。さっきがんばったことがいっぱいあって、うれしかったです。それは、「スモール」と「ハローォ」と「シーユ」と、くふうしたことが、あって「ハロー」とゆってからマイネームイズのときに、くびのしたのぶぶんを手でこうパーでおさえると、いいと思いました。なぜなら、じぶんのことをいってるとわかるからです。」

　この日記から、H児は相互学習で出てきた「スモール」という新たな表現を自分のビデオに取り入れたことかわかる。学習前、H児は「子ねこ」が好きであると伝えたいと学習ノートに記述していた。5月中のH児の動画では、「アイライクキャッツ」であったが、6月1日には「アイライクキャッツスモール」というと表現に変わっていた。このことから、H児は相互学習で出てきた「スモール」という新たな表現を自分のビデオに取り入れたことがわかる。それと同時に、自分のビデオをふりかえり、ビデオを受け取るアメリカの友だちにとってわかりやすい、伝えるためのよりよい工夫を独自に生み出している。このように、独自・相互・独自を繰り返すことにより、児童は他者とともに学び合いながら、自分だけの学びをつくり上げていった。

さいごに

　「奈良の学習法」を取り入れた外国語学習を目指し、児童の気づきや問いを相互学習で深めている。「個」が自律的に学び個の学びを充実させるには，けいこ（国際）においても大テーマとして考える本質的な問いが重要である。今後、子どもの持つ純粋であたたかな「伝えたい」という気持ちだけに頼るのではなく、「どのような背景を持つ相手にどう伝える必要があるのか」、「翻訳機能のあるこの時代に、なぜ英語を学ぶのか」まで考えることのできるような本質的な問いを中心に「相互学習」をつくることを目指していきたい。

【参考文献】
・木下竹次　「学習原論」明治図書
・奈良女子大学附属小学校「わが校50年の教育」
・白井俊　「OECD Education2030プロジェクトが描く教育の未来」ミネルヴァ書房
・奈須正裕・江間史明　「教科の本質から迫るコンピテンシー・ベイスの授業づくり」図書文化

3章 個別最適な学びと協働的な学びを一体的に育む「奈良の学習法」

給食から自分の生活に繋げる学習を目指して

太田原 みどり

栄養教諭としての関わり方

食べることは、日々積み重ねていく営みであり、生涯続いていく。その食事の積み重ねが、自分の健康状態を左右していることに、健康に過ごせている間は気づきにくいものである。

特に子どもたちは、毎日をつつがなく過ごせている間は、「健康」のありがたさを十分には意識しにくいだろう。未来ある子どもたちには、食の楽しさ、美味しさ、面白さを感じてほしい。食べることが好きな人に育ってほしいと願っている。

そのきっかけとして、日々の給食指導や食の学習を行っていきたい。給食指導では、その日の給食をもとに、身につけてほしい知識を中心に扱いながら行うようにしている。食の学習では、知識や技能を一方的に与えて学ばせるだけではなく、子どもが自ら考える学びの時間にする必要があると考えている。そのためには、子どもの生活に繋がる学習を展開することで、自分の生活を改めて見つめ直す機会を定期的に設定することが大切だと考えている。食生活に関する実践的な学習活動を通して、自分の生活の中から問題点や生活の工夫を見つけ、よりよい食生活を考え、生活を高めようとする態度を育てていきたい。自らの生活を発展させていくために必要な知識や技能を身につけ、生活実践力へと結びつけたい。

学習の中では、家族や友だちなどの人とのつながりから学ぶことを大切にしたい。栄養教諭もこのつながりの中の一人として、子どもの学習に関わりながら、「自らの生活をみつめる」ことから始める食の学習を意識して実践を進めている。

栄養教諭の関わり方で大切にしていることは、子どもたちの生活からかけ離れたものではなく、生活に繋がった接点を見つけて学習を進めさせるようにすることである。例えば、体の成長について取り上げた内容であれば、学習するタイミングを学校保健行事に合わせて取り上げたり、栄養のバランスについて考える内容であれば、いつも食べている身近な給食を学習に取り入れたりしている。「食」は生活に密接に関係している。しかし、自分の生活との接点を見つけられるようにうまく導かなければ、他人事のような学習で終わってしまう場合もある。子どもたちが自分事として受け止めて考える学習となるように、子ども自身が自分の生活を見つめるように導きたい。子どもたちが自分の生活との接点を見つけ、食生活を見つめられる学習であれば、個々の子どもそれぞれの着眼点から学習が広がっていくと考えている。

給食を足場にした学習（教科との連携）

家庭科と連携して、6年の単元「1食分の食事を考えよう」では、自分たちで給食の献立を考える取り組みをしている。

自校で給食を実施しているため、献立を独自に作成できる利点を活かし、毎年、「けいこ家庭」と連携し、学習を重ねてきている。子どもが考えた給食の献立を1月の全国学校給食週間に特別献立として登場させることが定着してきた。

自分の家族を対象にして1食分の献立を考えることもできるが、本校では、敢えて全校が食べる給食へと、食べる対象規模を広げた学習を

実施している。そうすることで、給食への興味関心をより一層高めることが期待できると考えているからである。

また、全校生徒が食べる給食を考えるという責任感や自分たちが考えた献立を実際の給食となって食べることで得られる達成感、他学年から評価を受けた際の肯定感などもこの取り組みでは、体験させることができる。学習の中では、栄養管理だけでなく、時間内に安全安心な給食を提供できるように衛生管理も徹底していることにも触れ、普段何気なく食べている給食は、様々な観点から考えられていることや、調理員の存在や仕事を知ることから、学校での食生活（給食）を支えられていることを子どもたちに再認識させる機会にもなるため、給食を学習の足場としている。

献立を考える過程では、これまでに食べてきた給食をイメージしながら、家庭の食事から発想したり、料理本で気になって食べてみたいと思った献立を持ち寄ったりする中で、自分のこだわりを加えたり、目新しい献立に挑戦したり、試行錯誤しやすいのではないかと考えた。

ある程度、個人で考えた案をもとに、実際の給食づくりに携わっている栄養教諭へ「おたずね」する。子どもたちが自分たちの学習をつくるために必要な情報を、栄養教諭への「おたずね」を通して引き出していくことで、学習内容を自分事として捉え、献立づくりの方法やその工夫を学び取らせることができると考えている。

【栄養教諭へのおたずね】（抜粋）

・野菜はどれくらい摂るとよいのか
・どんな調理方法ができるのか
・予算は、いくらぐらいか
・給食づくりで気をつけていることや、考えていることは何か

子どもたちからの様々な「おたずね」に、栄養教諭として伝えておきたいことを織り交ぜながら回答するようにした。子どもたちには、毎日の給食を具体例にしながら、主食、主菜、副菜、汁物、飲み物を基本に考えていくと作成しやすいこと。そこに、食品の種類や分量を考えた栄養バランス、旬の食材のよさや、本校での地産地消の取り組みについても説明した。

子どもたちは、味付けやメニューの組み合わせ方など、工夫次第で献立の幅が広がることなど、給食に込めている思いと共に献立作成のポイントを整理しながら、栄養教諭からのアドバイスや家庭の工夫をもとに、自分なりに給食献立を考え、完成形へと近づけていった。

【自分なりのおすすめポイント】

・旬の野菜をたくさん使っている。味付けと調理方法を変え、彩りをよくした。
・楽しみながら美味しく食べられるように手巻きずしにした。
・奈良の食べ物や旬のものを使用した。

自分の作った献立には五大栄養素が揃っているかをワークシートに記入して確認しながら、自分の献立をふりかえった上で、次は、個人で考えた献立をもとに、班で1つの献立を考え合わせた。班の献立を考える際には、その献立のテーマを考え、献立のねらいを明確化するように指導した。例えば、「ヘルシー給食、お残しゼロ、洋食を楽しもう」などである。子どもたちは、それぞれに目的意識を明確化した給食献立を全校児童が食べるときのことを想像しながら、楽しそうに考えていた。

【各班のアピールタイム】

・みんなが食べられる給食をテーマにしました。アレルギーの食品を使っていません。体の調子を整えるもとになる食品を多く使い、風邪をひかないようにします。
・「自分たちでつくれた方が面白い」という意

見が出たので、セルフハンバーガーにしました。好きな具を好きな量だけ挟んで食べられるので好みに合わせられます。キャベツのおろし和えや汁物は、野菜を中心にして、栄養もしっかり摂れます。

子どもたちは、実際の給食として登場する季節のことを考えたり、普段の学校生活でペアを組んでいる1年のことを考えたり、食べやすいか、みんなに喜ばれるか、そして栄養のあるおいしい給食となっているか、学級こだわりの給食を目指して、知恵を出し合っていた。

自分たちで給食献立を考えることを通して、食べる人を思いやって献立が作成されていることに気づくことができたようであった。

6年が考えた給食の献立を実施する取り組みは、定着しており、他の学年の子どもたちも、献立表が配布されたときから、どんな給食になって登場するのか楽しみに当日を待っている。子どもたちの給食への関心を高める機会の一つとなっている。

給食時間の食に関する指導（大学との連携）

本校は、附属学校という立場から毎年多くの実習生を奈良女子大学から受け入れている。その内、栄養教諭として直接指導に関わるのは、給食経営管理学臨地実習と栄養教育実習（以下「給食実習」「栄養実習」）である。これらの実習生の受け入れ学年を毎年固定している。栄養実習は1，5年、給食実習を2，4年とし、子ども側からすると、1，2年、4，5年と連続して、食に関する指導を実習生から学ぶ機会をつくっている。

実習生が子どもに直接行うものとして毎日の給食時間のショートタイム指導がある。毎年、実習に先立ち子どもたちへ事前アンケートを実施し、その結果を参考にして指導内容を決定している。主にその日の給食と結びつけた内容で5分程度の食に関する話をしている。その他に、実習生が行った食に関する指導が、実習期間終了後も子どもたちに自分の「食」に目を向ける意識を薄れさせず、継続していけるような手立てを講じるよう、事後指導を実習課題の1つとしている。

事後指導として、実習期間中の様子をまとめた便りを作成し家庭へ周知したり、子どもたちへは、学習した内容や実習期間中に気づいた問題点を改善するための注意喚起をする掲示物等を作成したりすることである。

【事例：ST指導】テーマ「味はかせになろう」

正しく五味を理解することができることを目標とした。対象が4年生ということもあり、どうして基本五味の仲間に辛味が入らないのかを伝える必要があると考えた。

そのため当初は「味蕾でキャッチすることができる味が5種類ある。それが甘味・酸味・塩味・苦味・うま味といい、基本五味というグループの仲間である」というような説明を考えていたが、想像しにくく理解が得にくいと考えたことから、子どもにもわかりやすいように味覚細胞を擬人化で表す工夫「味レンジャー」を取り入れた。「レンジャーの持っているかごが5種類あるからわかる味が5つある」という説明にした。子どもたちは、まず擬人化したレンジャーに興味を示し、指導者が意図していたようにかごの形の違いに気づけたことで、「だからわかる味が5種類あるのだ」と理解しやすかったようであった。

【事例：事後指導】掲示物の作成

実習期間中の給食指導に使用した教材、配膳図カードで配置の仕方を示したり（主食・主菜・副菜・汁物・牛乳・その他）、味細胞の擬人化キャラクター「味レンジャー」の媒体を事

後指導用の掲示物へと活用したり、模造紙に食育新聞として、給食指導内容をまとめたり、実習期間が終了した後も五感や五味を意識して食べることを促すように掲示物を残した。

子どもたちは、実習生の意図を汲み、模造紙は教室内へ掲示し続け、給食時間には、毎回「味レンジャー」のキャラクターや配膳図を貼り出すことで、給食をしっかり味わうことや正しい食器の配置の意識づけを欠かさず行い続けた。

【ふりかえり：事後指導教材を2年間掲示し続けたことから】

・私は4年生の時は、いませんでした（5年時から転入）が、5年生となった時に、その掲示を見て改めて五味のことを知ることができました。他にも「へぇ」と思うことや新しく知ることがありました。背筋は、食べる時はあまり気にしていませんでしたが、その掲示を見て、もともと猫背だったので、この機に直してみようかと考えたりもしました。その場にいなかった私でも、こうして食事の大切さを考えることができたので、価値のあるものだったと思います。

・4年生では、給食中に味を意識して、どういう名前の味なのか見ていました。5年生、6年生では、どういう味なのか理解して、前になくても意識することが出来たと思います。

・実習生が作ってくださった模造紙などについて活動していました。ホワイトボードに貼るのは、時々配膳の位置を間違えてしまうことがあるけど、気にして貼っていたことに意味があると思いました。係のお伝えで言っていた通り、ホワイトボードに貼るものは、1年生さんにあげてもいいと思っています。

ただ、掲示するという行為を繰り返すだけならば、実習生の記憶が薄れると共に、いずれ掲示しなくなることも過去にはよくある。

しかし、この学級では、既に生活の一部として定着し、数年間ずっと掲示し続けている。これは、子どもたちが「味わって食べることが大事だ」と、学んだことを自分事として捉えることができたからだと考えている。掲示物として視野に入ることで、意識の片隅に残り、適度に思い出しながら、自分を見直す機会にできたのではないだろうか。

実習生の食に関する指導は、子どもたちに特別なこととして記憶に残り、事後指導課題が、子どもたちの生活に役立つ掲示物となり、五味や五感とは何か、味レンジャーと共に記憶に刻まれているだろう。

その後、1．6ペアで築かれた関係を生かし、6年生から1年生へと、2年続いた実習生それぞれから残された掲示物は、実習生が行った指導内容を6年生の口から伝える形で、1年学級へと引き継がれた。

実習生との思い出と共に、大事に給食時間に掲示され続けた学習の足跡は、物という形だけに留まらず、個人差はあるだろうが、子どもたちの心にもしっかり残って活かされている。

大人になり、小学校時代を思い出すとき、幾つかのエピソードの中に「給食」が登場することも少なくないだろう。いい思い出や、嫌な思い出、どんな形でも記憶に残るほど、給食は身近なものであると言えるのではないだろうか。

そんな、子どもたちにとって身近な給食を生きた教材としながら、給食を足場に食の学習や給食時間の食に関する指導等を行うことで、子どもが自分事として捉えやすくなるだろう。子どもの心に残る学習ができれば、自ずと生活へと繋がっていくのではないかと考えている。そのような、自分の食へ意識が向く学習の在り方を子どもたちと探していきたい。

〈「なかよし」〉

運動会係活動

なかよし音楽会

幼小ダンス交流

低学年なかよし集会

高学年なかよし集会

給食を足場に子どもの生活につなぐ
～グループなかよし・日記から～

太田原 みどり

■ 身近な給食への関心を高める

本校では、4年から6年生の縦割りで活動しているグループなかよしがある。その一つ「くらしグループ」を養護教諭と共に指導している。活動内容は、保健や給食に関することを中心にした委員会のような存在であり、研究や奉仕活動をしている。活動の一つに給食の放送原稿を作成したり、給食に使われている食品カードを掲示したりする活動がある。

給食放送原稿は、1日分を1人が担当している。まず、これまでの給食放送を参考にしながら、自分がみんなに聞いてほしいことを独りで考えてみる。以前は、栄養教諭が内容を確認するだけに留まっていたが、放送までに猶予がある際は、グループの時間に発表し合い、アドバイスを受けたり、よさを認めてもらったりしながら、完成させている。

> ・6年生は四文字熟語や名前の由来など、いろんな視点から説明していたので、とても分かりやすいと思いました。(Mくん)
> ・これまでは、書き方が「〇〇の●●について説明します」が多いように思います。質問のように問いかけになっているのが良かったです。(Oくん)
> ・私は、たいして理由なく食材を選んでいましたが、「魚が苦手な人に向けて」ということで鮭を選んでいるのがよかったです。(Yさん)

他者からの反応や評価を直に感じることは、活動の励みや刺激となっていると感じる。そんな刺激を受けてつくり出された放送原稿が、実際に給食時に流れると、今度は学級の友だちの反応を直に感じられる楽しみな瞬間でもある。

放送のタイミングによっては、食事中ではなく、準備の最中に流れることもある。そんな中でも、学級の友だちが書いた原稿が読まれ始めると、「シーッ静かにして。放送始まってるよ」と聞き耳を立てている。放送原稿が読まれた最後に、何年何組の誰が作成したのか紹介される。原稿を作成した子どもは、誇らしいような、恥ずかしいような、照れくさそうに一緒に聞いている。「明日、僕の原稿の日やねん」とワクワクして放送を待っている子もいる。そのため、警報発令などで休校になり、用意していた原稿が読まれなった場合は、非常に残念がり、自分の原稿はどうなるのかと聞きに来ることもよくある。その場合は、内容が活かせる献立の際に、その子の分も一緒に紹介してもらうよう手配している。

給食原稿作成は、個人で取り組む単発的な活動であるが、食に関する情報を全校へ発信する責任感や達成感を感じさせることができる。聞く側も友だちがどんな内容を紹介してくれるのか聞こうとする意識が生まれる。普段、給食に関心が薄く注目していない子どもにも、グループの活動を通じて、給食への関心を高める機会となっている。

また、この活動は、学校生活だけに留まらず、合宿時の食事係の活動へと広がりを見せた。そこには、自分たちで生活をよりよくしようと考えた末に、給食から派生し、食事場面に目を向けることができたからだと考える。

■ 給食から食への関心を高める

子どもの「食」への意識が見える手段の一つ

に日記がある。日記は、その日に心に残った学習のことや、学校生活のことが書かれていることが多い。給食について書かれた日記からは「食」への意識が高まっている姿を感じる。

> 4年O君「チーズのおどろくべきひみつ」
> 今日、12月5日に発表される原稿を書きました。ぼくは、サラダに入っているチーズの事を書きました。チーズは、牛乳から作られているから骨にはよいことは知っています。なので、もっとすごい効果があるかを調べました。そうすると、驚くべきチーズのひみつが書いてありました。それは、チーズは虫歯予防や美容効果があるということです。僕はチーズが好きでたくさん食べているから、一度も虫歯になったことがないのだと思います。

O君は、給食放送原稿の作成をきっかけに自分が調べた情報と実生活を結びつけて、チーズの効果を自分に当てはめ、「なるほど！」と納得している様子が伺える。単に情報を調べただけでなく、自分事として感じることが、後に身につく知識となっていくと考える。

> 1年M君「サラダをつくったこと」
> きょうゆうがた、サラダをつくりました。そのサラダは、きょうのきゅうしょくのサラダです。ざいりょうは、大かぶ、ブロッコリー、マヨネーズ、チーズ、しおこしょう、ごま、コーンです。夕ごはんにたべるのがたのしみです。でも、ほんとうの学校のあじとは、ちがったので、えいようの先生にきいてみたいです。

給食で食べたサラダが気に入って、家でつくることに挑戦している。きっと家族に給食の様子を話題にしたことで、保護者の協力を得て、「夕飯につくってみよう」とサラダをつくったのだろう。しかし、食べてみると給食と味が違っていることに気づき、次こそは、自分が気に入ったサラダの味が再現できるように「聞いてみよう」と考えている。給食のサラダを自分の生活へ取り入れようと即行動に移す実行力と、今回の問題点を解決するため、次の一手を考える頼もしさが見える。家族の協力は、食への関心を高める追い風となる欠かせない存在である。

人気メニューは、つくり方を聞きに来る子や家でつくったことを報告に来てくれる子も少なくない。「家でも食べたい」と思わせる魅力ある給食をつくることも、食への関心を高めるきっかけとなることが再確認できた。

> 4年T君「大和牛をもっと知ろう！！」
> 今日、「大和牛のスペシャル牛丼」が出ました。給食だよりに「奈良県には『大和牛』と呼ばれるブランド和牛がいます」と書いてあったので、大和牛について調べてみました。大和牛は、奈良県東部の東山中と呼ばれる地域を中心に育てられていて、昔は、「はいばら肉」「宇陀牛」という名前もあったそうです。でも2003年から大和牛と呼ばれるようになったと書いてありました。11月29日には、大和肉鶏のそぼろ丼が出るので、しっかり味わって食べたいです。

特別献立は、子どもの印象に残りやすく、日記に登場してくる。印象に残ることで、食べ物について調べてみるきっかけとなることもある。

献立に意図を持たせたり、給食だよりや放送原稿で紹介したり、掲示物を活用するなど、小さな積み重ねからでも、個人差はあるが、徐々に自分の食へと関心を向かわせる手段になり得ることがわかった。子どもの生活に繋がるように、給食を生きた教材としていきたい。

「健康な生活」を自ら開拓していく
くらしグループの活動

辻村 琳

学習へのきっかけ

　くらしグループでは、校内の子どもたちが「健康な生活」を送ることができるように「自分たちの生活の実態をつかみ、よりよく生きること」を目指した、子ども主体の活動をしている。本校の養護教諭として指導に関わり、以下のような二つの実践に取り組んだ。

　一つ目は感染症対策につながる手洗いについて、二つ目は熱中症予防につながる暑さ指数の活用と生活の過ごし方についてである。どちらもそれらの充実を目指し、生活の改善を促すための取り組みを、子どもたちと考えてきた。

手洗いの実態をつかむための調査

　手洗いの充実を実現するためには、手洗い場の石けん液が常に用意されなければならない。奉仕的な活動として、石けん液の希釈・補充作業を毎日行っている。

　日々の活動の後、保健室でその都度行っている「ふりかえり」の中から気になることが出てきた。それは、各場所の手洗い場によって石鹸液の使用量に差があるのではないか、ということだ。そこで、毎日の石鹸液の使用量と手洗い場所の関係を調査することにした。

〈Aさんの日記より〉
　今日、一年生から六年生の手洗い場の石鹸の使用量の表を書きました。一、二年生のへり具合は、一週間で一回なくなるほど使っています。三、四年生も、一、二年生と同じくらいへっていました。五、六年生のへり具合は少ししかへっていませんでした。最後に計ったら、1mmでした。石鹸を使って手洗いをして、コ

ロナウイルスに感染しないように私も気を付けたいです。

　5・6年生の1週間の石けん液使用量は、1・2年生や、3・4年生と比べて少ないことを朝の会で伝えた。すると、使用する石けん液の量ばかりに注目する子どもがいて、「1回の手洗いに使う石鹸液の量を増やしたらよいのか」、と質問するらしい。このことから、石鹸液の使用量だけでなく、手洗いの「方法」や「時間」について意識を向け、行動を変える働きかけの必要性に気づくこととなった。

　そこで次に、手洗いの「方法」と「時間」に注目し、より深い実態調査を行うことにした。

　調査を進めていると、手洗いの実態がみえてきた。手洗いの時間が短い人や、手洗いの手順①～⑩が守れていないことや、手順⑩の「はんかちできれいにふく」ことができていない人が多いということだ。また、「手順①から⑩までしっかり洗えている子は、自分の手を見て今自分がどこを洗っているか、洗いたいところを洗えているかを見ていた」ということがわかった。「①～⑩の手の洗い方調査」、「手洗い時間の調査」の結果をもとに話し合い、手洗いに対する自分自身の行動や考えはどのように変わったのかを、グループで聞いた。

〈Bさんのふりかえり文より〉
「前は『手洗いをしなくてもいいや』と思うことがたまにあった。でも、調査をやっていたら、やらないといけないと思うようになってきて、意識している。また、みんなの手洗いにかかる秒をはかっていて、自分とくらべたら全然できていないと思う時もある。」

他者の行動に目を向けることで自分の行動を
ふりかえり、自らの気づきへと変わっている。

観察や調査を通してわかった数値による実態
が根拠となり、改善してほしい点として校内へ
発信する取り組みとなった。

熱中症予防を校内発信へ

熱中症予防の取り組みとしては、暑さ指数の
活用と生活の過ごし方の行動調査を進めた。ま
た、熱中症予防の指標となる暑さ指数の測定と、
その数値に応じた生活の過ごし方について、掲
示や校内放送を通じて、発信も行った。

校内放送で読み上げられる放送原稿は、熱中
症予防運動指針で決められている五つの段階別
の危険度や予防方法について、指針の文をその
まま紹介していた。しかし、低学年にも理解し
やすいように、本校の実情にあった具体的でわ
かりやすい表現に変更することにした。

元の文「運動中は積極的に休憩しましょう」

変更後「運動するときは水筒を持っていき、
水分補給と休憩する時間をとりましょう。また、
体が熱く感じるときは、ミストファンをあびる
などの体を冷やす工夫もしましょう」

水分補給のために運動中は水筒を持っていく
ことや、学校で設置しているミストファンは状
況に応じて積極的に使うことなど、本校の生活
とつなげた内容となった。

奉仕的な活動をする上で育まれる「よりよく生きる」学び

これまで紹介した「健康な生活」を目指した
取り組みは、チームとしての協力が大切である。
「相手を生かし、自己を生かして、互いに協働
する人間としての結びつきを育てる」なかよし
の心が育つ姿を紹介したい。

暑さ指数を測定し、放送原稿へ記録し、放送
原稿を放送担当の子どもへ渡すという一連の活
動を進め、「ふりかえり」を行った。すると、
「自分はこれがやりたかった」、「自分がやりた
かったことをさせてもらえなかった」などの衝
突が生まれることがあった。このとき、「個人
の主張も大切だが、班として、今より効率よく
取り組みを進めるためには、どうすればよいか
考えたらどうか」と、助言した。すると、次第
に子どもたちは、「自分は何をしなければなら
ないか」、「何をどのようにするべきか」といっ
た主張へ変わり、異年齢の集まりの班で協力し
て仕事を行っていくようになった。半年間の活
動を終えた子どもの「ふりかえり」を紹介する。

〈Cさんのふりかえり文より〉
　私は暑さ指数を測るとき、四年生のIくん
に仕事をまかせっきりで、記録の仕事しかして
いなかった。また、石けん補充グループが仕
事をし忘れて、手洗い場の石けんが足りなく
なり、大変なことになったこともあった。そん
な時、班のメンバーでがんばって補充をした。
四年生に助けてもらって活動が進んでいった。

学年を越えて、相手を生かし、自己を生かし
て、互いに協働する姿が見られるなかよしの活
動に、次第に変容したように感じた。

「健康な生活」の充実を目指し、実態観察や行
動調査からわかったことをもとに、全校生徒の
生活改善へ働きかける取り組みを行ってきた。
この取り組みは、発信者と受け取る側の反応の
往還で、内容が深化していった。発信する内容
が不十分であれば、相手の意識や行動を正しい
方向へ導いていけない。生活実態を調査し、相
互のやりとりの中で問題につながる様々な要因
に働きかけるような、子ども自らが開拓してい
く活動を、これらも進めていきたい。

なかよし　「１・６ペア」の効果

河田 慎太郎

■ 入学式ではじめて顔を合わせるペア

　本校では、最高学年である６年生が、新入生の学校生活をサポートするためにペアを組む。それぞれの学年の人数がほぼ同じなため、一人の１年生に対して、一人の６年生が担当する組み合わせがほとんどである。ただ、中には、２人の１年生に一人の６年生や一人の１年生に２人の６年生（これらの場合も、本校ではペアと呼んでいる）となる場合もある。

　１・６ペアは、教師が入学式前に組み合わせるため、新入生にとっても、６年生にとっても、入学式で初めて顔を合わせ、それから１年間ペアが変わることはない。

■ ペアで作り上げる関係

　入学直後は、６年生は１年生が登校する前に登校し、自分の準備が終わるとすぐに１年生の教室に向かう。そして、ペアの１年生に宿題の提出の仕方や、水筒を置いておく場所を教える。ここでは、宿題を代わりに提出したり水筒を片付けたりするのではなく、やり方を教えるというスタンスであることが大事である。６年生には、「お手伝いさんになるのではなく、１年生が一人でできるようになるようにサポートしてあげてほしい」と伝えている。そして、大先輩である６年生から教えられたことは、教師や保護者から教えられたことよりも早く吸収していくようにも感じる。

　入学式の日、保護者の方に学校長や担任が話をしている間、６年生は、担当の１年生と一緒に学校を探検したり、運動場で遊んだりする。ペアの１年生を楽しませるように、そして、

　危険なことはさせないように６年生は動き回り、言葉を選んで話をする。自分も入学式の日にお世話になったペアの６年生を思い浮かべながら、本校の「なかよし」について行動で示しているのであろう。１時間ほどのこの時間を終えた６年生は、達成感と疲労感が混じったすっきりした顔をして戻ってくる。

　このように代償を求めるのではない奉仕は、６年生の心の成長を高める。素直に６年生の話を聞く１年生ばかりではない。力で押さえつけるのではなく、気をそらしたり、丁寧な言葉で説得したり、その子に合わせてあの手この手を考えてやってみる。だからこそ、戻っていた６年生は、あのようなすっきりした顔になっているのであろう。

■ １日に１回は顔を合わせる

　１・６ペアの運用の仕方は、１年生の担任と６年生の担任で話し合って決めるため、年度によってさまざまである。

　私は、１・６ペアは、学級初めのサポート中心ではもったいないと考え、できる限り１日に１回は顔を合わせる時間を持つことができるようにしている。令和４年度の月組ペアは、朝掃除が終わって１時間目が始まるまでの朝の会の時間に、月・木曜日は６年生が１年生の教室に来て、火・金曜日は１年生が６年生の教室に行き、２学級合同で朝の会を行っている。

　２学級の朝の会では、１年生の成長が大きく見られる。「どうして、６年生はお兄ちゃんやお姉ちゃんが話を進めているの」「私たちもやりたい」「６年生は、iPadを使って元気調べの発表をしている」「僕たちもやりたい」「お兄ち

ゃんお姉ちゃんは、話している人が話し終わるまで静かに聞いて、手を挙げてから発表している」。当然、6年生の学習でよいと思ったことは、自分たちの学びでも生かされる。教師からこうしなさいと言われてスタートするよりも自律的な学びとなっていく。大好きなペアの6年生のようになりたいという原動力は、1年生の子どもたちを大きく成長させる。

また、朝の会の時間に、教師がテーマを決めて、ペアで話し合う時間を設けることもある。テーマは「避難訓練で気をつけることについて話し合いましょう」「1年生のなかよしノートを見て、アドバイスをしましょう」「育てているミニトマトの様子を話しましょう」などである。担当のお兄ちゃん・お姉ちゃんと話ができるこの時間を楽しみにしている1年生は多い。もしも、ペアの子が欠席し、一人になってしまった場合は、周りの6年生がすばやく声をかけ、ペアの中に加えて話し合いを始めている。

そして、6年生の中にも、1年生と一緒に行う朝の会は新鮮で、1年生にもよいところを見てほしいという思いからか、普段以上に張り切っている子どもがいるようである。

┃ イベントに招待

学級のイベントを行うときに、ペアの学級を招待することもある。

本年度、1年月組では一人ひとりが自分のお気に入りのミニトマトの苗を買い、自分の植木鉢で育てた。そして、たくさん収穫できたことを祝って「トマトまつり」を開くこととなった。

「トマトまつり」では、おみこしをつくるチーム、できたトマトや折り紙でつくったトマトを売るチーム、射的や金魚釣りの縁日を開くチームに分かれて取り組んだ。それぞれ、お客さんが来ると盛り上がる内容である。時間の都合

がつく保護者の方も招待したが、6年生も招待した。6年生は20分休みの参加となったが、それぞれペアの1年生のところに真っ先に行っていた。

ある日6年生から、「なかよし」イベントとしてペアでのリレーやおにごっこに招待された。ペアのなかよしが深まったのはもちろんであるが、リレーの順番など、入学したばかりの1年生では覚えきらないことを6年生がサポートすることで、楽しくイベントを行った。最後には、6年生から1年生にお手紙のプレゼントもあり、大喜びであった。

学校の行事でも、4月に行う春の運動会の1年生の折り返しリレーの種目は、ペアの6年生と一緒に障害物リレーを行う。入学したばかりの時期に複雑な競技に取り組めるのは、ペアの6年生の助けがあるからこそであろう。

┃ 巣立ち

学校に慣れてくると、1年生だけでできることがどんどん増えていく。朝の準備もすぐに自分だけでできるようになる。給食の準備も、最初は丁寧に6年生がやり方を教えていたが、6月ごろには1年生だけでできるようになる。だんだん6年生が1年生の教室に来ることが少なくなってくるが、それは、1年生が成長していることの裏返しでもある。6年生が、あえて突き放して関係を減らしていく必要はないが、成長していくペアの子を遠目でみることもよい関係であるのではないだろうか。

とはいえ、暑中見舞いや年賀状を出し合ったり、1週間に1回は一緒に遊ぶようにしたりして、それぞれがうまく関係を持っているようである。

そして、運動会や歩走練習、音楽会などの学校行事でペアの子を真っ先に探している様子は、大変ほほえましい。

入学したその日から受け継がれる「なかよし」

~一人の日記に着目して~

長島 雄介

はじめに

当校4代目の主事を務めた重松鷹泰は、昭和25年に当校学習研究会が発行した『学習研究』第35号の中で「『なかよし』は、子どもたちが自分たちの手で自分たちの共同生活を向上させる生活である。」と述べている。

当校では、6年生が1年生とペアを組み、6年生が特定の1年生に対して、1年かけてじっくりと支援をする伝統がある。そのため、筆者が6年生の担任となった際、当時の6年生も4月の進級と同時に、5年生の頃とは明らかに違った、緊張感に満ちた顔つきを見せていた。

本稿では、当時の6年生の中からA児1人に焦点を当て、彼の日記を取り上げながら、かわいい後輩のために夢中になって過ごしていた最初の1か月をふりかえることにする。

最高学年としての自分と向き合う日記

> **4月8日（月）「始業式・着任式」【A児】**
> 今日、始業式・着任式があり、入学式もどんどん近づいてきていると感じました。
> 始業式・着任式は修了式・離任式とは違い、とても静かで、1年生の手本になれるような話の聞き方ができていたと思います。
> そして、僕は校長先生が「1年生は、年齢が近い2年生を手本とします。」とおっしゃっていて、それに共感をもちました。
> しかし、2年生だけでは手本になりきれない部分があり、それを補うことが6年生の役目だと思うので、1年生にやって良いことと悪いことの境界線を教えて、楽しく学校生活を送ってもらうために頑張りたいです。

当校では、例年、4月8日に始業式を行い、その2日後の4月10日に入学式を行う。入学式までまだ2日あるのだが、A児をはじめ、6年生は、1年生を受け入れることで頭がいっぱいのようだった。

> **4月9日（火）「1年生との接し方」【A児】**
> 今日、1年生と接するためのめあてを分かりやすくまとめました。
> そして、それをふまえて僕は、1年生にどう接したらよいのかについて考えてみました。
> そこで、僕が考えついたことは、最初は1年生自身でできることは自分でやってもらい、できないことはどんどん手伝っていきます。
> そして、少しずつ手伝うことを減らしていくと、僕たち6年生が卒業するころには、ある程度の生活に必要なことはできるようになっていると思います。
> このように、1年生ができるようになるということを大切にして、明日から1年生に接していきたいです。

まだ、この日は1年生は入学していない。しかし、「1年生のために」という思いが、A児の心の中にはっきりと描かれていることがよくわかる。6年生が進んで何でも手伝うのではなく、あくまで、1年生が自分の手で自分の生活を創れるように支援しようとしているのである。

> **4月10日（水）「学校案内」　　　【A児】**
> 今日、1年生との写真撮影が終わってから、1年生に学校内を案内しました。
> そして、まず、この学校案内が1年生の特徴を知るチャンスだと思ったため、1年生に質問を積極的にしていきました。
> すると、本を読むことよりも外で遊んだり、探検をしたりする方が好きで、すでに友達が

いて話をしたり、学校案内の時も一緒にいたりして、仲の良い友達が多いようでした。

少し言うことを聞いてくれないこともありますが、そこは1年生の興味のありそうな物を見せて誘うなど、これから対処していき、自立するための手伝いを頑張っていきたいです。

6年生に手を引かれ、ついに1年生が入学した。この2日間だけでも、A児をはじめ6年生は、自分が担当する一人の新入生のために真心を込めて、本気になって接し方を考えてきた。その思いが入学式当日より、現実の中で試行錯誤しながら発揮されてゆくのである。

4月23日（火）「1年生合同競技」【A児】

今日の1時間目に、運動会で1年生と一緒に走る競技の練習をしました。

競技の内容はそれほど難しくないのですが、他の人が走っている時に砂いじりをしたり、前後の人としゃべったり、よそ見をしたりする1年生がとても多かったと思います。それも、6年生が教える必要があると思います。

特に、砂いじりに関しては、自分のチームメイトを応援するという楽しさを教えることができれば、少なくなると思います。

1年生が入学して、間もなく春の運動会が行われる。その練習に参加する1年生の姿を見ながら、運動会を行う意義を6年生としてどのように伝えるべきか。単に注意をするだけでは効果は期待できない。1年生の自立を促す、という当初の目標からぶれることなくA児が考え続けていることがここでも読み取れる。

なお、改めて言うまでもないが、1年生と6年生の交流は学校行事のときだけではない。日頃の関わりが学校行事をよりよいものにし、その経験を共有することで、その後の関わりをさらに深いものにしてゆく。

4月30日（火）「サッカー」　　　【A児】

4月の半ばから、1年生が6年生と一緒にサッカーをしている姿をよく見かけるようになりました。

だから、1年生がより楽しめるようにサッカーをするにはどうすれば良いのかを考えてみました。

まずは、なるべく1年生にボールを回し、1年生がボールに触れる時間を長くすることが必要だと思います。

次に、1年生はほぼフォワードをするため、ゴールキーパーの人はなるべく手を使わないようにしたり、シュートへの反応を鈍らせたりして、得点をさせてあげるのも良いと思います。

このように、遊ぶ時の楽しさを知りながら、この1年を過ごしてほしいなと思います。

｜ おわりに

6年生が、どうしてここまで1年生に接することを大切にするのだろうか。それは、6年前に入学したときの自分を優しく温かく見守ってくれた、当時の6年生への憧れの気持ちを鮮明に持ち続けているからではないだろうか。

仲間と「なかよし」を創るための基礎を、小さな後輩のために、そして、自分自身のために日々コツコツと粘り強く築き上げることが、きっとお世話になった先輩への恩返しにもなるに違いない。

学級生活のなかよし
―つながる前に大切なこと―

島袋 光

1 その子らしい「なかよし」に向かう姿

本校で「なかよし」という言葉は、子どもたちの学習や生活の中でよく出てくる言葉である。しかし、全員が共通の理解を持ってその言葉を用いているかと言うと、そうではないのが実に面白い。それは「『なかよし』とはこういうことだ」と教師が明示的に教えていないからだろう。だから子どもたちは学習や生活の中で「これこそを『なかよし』と言うのではないか」と、自分の心の動きや仲間の反応に意識を傾け、悩みながら探究している。

このように一人ひとりが手探りで「『なかよし』とは何か」を探究していくことには大きな意味がある。深めていく過程で自分を見つめたり、個性を認めたりする機会が生まれるからである。時には友だちを羨んだり、大切にしたいことや優先順位の違いから思いがぶつかったりすることも大いにある。そんな十人十色の「なかよし」に向かう姿が本校にはある。

2 教師のはたらき

一人ひとりが「なかよし」を探究していくために教師がどのように働いているかというと、子どもたちが「なかよし」を感得できるような環境を用意したり、心構えが持てたりするよう日々意識して働きかけている。

また「なかよし」とはこうだと明示的には教えないが、「それは『なかよし』とは言えない」ということを示すことも大切なことである。例えば、目の前の子どもの姿が「なかよし」ではなく「馴れ合い」になっているときには注意深く子どもをみつめ、なぜそのようになってい

るのかを考え、その子にとって最適な時期、方法、言葉で伝える必要がある。ただ「馴れ合い」の裏には弱さや不安が潜んでいることが大いにあるので、あたたかさを持って接することを心掛けたいところである。

3 「なかよし」の集大成

令和4年11月17日、本校の大きな行事の一つである歩走練習納会（一般的にいうマラソン大会のようなもの）があった。私は6年生の担任として、子どもたちは最後の歩走としてこの行事に向き合った。

歩走は3人組で走る。長距離を走る力のあるものから601・602・603……611と本番のゼッケンが渡される。この3人組を決めるときに「普段仲のいい子と走りたいな」と思う子がいるのはごく自然なことである。実際、3人組を決めるために運動場を20分間走って自分の位置を確認するが、そこで友だちと合わせて走ってしまうので、「本当の自分の全力」「本当の自分の位置」がなかなか見えてこなかった。

そこで私はこんな声かけをした。

> 「どうしても走りたい3人がいるなら、後でちゃんとその3人で走れるようにします」
> 「だから一旦自分の本当の位置を知るために、全力で『独自』でやってごらん」
> 「まず『独自』がないと、本当の自分のめあても生まれないから」
> 「ただ一人で走るんじゃないんです。自分と向き合い、考えて走る『独自学習』です」

この学級の子たちは、独自学習の大切さをよくわかった子たちなので、その日の練習は、運

動場でも教室と同じように誰も一人ひとりの独自学習を邪魔することなく、ひたむきに走っていたのが印象的だった。

　その日を境に、3人組に対する子どもたちの見方が変わった。練習のときに全力でやったことへの達成感や、駆け引きのない潔さを感じることができた子たちが、自分の力でゼッケンを掴み取ることへの意味を感じ、多くの子が「仲のよい3人組」ではなく、「全力でやった結果で生まれた3人組」で走ることを選んだ。もちろん「仲がよい3人組」を選んだ子もいた。その子たちもそこからどう自分たちが全力を出し切り歩走に向き合うかを考えるようになった。

　そして、その3人組で競い合い、本年度の601・602・603……611が決まった。601にとっては隣の学級の621が好敵手であり、本学級の602が負けられない相手である。全力でやり切ったからこそ、それぞれの3人組に好敵手と負けられない相手がいるのである。では611はどうなのだろうか。「実は611には大きな役割がある。この3人が諦めてしまっては、610に余裕が生まれて全力を出さなくてもよくなる。そうすると609に余裕が生まれて……と、この歩走を全員が全力を出し切ることができるようにするためには、611が601と同じように、息を切らせて走ることが大事なんだよ」ということを私は歩走練習の終わりに611の子たちに伝えた。本当にそう思っているし、それは全体を見ている私にしか言えないことだから、思いを込めて伝えた。こうして、歩走に向かう一人ひとりのめあても研ぎ澄まされていった。

　歩走練習納会の当日、子どもたちは息を切らせながらも全力で走り切り、さわやかな笑顔を

601のMさん（一部抜粋）
　今日は歩走練習納会当日でした。いくら僕

が止まろうとしても、2人は走っていくので鬼のようでした。ただ、2人が止まらないおかげで、僕も倒れるほど走れたので、すごく助かりました。走り切ってみんなで休んでいると、YさんとSさんが足を動かし始めました。まだ走っている人たちがいるから、その分体を動かしておこうというYさんの考えだと思います。去年よりいい感じに走れたし、走っているときはあまり話をしなかったけれど、終わってから話すとすごく楽しかったです。僕はこの2人とやれてよかったと思いました。

随所で見ることができた。感想を2つ紹介したい。

611のNさん（一部抜粋）
　今日の歩走練習納会について書きます。私は最後に走るのが嫌でした。それでも、走っているうちに、トップの人も同情して心配するのではなく、みんなと同じようにあつかってくれて気にならなくなりました。自分の中でがんばれたのだから、番号は関係ないと思いました。私にしか分からない苦しみは確かにありました。それでも、苦しい思いが私を成長させてくれたし、今までで一番心に残る歩走練習納会になったと思います。

4　「なかよし」は個と個のつながり

　「なかよし」は、一人ひとりが自分の立ち位置を知り、そこでできる精一杯を実践する中でこそ生まれてくる。大切なのは個が自分と向き合うことであり、言葉ではなく実践である。しかし、それは一人では苦しいこともある。だから、そこで励まし一歩踏み出せるようあたたかく声をかけることが教師の大切な働きなのだろう。そして個が精一杯を発揮し、相互作用によって高め合いが生まれている状況を、これこそを「なかよし」と言うのではないだろうか。

子どもが進める秋の大運動会

河田 慎太郎

運動会の子どもの仕事

本校の学校行事は、6年生の実行委員が中心となり、6年生全員（秋の大運動会は5年生と6年生）がいずれかの係を担当して、子どもが進めている。

1年生のときから、子どもたちは6年生の動きを見て、自分たちが6年生になったときにどのように働くか（どんな仕事がしたいか）について考えている。そして、5年生の秋の大運動会で初めて6年生とともに、係に参加することになる。

本校の行事では、係に分けて仕事を分担し、その仕事に責任をもって関わることにより子どもたちで行事をつくり上げていくようにしている。例えば運動会であれば、以下のような係がある。

「総務係」（6年生の実行委員が担当する）
運動会の運営・はじめのことば・おわりのことば・開閉会式の並ぶ位置の指示具の設置

「放送係」
プログラムの見どころの放送・競技の実況中継・競技中の音楽の放送

「学級世話係」（6年生のみ）
自分の担当する学級に、開閉会式の並び方・応援する場所・入場準備のタイミングの指示・当日の応援指導を行う

「用具コース係」
競技で使う用具の準備・片付け・並べ替え・運動場のライン引き

「出発審判係」
円コース競走時のミニコーン設置・片付け・スターター・フライング審判・ゴールテープ

「会場係」
運動場で使用する机椅子の準備・片付け・看板の作成・設置

「救護係」
傷病者のお世話（治療は養護教諭）熱中症を警告するポスター作製

「プログラム係」
運動会のプログラムを毛筆で書く・書いた文字を大型の掲示板に貼る・プログラムに合わせて紙をめくる・演技や競技のスタート準備ができていることをインカムで放送係に伝える

「掲示係」
子どもたちの係の仕事の様子や、演技や競技の様子をデジカメに撮る・写真や言葉で係の仕事や演技競技の様子を新聞にまとめる

係の事前指導

子どもたちが、自分の参加する演技や競技以外の時間に、責任を持って係の仕事ができるよう、事前に係が集まり、仕事の分担や仕事の予行練習をしている。それぞれの係には、担当の教員がついている。そのため、運動会の係の打ち合わせは、下級生が下校してから行う。十分に時間が取れるわけではないので、子どもたちでその時間までに準備できることは、休み時間

等を使って済ませておくように伝えている。行事が近づくと、子どもたちは休み時間を返上してでも、自らの係の仕事を行うほどの責任感が身についていく。また、運動会当日は、それぞれの係の教員が係の場所につく。そのため、各学級では、学級世話係が担任の代わりとなり「めあて」の発表や、運動場への移動・運動会前の雰囲気づくりを行っている。

係の責任感

　私が担当した「出発審判係」では、学年リレーや綱引きのスターターとして、火薬のピストルを使用させている。誤った使い方をすると、聴力に異常が出る可能性もあるので、教師が使用するのが普通であろう。しかし、係の子どもたちにその危険性も十分話し、ヘッドホン型の耳栓をし、周りに人がいないことを確認した上で使用させている。すると、子どもたちは、生き生きとした顔で、安全に使用するのである。そして、運動会の競技をする上で、スタートやゴールがしっかり決まると、メリハリがつきよりよい運動会となるのである。

　ゴールテープを広げる仕事も大切な仕事の一つである。競技の様子を観察し、どのチームが１番を走っていて、アンカーは誰なのか常に目を光らせている。接戦の場合はゴールテープの準備はさほど難しくないのであるが、時には周回遅れのチームが出てくることがある。事前指導で、「周回遅れ等でゴールテープを広げられないときは広げません」、さらに「迷ったら広げないようにしましょう」と伝えている。

　しかし、ある競技で周回遅れから数m遅れてトップのアンカー選手がゴールに近づいた。教師でも迷うタイミングである。私であればゴールテープを広げることをあきらめていたと思う。ところがそのときの担当は自信をもってゴール

テープを広げ、優勝チームのアンカーはゴールテープを切ることができた。教師の判断ではなく、自分の判断で安全に広げられたことに感心した。６年生の中でもトップクラスの走力と身のこなしを持っている彼が、判断し確信をもって動く。これも係の責任感であると思う。

行事が子どもを育てる

　本校は多くの学校行事がある。４月には春の運動会、５月には春の遠足（同日開催、行先は学年ごと）６月にはプール開き、９月には水泳納会、秋の遠足（同週開催、行先は学年ごと）10月には秋の大運動会、11月には歩走練習・歩走納会、12月にはなかよし音楽会などである。全校で行う行事は、自分たちが頑張るのはもちろんであるが、学年が上の子どもたちの様子を見て、翌年以降の目標を持つことができたり、６年生の係活動や実行委員の様子を見て、最高学年になるあこがれを持つことができたりするよさがある。

　同じように、本校で子どもを伸ばす行事として、２学年で行う合宿も重要な位置を占めていると言えるだろう。４年生と５年生が同じ宿で２泊３日過ごす「スキー合宿」、５年生と６年生が同じく２泊３日過ごす「臨海合宿」である。スキーも海での水泳も、それぞれグループは学年ごとの技術力ごとにチームをつくって練習する。しかし、宿での過ごし方については、文化の継承が行われている。食事や学習は大広間で行い、上級生が中心となって進行していく。下級生は、上級生から食事の態度や係の仕事について学び、来年度は上級生となって文化を継承していくのである。

　このように、本校では子どもが中心となって行事を進め、その文化を継承していけるように取り組んでいる。

表現することの楽しさや喜びを実感し、学校文化の継承が行われる「なかよし集会」

西田 淳

「なかよし集会」は子どもたちが低・高の3学年ずつに分かれ、それぞれに体育館に一堂に会して行う集会である。集会では、各クラスや各グループの発表が行われる。全員で合唱をしたり、担当の先生の個性的な発表が行われたりもする。1週間の疲れが出てくる金曜日の午後に行われるこの集会は、子どもたちにとっても楽しい時間であり、本校ではこの集会を定期的に行ってきた。1～3年生の集会を低学年集会、4～6年生の集会を高学年集会と呼ぶ。

低学年集会では3年生が、高学年集会では6年生が中心となって企画運営、司会進行を担う。毎回、低学年集会が1時間行われた後、高学年集会を1時間行う。会場である体育館のフロアにはシートが引かれ、パイプ椅子が並ぶ。3学年の座席分と参観の保護者席分で300席ほどである。この準備は3年生が担当する。3年生の仕事は会場の準備だけではない。集会を円滑に運営するために様々な準備を行う。各クラスの体育館入退場時の演奏も行う。プログラムの作成や掲示物の作成も毎回行わねばならない。集会の歌の歌詞が書かれた大きな掲示物をつくることや、集会中に行う体操の指揮の練習もしなければならない。当日の進行も臨機応変に対応することが求められる。1・2年生のお世話をする役目もある。多くの学校では、このような行事での仕事は6年生を中心とした高学年がすることはあっても、3年生が一手に引き受け、一つの行事を運営することは珍しいだろう。

確かに準備も大変である。しかし、子どもたちの様子は生き生きとしている。シート敷きも椅子並べもかなり大変なのだが、皆が意欲的に動き、嫌な顔も見せない。おそらく子どもたち

もやり甲斐を感じ、「3年生になった自分たちがやるべきこと」として責任を背負っているのだろう。

低学年集会があった日の3年生の日記である。

> **「はじめてのなかよし集会」**
> 今日は3年生で初めてのなかよし集会がありました。（中略）発表の時に僕は大きな声も出せたし、リフティングもたくさんできたので100点かなと思いました。でもお世話係で1年生が先生に聞いてトイレに行ってしまいました。本当はかかり（の僕）に聞いて行くはずだったし、僕は絵（発表）ばかり見ていたので、次は1年生もしっかり見たいです。次のなかよし集会は2年月組の発表です。だから僕たちは聞く方なので、切り替えを早くし、さわぎすぎないようにしたいです。

自分たちのクラスが発表する日でもあったこの回の集会。彼は自分の発表は上手くいったが、1年生のお世話係をしている自分の仕事ぶりについては不十分だったとふりかえっている。そして、めあてを立てながら次回をすでに見すえている。

「自律的に学ぶ子ども」を育てる本校において、低学年のときから自分たちが責任を背負って学校行事を行うという経験は、その後の高学年での自律的な生活をつくることにもよい影響があると考えている。低学年のときから「誰かにやってもらう」ではなく、「自分で考えて動く」の意識を育てておくことが主体的に、自律的に学ぶ学習者を育てることに繋がる。

1年生は、日々の生活で活躍する場面を見ることが多い6年生の姿だけでなく、集会では3年生の姿を見る。すると2年生の後半ではすで

に自分たちが３年生になったときのことについての意識が生まれている。３年生になるにあたり、細かく教えてもらうわけではないが、これまで見てきた集会の様子をもとに、また自分たちの３年生としての動きを創っていく。こうして毎年、次の学年へと引き継がれ、文化の継承が行われていくのである。

　３年生は４年生になったとき、高学年集会には再びお世話をしてもらう立場として参加する。３年生で企画運営を経験した子どもたちは、今度は６年生の動きを意識するようになる。発表の内容や企画運営、当日の進行について、低学年集会とは違った凄さも目の当たりにし、個々の学びに繋げていく。もちろん、ここでも文化の継承が行われている。学校のあらゆる場面で、こうした文化の継承が行われている。

社会で生きる力を育てる重要性

「主体的・対話的で深い学び」や「個別最適な学び、協働的な学び」の実現を図るためにも、子どもたちが生き生きと表現できるようでなくてはならない。本校では、各クラスで日常的に自分の思いや考えを表現する環境を大切にしている。それは元気調べや自由研究などであり、大勢の前で表現することが日常化されている。この「なかよし集会」は更に多くの人たちを対象に表現を行う機会であり、日常ではなかなか味わうことのできない体験ができる場でもある。

「すべてが楽しいな」
　今日はなかよし集会がありました。僕たち３年月組が発表して、みんなゾクゾクしていました。僕もゾクゾクしていたし、みんなはどんな気持ちになるのか楽しみにしていました。そして、ダンスが始まるとみんなの「えっ?」という声が聞こえました。僕は気づいたら顔がとても笑っていました。特に最後は心も動きも考え

も楽しいだらけになっていました。さらに、見ている人も笑っていたので、僕たちは体育館中を笑顔や楽しいでいっぱいにできました。またこんなことをできたら、みんなの笑顔をつくりたいです。

　このときの発表は、ヒップホップの洋楽に合わせたダンスであった。

　本校には３年生まで週１時間の「ダンス」という学習があり、そこでは曲に合わせて各自が自由に身体表現を行うことが中心となる。だから、多くの学校で行われる運動会のダンスとは相当に違いがある。

　「ゾクゾクした気持ち」は、自分たちのダンス表現によってみんなを驚かせたい、楽しませたいと子どもたちが強く願い、準備してきた自信と期待、不安など様々な思いが合わさったものである。このような思いを持ちながら来ることのできる学校でありたいと常々思う。発表は、子どもたちも大満足であったし、会場も楽しい雰囲気に包まれた。また、何か一つ、子どもたちの心に成長を持たせたような気がした。

　子どもたちは日常的に教室で、話をすることの面白さ、聞いてもらうことの喜び、おたずねを受けたり答えたりすることで得る充実感、みんなで聞き合うことの楽しさなどを味わいながら育っている。その彼らが、より大勢の場で自己表現をすることで、より大きな緊張と不安を経験し、準備の大切さを学び、発表することの喜びを知り、さらに大きな充実感も得る。それが「なかよし集会」なのだ。

　先日、本校の卒業生でもある学校評議員の方のお話に、「私がこの学校で学んだ数々のこと、例えばプレゼン力とかコミュニケーション力などは、社会に出てから本当に役に立ったと思う」とあった。子どもたちがなかよし集会の発

表を通して得るものや、企画運営、当日の進行などを経験することを通して学ぶことは、社会に出てから生きる力そのものに繋がっている。

教科書の内容を教えることが何よりも大切なことなのか

　ゆとり教育が見直されるとともに、授業時数の確保ということがより求められる風潮が強くなった。学校行事は削減され、それが各教科の、しかも主に教室で行われる座学の学習に充てられるようになった学校も多い。

　中央教育審議会の答申には、子どもたちに育むべき資質・能力として、「一人ひとりの児童生徒が、自分のよさや可能性を認識するとともに、あらゆる他者を価値のある存在として尊重し、多様な人々と協働しながら様々な社会的変化を乗り越え、豊かな人生を切り拓き、持続可能な社会の創り手となることが出来るようにすることが必要」とある。

　評定を出すことに縛られ、テストで高得点を取らせることを目的にした学習や、教科書を隅々まで指導することに主眼を置いた学習のあり方によって、先の答申にあるような児童生徒の育成ができるであろうか。教科書の内容を全てこなすことを優先させると、当然ながら時間が必要になる。しかし、教科書にある内容を学習することで、授業時数をたくさん確保することで、今求められている資質・能力の育成が成し遂げられるのか。今こそ我々現場の教師が考え直さねばならない。教科書に沿って行われる座学では育てられない、本校の「なかよし集会」のような行事を通してこそ育てることのできる力もあるのだ。

子どもの風景

「えいえい、レッツスタート！！！」

2年星組でのはじめてのお楽しみ会のかけ声である。日本語なのか英語なのかわからない、この少々奇抜なかけ声が、私はたまらなく大好きである。

ゴールデンウィークが明けた頃、4月からやってきた転入生となかよくなるために、お楽しみ会をしようという話になった。なかよしかかりであり、お楽しみ会の実行委員でもあったA児は、転入生と新しい2年星組のみんなが、もっとなかよくなれるよう、お楽しみ会を成功させたいという思いが人一倍強かった。

しかし、お楽しみ会の前週、A児は体調不良のため登校できなくなってしまった。そのことを他の実行委員メンバーに伝えたところ、メンバーから「先生、休み時間の15分、A児とオンラインつないでくれますか。おたのしみかいのかいぎをしたいんです」と頼まれた。私は実行委員の漲るやる気に少々驚きながらも、快諾した。この日のA児の日記を以下に紹介する。

> きょうオンラインのおたのしみかいのかいぎをしました。なぜなら、はじめのことばのさいごにかけごえをしたいと思ったからです。えいごで元気になるかけごえがいいと思います。なぜかというと、あさくら先生がこくさいの先生だからです。それに、えいごは元気が出るからです。みんなでかけごえを言うと、心が一つになると思ったからです。あさくら先生に聞いてみると、レッツスタートはどう？とていあんしてくれました。〇〇さんは、「わたしたちは、日本人だから、日本ごを入れたらどう？」とていあんしてくれました。だから、「えいえい、レッツスタート」と、かけごえはきまりました。みんなで、えいえい、レッツスタートと言って、心を一つにして、なかよ

> しをつくれたらいいなと思いました。レッツスタートの中に星組のスターが入っていてとてもいいと思いました。

こうしてきまったかけ声、「えいえい、レッツスタート！」を皮切りに当日のお楽しみ会は順調に進んだ。全員が「えいえい、レッツスタート！！！！！」と大きな声を合わせ、笑顔で拳をつきあげたとき、A児の思い、実行委員の思いはお楽しみ会の前から、すでに十分に広がっていて、みんなの心が一つになっていたことを思い知った。かけ声に対し、「星組のスターや！」と気付く子や、何度も「いいね、えいえい、レッツスタート！」と繰り返す子が大勢いた。楽しそうに実行委員のつくったかけ声を練習するみんなの姿を見て、子どもたちは2年生であっても、自分の思いや努力を認めてほしいだけではなく、学友の思いや努力に対しても100％受容しようと努めていることに気づかされた。子どもたちは、こんなにも互いに響き合っているのだなぁ、と強く胸を打たれた。

相手の背景を理解しようと努めたり、その上で自分の考えを伝えようとしたりできることは、今後必要なコミュニケーション能力である。グローバル化が進み、多様な他者と協働し共存していくであろうみんなが、2年生の春にこのような関わりを見せてくれたことに対して大変頼もしく思っている。

日々の生活の中で子どものなかよしをつくろうとする気持ちにハッとさせられることがある。教師として、人として、相手の背景や文脈を捉えた関わりができているのか、日々自問自答している。子どもたちにも、あのときにみんなで言った、「えいえい、レッツスタート」を忘れないでいてほしいし、私も忘れないでいたい。

（朝倉　慶子）

あとがき ──自律的に学ぶ子どもを育む──

本校は、伝統的に「自律的に学ぶ子どもを育む」ことを願い、日々の実践を重ね続けている学校である。そして、私たちは、本校の子どもたちが「生き生きと、自らの学びを進める子どもに育っている」と感じている。例えば、「これから〇〇について学習する」とわかれば、嬉々として自分なりの調べ学習を進めてくる子どもが出てくる。種々の学習に対し、屈託なく「楽しい」とか「面白い」と答える子どもも多い。自分の考えを堂々と語り、友だちの考えに耳を傾けて自分の考えに生かすことを楽しみ、学級で議論を重ねながら新しい考えにたどり着くことに喜びを見出す子どもがとてもたくさんいる。そういった子どもの姿を常々感じてきた。全ての子どもに同じ力を育むのではないが、それぞれの子どものよさを生かし「自律的に学ぶ子ども」を育んできたことを感じているのである。

そういった子どもたちの様子について、本校を訪れてくださる先生方からお褒めの言葉をいただくことも多い。一方で、「子どもたちがよく育っていることはわかるけれど、具体的な教師の働きや指導の姿が見えない」とのご指摘をいただくことも多い。これは、私たちの基本姿勢が子どもの学びを育むことに重きを置いていることに起因すると思われる。つまり、教師が授業として業を授けることよりも、子ども自らが学び習う学習の力をいかに支え導くのかに重きを置いているからある。とは言え、「自律的に学ぶ子どもに育む」ための具体的な教師の働きや指導の在り方を、本校に目を向けてくださる多くの先生方にお伝えできるよう最善を尽くすことが大切だと考えている。本書は、そのような動機から刊行を企図した。

さて、本書のテーマは「令和の日本型学校教育」を体現する学校とした。「令和の日本型学校教育」で重視されている視点の一つに、「個別最適な学びと協働的な学びの一体的充実」がある。本校が伝統的に、独自学習（それぞれの子どもが自分ならではの追究を進める学習）と相互学習（独自の追究からの学びを聞き合い、吟味を重ねる学習）を重視して実践を重ねてきたことを考えれば、「個別最適な学びと協働的な学びの一体的充実」の実現に向けて、本書を通じて本校ならではの提案ができると考えた。また、本校は、子どもの生活そのものが学びの場なのだと捉え実践し続けてきた学校である。日々の学習指導だけでなく、日直や係、朝の会や様々な学校行事、日々綴り続ける日記、そして学習の時間等々、そうした子どもの生活全体を通して、知育だけに偏らない全人格的な成長を見据えて自律的に学ぶ子どもを育むことをめざしてきた。こうした取り組みを紹介することを通して、「具体的な教師の働きや指導の姿」についてお伝えするとともに、知・徳・体を一体で育む「令和の日本型学校教育」の在り方を考える一助になれるのではないかと考えた。

私たちは、教師がいかに効率よく子どもに教えるのかということよりも、いかに子どもの自律的な学習の力を育むのかということを念頭に、それぞれに自らの考えをもって個別最適に実践に取り組み続けている。本書をお読みいただき、今後も本校の教育実践に対してご指導ご支援いただき、温かく見守っていただきたいと思う。

奈良女子大学附属小学校　副校長　**阪本 一英**

執筆者一覧

〈特別寄稿〉

上智大学	奈須正裕
國學院大學	田村学
埼玉大学	宇佐見香代
お茶の水女子大学	冨士原紀絵

〈執筆者〉

小林毅

阪本一英

西田淳

河田慎太郎

長島雄介

清水聖

服部真也

三井栄治

井平幸子

中村征司

中野直人

天池美穂

島袋光

武澤実穂

朝倉慶子

辻村琳

太田原みどり

樫原貴博

服部泰久

個別最適な学びと協働の学びを一体的に育む「奈良の学習法」

「令和の日本型学校教育」を体現する学校

2023（令和5）年2月8日　初版第1刷発行
2023（令和5）年11月6日　初版第3刷発行

著　　者　　奈良女子大学附属小学校 学習研究会
発行者　　錦織圭之介
発行所　　株式会社 東洋館出版社
　　　　　〒101-0054　東京都千代田区神田錦町2-9-1
　　　　　コンフォール安田ビル2階
　　　　　代表　　TEL：03-6778-4343　FAX：03-5281-8091
　　　　　営業部　TEL：03-6778-7278　FAX：03-5281-8092
　　　　　振替　　00180-7-96823
　　　　　URL　　https://www.toyokan.co.jp

［装　丁］　國枝達也
［組　版］　株式会社 明昌堂
［印刷・製本］株式会社シナノ

ISBN978-4-491-05090-4
Printed in Japan

JCOPY 〈（社）出版者著作権管理機構 委託出版物〉
本書の無断複写は著作権法上での例外を除き禁じられています。複写される場合は、そのつど事前に、（社）出版者
著作権管理機構（電話 03-5244-5088、FAX 03-5244-5089、e-mail: info@jcopy.or.jp）の許諾を得てください。